知识生产的原创基地
BASE FOR ORIGINAL CREATIVE CONTENT

颉腾商业
JIE TENG BUSINESS

The Successful
Digital Transformation
Case Study About Huawei, Tencent And So On

从1到X

数字化转型实战

喻建华◎著

SPM 南方传媒 | 广东经济出版社
·广州·

图书在版编目（CIP）数据

从 1 到 X：数字化转型实战 / 喻建华著. — 广州：广东经济出版社，2022.5
ISBN 978-7-5454-8154-9

Ⅰ. ①从… Ⅱ. ①喻… Ⅲ. ①企业管理 - 数字化 - 研究 - 世界 Ⅳ. ① F279.1

中国版本图书馆 CIP 数据核字 (2021) 第 257748 号

策　　划　颉腾文化　　　　　　责任技编　陆俊帆
责任编辑　陈　潇　王春蕊　李沁怡　　封面设计　Colin

从 1 到 X：数字化转型实战
CONG 1 DAO X：SHUZIHUA ZHUANXING SHIZHAN

出 版 人　李　鹏
出版发行　广东经济出版社（广州市环市东路水荫路 11 号 11 ～ 12 楼）
经　　销　全国新华书店
印　　刷　文畅阁印刷有限公司（河北省高碑店市合作路西 1 号绿色印刷园区）
开　　本　710 毫米 ×1000 毫米　1/16
印　　张　14.75
字　　数　229 千字
版　　次　2022 年 5 月第 1 版
印　　次　2022 年 5 月第 1 次
书　　号　ISBN 978-7-5454-8154-9
定　　价　79.00 元

图书营销中心地址：广州市环市东路水荫路11号11楼
电话：（020）87393830　邮政编码：510075
如发现印装质量问题，影响阅读，请与本社联系
广东经济出版社常年法律顾问：胡志海律师

Preface One | 序一

颠覆的技术，变革的时代

也许你已经意识到，人类正在进入一个人机共存的时代。美国亚马逊公司一位63岁的代理司机怎么也没有想到，自己会被一种软件算法“解雇”，而且无处申诉。这位司机后来才发现这是由于算法的不合理造成的，但是他的申诉只能招来一封封疑似机器自动回复的电子邮件。

人工智能作为一种极具颠覆性的技术，已经渗透到人们日常生活的方方面面。成千上万的网约车司机，每天都在被无情的人工智能算法调度、管理、考核，人机共存的数字化时代已经到来。无论是企业还是个人，未来都充满更多的不确定性。如果不及时补充知识，深入实践，总结复盘，随时都有可能被时代的大潮远远甩下。

暴发于2019年年底的新冠肺炎疫情终将消退，而新一轮的商业机遇与挑战的大门正在打开。一夜之间，仿佛所有的企业都开始讨论数字化转型。那么，到底什么是企业数字化？企业为什么必须拥抱数字化？企业应该如何按图索骥，一步步去实施数字化转型？

当前国内几家企业引领着企业数字化转型的热潮，它们分别是中国平安集团（P）、阿里巴巴网络技术有限公司（A）、深圳市腾讯计算机系统有限公司（T）和华为技术有限公司（H）。四家企业名称的第一个字母，合起来刚好是“PATH”，中文意思是“路径”。也就是说，这四家企业在企业数字化转型方面积累的经验教训，给大多数还在摸索中前行的中国企业探明了一条切实可行的数字化转型之道。

这条适合我国企业的数字化转型之“道”，包括天道、商道和人道三个方面。

从天道来看，数字化转型的起点是确定的 1，未来是不确定的 X。

数字化的本质是降低不确定性。虽然未来充满不确定性，但通过数据赋能组织与个体，使组织摆脱了传统的依靠类比进行决策的方式，更加科学地依据大数据进行业务规划和决策，可以使企业的发展壮大从偶然变为必然。

X 代表未来的不确定性和偶然性。未来，X 的值将取决于企业的数字化准备程度。

企业管理者和员工需要升维思考，利用好“数据”这个新的维度，通过数字化技术拓展运营空间，升级业务决策模式，降低网络获客的边际成本，使 X 的取值远远大于 1，从而使未来充满无限可能。

从商道来看，企业与用户之间的“无接触”交易将成为必然趋势，数字化帮助企业精准触达用户，提高服务和生产效率。

数字化的作用是以颠覆性的技术和流程，提高组织系统的效率，实现 1（虚拟经营）+1（物理经营）>2（企业的收入基准）。

拥抱数字化，拥抱互联网，是企业在“无接触”时代唯一的选择。线上交易量快速增长，线上线下深度融合，逐步取代依赖物理网点的传统交易模式。而虚拟现实（VR）、数字孪生等新技术则从另一个层面催生了虚拟世界与现实世界的深度融合。聚合虚拟世界，赋能实体世界，可以从经营、创新、管理三个方面全方位带动传统行业升级转型，提高效率，促进增长。

新冠肺炎疫情加速了“无接触”时代的到来。也就是说，在物理世界中，企业将不可避免地离用户越来越远。如果不加强智能化、场景化的精准服务，那么企业将在“无接触”时代逐渐脱离用户。

从人道来看，数字化转型始于技术，终于组织。敏捷组织是转型成功的保障。

数字化 =Technical（科技因素）× Social（人的因素）。这就意味着企业要以客户为中心，使关系多样化，绩效颗粒化，组织柔性化。用敏捷管理的思路，激活人力资源，整合创新的力量与动能，力出一孔，提升人机一体的组织效能，而非沉迷于技术。围绕用户体验，敏捷创新，构建以需求拉动经营管理的有机组织。

未来企业的人（员工）、机（设备）、料（物料）、法（工艺）、环（环境参数）等生产要素联网进程加快，操作技术与信息通信技术（OICT）深度融合，数据孤岛消失，企业业务运营不再受时空约束。能否正确运用数字化赋能组织，是能否成功转型的关键。

在技术革新年代，由工业技术升级到信息技术，或者由信息技术升级到数字技术，由于新旧技术的升级换代，会在前方形成一个断裂带。这个断裂带的形成过程通常称为范式转换（Paradigm Shift）。此时，企业需要注入新的动力，实施转型，升级思维并有效行动，否则会陷入增长困境，如图 0-1 所示。

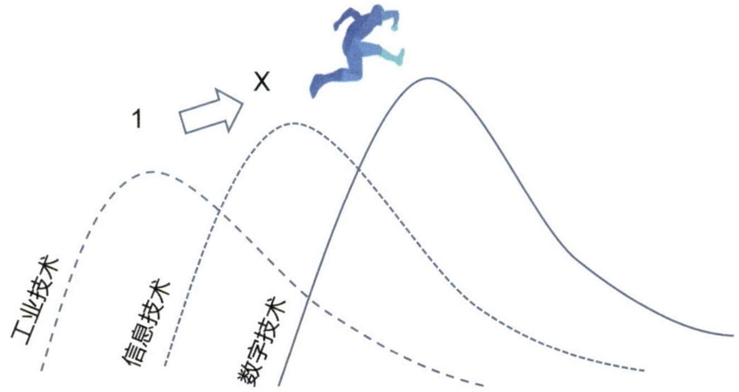

图0-1　从1到X，需要在思维上跨越技术大周期形成的断裂带

序二 | Preface Two

当今时代，发展变化迅速，有些地方的发展速度快得超出了人们的想象。就拿笔者而言，笔者出生在 20 世纪 60 年代末 70 年代初，属于 20 世纪下半叶“婴儿潮”（Baby boomers）一代的人群。

“婴儿潮”一代有什么样的直接感触呢？这一代人的少年时期大多在农村度过，享受着田园生活带来的乐趣。那时的天很蓝，空气也很好。春天，村边开着美丽的桃花；夏天，我们穿着套鞋在泥泞的田埂上行走；秋天，沐浴着暖暖的秋阳去上学；冬天，突然降临的大雪给我们带来惊喜。一年四季，我们都在近距离地与大自然接触。

上学途中，有时会抄近道，踩到农民的稻田里。有时稻田处于休眠期，此时的稻田里还没有种植水稻，而是会长满一种名为红花草的植物，非常漂亮。我们就从长满红花草的稻田里踩一条弯弯曲曲的小路出来。

农民种植红花草并不是为了观赏，而是为了在需要耕种时把红花草用犁翻转起来，让它腐烂，变成肥料，从而使来年的水稻生长得更加茁壮，颗粒更加饱满。如此年复一年，田园之间不断上演着各种各样的生命轮回。

我们认为日子会一直这样过下去，社会会一直这样发展下去。偶尔也会遐想一下未来。未来会是什么样子呢？当时笔者特别期待，能有一条从西边县城修建到我们村边的马路，然后穿过村庄，一直延伸到远在东边的乡镇。

这样，当人们想去县城时，就会非常快捷。人们可以直接从村边搭乘公共汽车去城里，而不必步行七八千米的路程，才能走到最近的公共汽车站搭乘汽车。

令人没想到的是，到了 20 世纪 80 年代初，随着国家的改革开放，我们家也从农村搬到了县城里，跟全国十几亿人民一起，开始了工业化、城市化的进程。由于当时城镇户口管制比较严格，我们家虽然住在县城里，但我本人的实际身份还是持有农村户口的学生。

工业化和城镇化的中国是一个什么样的图景呢?

20 世纪 80 年代初，湖北省东南部有一个山清水秀的小县城。我们一家就住在离县城 2 千米左右的一个小型化肥厂里面。这个小化肥厂主要是给农村生产一种名为碳酸氢铵的化学肥料。

碳酸氢铵有一个特点：它是碱性的，用多了很容易造成土壤板结。所以我在上中学时有一个梦想，就是希望将来能从事化肥的研究工作，研究并生产一种比较中性的化学肥料，就像尿素。尿素这种肥料就很好用，用多久也不会造成土壤板结。

然而，当时我们国家很难大规模生产尿素，大部分的尿素是从国外进口，主要是从日本进口。我的父亲当时在县城里面负责农用生产物资的采购。父亲原来的单位名为湖北省咸宁县生产资料公司，现在已更名为农资公司。那时候生产物资紧缺，父亲凭借自己的经验，帮助很多乡镇、乡村的农民采购进口化肥。

父亲的采购工作也使家里堆积了很多副产品。当农民用完化肥以后，就把装化肥的布袋子退还给我们（我们回收）。这种装化肥的布袋子，我的母亲舍不得扔掉，就把它们改成了各种各样的床单面料：灰白色麻布的，质地很不错，非常好用。

我上中学时，经常躺在床上，仰面望着那些已经被改成蚊帐顶部的化肥袋。上面写着：尿素，日本某某株式会社生产。我当时就想，中国人什么时候能大规模地生产既能够帮助农民提高粮食产量，又不会对土壤造成伤害性影响的国产化学肥料呢?

大学毕业后，我真的去从事化工行业了。国家很快掌握了生产尿素的全套工艺流程和技术，我本来学的是电力系统自动化，毕业以后被分配到原化学工业部直属的第四设计院（现已更名为中国五环化学工程公司），去帮助小型化肥厂进行升级转型。把原来生产碳酸氢铵的小型化工厂，通过技术改造，转型升级成生产尿素的化工厂。

在第四设计院工作的那段时间，现在想起来还是非常开心的。经我们改造升级的化工厂，不再生产低端的碳酸氢铵，而是转型生产尿素这种高端化肥产品，使尿素产业摆脱了对日本的依赖。我感觉实现了小时候的一个梦想。

但是我在第四设计院工作了没几年，社会又发生了巨大的变化。

个人计算机（PC）进入了学校、家庭，第一代模拟手机——“大哥大”开始流行起来，还有些人开起了小汽车。当然，湖北也不甘落后，武汉市与法国合作，在汉阳合资建立了一个神农汽车制造厂，大规模生产富康品牌的小汽车。

在国企工作的我又产生了一个新的想法。我想能不能换一个工作，多挣点钱，今后买一辆小汽车？

人类的需求就是这样没有止境。刚改革开放时，年轻人的梦想是三转一响：自行车、手表、缝纫机、收音机。到后来变成了新三样：彩电、冰箱、洗衣机。再到后来，新三样又变成了汽车、计算机、住房。时代的车轮滚滚向前，我国直接从农业社会奔向了工业社会、信息社会。

时代的快速变迁，逼迫着每一个人在时代的潮流面前做出选择。中国有句古话——“逆水行舟，不进则退”。如果我一直在国企过着相对安逸的日子，我害怕自己会被时代的潮流抛弃。

经过一番心理挣扎，我最终还是决定放弃前途看起来还不错的国企工作，重新回到学校，补充了新的知识，拿到了硕士文凭，然后跟随时代的脚步，去深圳打工，追逐新的梦想。

于是我来到深圳华为这样一家创业公司。进了这家公司以后，我突然感觉一切都很新鲜，有一种人生从头再来的感觉。每天工作量都很大，有干不完的事情，但是人也充满激情。

我到深圳后，最早是住在深圳南山区的粤海门村，免费住了一个星期，然后又搬到南山区中心的愉康（地名）附近。每天早上，坐着公司统一租来的大巴去公司，去公司的路上会经过深圳大学的北门，能从开满美人蕉的深南大道上，远眺深圳海湾对面的香港元朗镇的高楼。用不了多久，大巴就开到了科技园的一号楼。

到了科技园的一号楼，先刷卡，然后乘坐电梯或步行到位于顶层的食堂吃早饭。用老板的话说，每天在食堂吃饭时，坐在旁边的都是不一样的人。你每天都有机会看到很多新面孔，你每天看到的太阳都是不一样的。

在深圳华为，我们做无线通信设备，帮助客户实现随时随地与任何人自由沟通的梦想。"大哥大"早已不再流行。人们用上了数字技术的全球通信系统（GSM）手机，然后又用上了智能手机。移动宽带互联网的普及改变了人们的生活，我们上街购买商品，逐渐习惯了用二维码支付，出门再也不需要随身携带钱包。

就这样，短短三十几年的时间，我们这一代中国人就经历了从农业社会、工业社会到信息社会这样一个巨大的转变。这不就是电视剧里面的穿越嘛！真是此生有幸入华夏，无悔作为中国人。经过多年的打拼，我也过上了比较富足的生活，以为日子终于可以安稳下来了。

没想到，时代进步的脚步根本停不下来。信息化仿佛就在昨天，数字化的洪流又滚滚而来，如图 0-2 所示。

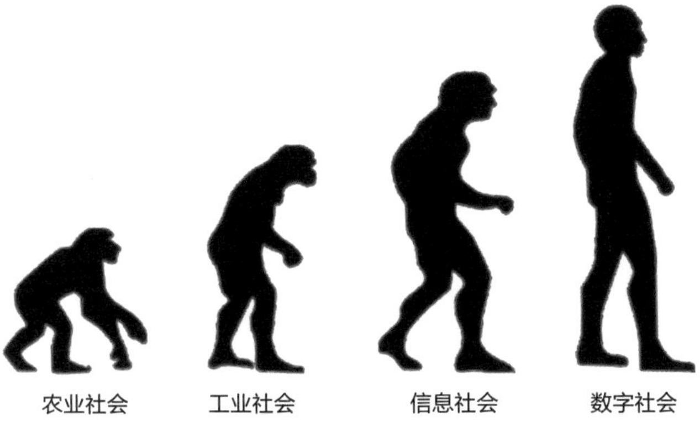

图0-2　人类社会的演进

太空科技、生物科技、人工智能并称当今世界的三大尖端科技。太空科技延伸了人类的手脚，可以帮助人们拓展更广阔的物理生存空间。而生物科技则可以帮助人类延长自己的寿命，让人更健康，更长寿。人工智能延伸了人类的大脑，让人类制造的工具有了灵魂，成为几乎同人类一模一样的、一个由灵魂和肉体结合起来的系统。

三大尖端科技都在进步，引发了人类的无限遐想。然而，所有的科技都是一把“双刃剑”。

在这样的科技变革面前，作为人类，我们又将何去何从呢？除了每天面对生活的苟且，能不能怀揣着一点点诗和远方的梦想？面对时代的变迁，能否对未来做一个基本的洞察和正确的预判，从而把握住数字化时代的主动权？

我本人也从原来的研发岗位，转换到技术管理岗位、战略规划岗位，然后又去华为运营商事业部（BG）管理培训学院，转型从事管理咨询工作。工作上的转变，使我有大量的机会接触到各行各业中各个层级的管理人士，包括来自化工、冶金、建材、电力、油气、机器人、医药、快速消费品、信息通信、金融、电子商务等各行各业的董事长、总经理、总工程师、部门经理、项目经理、主任工程师，等等。

在同这些企业管理者交流的过程中，我发现大家原来都跟我一样，对于时代的快速变迁有着很多同样的感受。他们同我谈到了许多痛点、许多困惑，例如：

• 什么是企业数字化？数字化和信息化有什么不同？

• 信息化、数字化、智能化的先后顺序是怎样的？

• 如何让数据流动产生价值？

• 如何保护企业的数据资产和信息安全？

• 行业标杆企业，如平安、阿里巴巴、腾讯、华为等是怎样做数字化转型的？

所以，他们迫切地希望在大变革的时代中，拨开迷雾，洞察到一条通向未来的比较明晰的道路。这也是促使我写一本数字化转型方面的书的原因，我希望能够结合自己的思考，把当下主流的各种想法整理出来，同新一代的企业管理者分享。

在《从 1 到 X：数字化转型实战》这本书的书名中，1 代表确定的现在，而 X 代表实施数字化之后无限的可能。因为转型意味着创新，创新就会有成功和失败等多种可能。无论怎样，对于新一代的企业管理者和员工来说，未来是可以凭借自己的智慧去描绘和创造的。

Contents | 目录

第一章　悟道　探寻数字化的起源

数字化的起源　/ 002
传统企业面临的生存危机："无接触"时代到来　/ 009
数字赋能之一：网络化——颠覆店堂经理　/ 018
数字赋能之二：精准化——颠覆专家判断　/ 021
数字赋能之三：智能化——颠覆中层白领　/ 023
中小企业要不要进行数字化转型　/ 024

第二章　布道　描绘数字化的愿景

H 公司实践：设立数字化转型愿景　/ 030
衡量数字化企业的 7 个特征　/ 031

第三章　践道　数字化转型实施路线图

步骤一：以用户为中心，聚焦用户体验　/ 056
步骤二：回归业务，流程与 IT 相互促进　/ 060
步骤三：架构牵引，实现多云协同　/ 078
步骤四：上云，延伸企业的运营空间　/ 079
步骤五：用数，一切数据业务化　/ 082
步骤六：赋智，以智能化带动商业敏捷　/ 086

第四章　数字化营销策略

"新物种"的出现　/ 092
从传统零售到"新零售"　/ 095
商品与体验融合　/ 118
"新零售"的数字化中台　/ 123

第五章　数字化创新策略

为什么需要创新解决方案　/ 130
上云：云神经网络　/ 131
用数：数字孪生与虚拟现实（VR）/ 135
赋智：人工智能的创新应用　/ 141
5G 助力数字化创新　/ 146
以创新驱动成长，防止颠覆　/ 148

第六章　数字化管理策略

数字化时代的人力资源管理　/ 154
如何重构企业组织　/ 154
炸开人才金字塔　/ 159
汇聚创新力量，营造开放氛围　/ 163
绩效精益化　/ 166
数字化时代的实物资源管理　/ 170

第七章　数字化人才培养

数字化转型的角色　/ 178
如何培养数字化人才　/ 181
第一性原理　/ 183
升维思考，降维打击　/ 187
互联网的本质　/ 192

第八章　数字化转型“转变”了什么

做出正确的选择　/ 198
以危机触发，用愿景鼓舞　/ 200
从 1 到 X 的跨越，突破增长“瓶颈”/ 206
比较思维会导致“内卷”/ 215
防止脱离业务的“转型”/ 217
以能力的提升，赢得用户的尊重　/ 220

第一章

悟道

探寻数字化的起源

数字化的起源

当今时代，数字技术日新月异，带来的变化也让人惊叹不已。然而，企业的发展为什么总会遇到天花板？数字化技术能够帮助企业突破增长的天花板，跃升到一个全新的境界吗？

20 世纪最伟大的科学家爱因斯坦曾经说过一句话：同一层次的思维，解决不了在同一层次上产生的问题。

将这句话运用到数字化转型上，就要求我们在探讨企业数字化转型时，不要拘泥于固有思维，执着于原有的认知边界，更不要沦陷在对技术的畏惧里不能自拔。要跳出传统思维的边界，去挑战更加本质的假设和制约，从而让自己的认知升华到一个新的高度。这样，困扰你的难题才能够迎刃而解。

比如说，数字从何而来，数据赋能的本质是什么？

对于数，我们并不陌生。近年来逐渐兴起的数字孪生(Digital Twins)技术，即所谓的“数字化双胞胎”，就是对于“数”在工商业环境中应用的一个非常生动的注释。所谓“数字孪生”，就是通过数据采集和建模，把物理世界存在的实体映射到虚拟世界。在虚拟世界构建一个对等的模型，对虚拟世界的模型进行仿真。模型在虚拟世界得到充分优化和验证以后，再来指导物理世界实体的设计和生产。在这个过程中，虚拟世界的模型和物理世界的实体始终保持同步，就像双胞胎一样，外观几乎一模一样。

也有人认为，数字化转型中的“数”是指“大数据”在企业中的应用，包括大数据在营销方面的应用，大数据在产品创新中的应用，以及大数据在企业管理方面的应用，等等。由于大数据具有容量大（Volume）、速度快（Velocity）、多样性（Variety）、有价值（Value）的特征，相比以往通过采样得到的小数据，未来企业更加倾向于用全样本的大数据来进行业务分析，从而做出更加精准的预测和决策。

无论是数字孪生，还是大数据，都用到了数据。那么“数”的本质又是什么呢？

数，是人类对于实体世界的一种量化的认知方式。也就是说，数是实体世界的各种模拟量，通过量化采样后形成数字空间的一个投射。实体世界的数量是连续的，一般可以用实数来表示，称为模拟量。而计算机中的数字空间的数量是离散的，一般用整数或小数来表示，称为数字量，如图 1-1 所示。

图1-1　模拟量和数字量

数据的本质是其中包含的有效信息降低了未来的不确定性。人们通过掌握数据来分析当前物理世界的现状，预测未来物理世界的发展变化趋势，降低了未来的不确定性，从而更好地改造物理世界，改善人类的生存环境。

例如，古埃及人发现，有的时候，尼罗河三角洲地区涨水与太阳、天狼星在地平线上升起同时发生。他们把这样的现象出现的时间间隔定为一年，共计 365 天。这样，古埃及人便能够准确地预测每年尼罗河的泛滥时间，从而去规划合适的播种季节，取得农田和果园的丰收。在这个例子中，365 是一个整数。

在中国南北朝时期，祖冲之帮助宋孝武帝制定了《大明历》。祖冲之推算出一个回归年的长度为 365.2428 日，这样的精确度大大超过了古埃及人以天为单位的误差精度。《大明历》中定义的回归年长度，与今天的推算值仅相差 46 秒，极大地方便了当时的农业生产和人们的日常生活安排。这个例子中的 365.2428 是一个小数。

而实际上，一个回归年的长度平均约为 365.2422…天，它是一个无限不循环小数，并且每一年的长度都会略有不同（“岁差”）。

由于有了准确的历法，农业生产方式便从原来随机的、不可预测的方式，变成了可以预知季节和气候变化的、有规律的农业生产方式，从而使农作物的产量也更加有保障，如图 1–2 所示。

图1–2　数字赋能农业生产

到了 20 世纪 40 年代，美国麻省理工学院的数学家、信息论的奠基人香农证明了采样定理，即在一定的精度要求下，离散的序列可以完全代表一个连续函数。

物理世界的量大都是模拟量。也就是说，物理世界里发生的各种各样的变化都可以用一个模拟量来衡量。这些随时间变化的模拟量就是一个连续函数。

比如，人类说话的声音就是一个连续函数。语音是一个频率和振幅都在随时间变化的模拟量。如果设计一个采样器，以一定的时间间隔，不停地采集人类说话的声音，包括声音的频率和幅度，就会得到一连串的数据序列。然后，再设计一个扬声器，就可以把这一系列数据还原成人类的声音。

香农证明了，只要采样频率足够高，数字世界相对于物理世界就可以做到不失真。也就是说，从模拟量（Analogy）通过采样变为数字量（Digit），然后通过逆变换，使数字量还原成模拟量，这个过程是完全可逆的。因此就实质而言，香农提出的采样定理为今天的数字化技术奠定了基础，如图 1–3 所示。

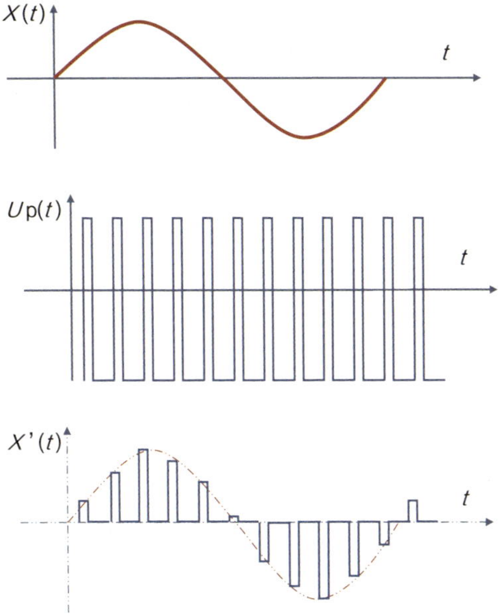

图1–3 采样定理证明了数字物理变换的可逆性

把物理世界（Physical World）的各种模拟量采样到数字世界（Digital World），形成一个与物理实体对等的虚拟世界的数字模型，然后通过在虚拟世界对数字化的模型进行各种仿真，找到最优化的方案并且得到验证以后，再反作用于物理世界，从而提高物理实体的生产效率，如提高产品质量、降低能源和原材料消耗、加快产品上市进度等。

所谓高效，意味着产出大于成本，亦即 1+1>2，这是非线性系统（System）的典型特征。而企业恰好就是一个非线性系统，用数字手段进行企业的“效率革命”，是企业数字化思想的根本来源。

同时具备信息（Cyber）部件和物理（Physics）部件的系统，称为信息物理系统（CPS），如图 1–4 所示。人、智能手机、企业等都是信息物理系统。

为什么说人体也是一个信息物理系统呢？因为它同时具备肉体（Physics）和灵魂（Cyber）。

所以，信息物理系统是当前世界上的高级存在方式。信息物理系统具有自组织、自优化的能力，能够主动适应外部环境的变化。更进一步来讲，像人类这样复杂的信息物理系统，本质上还是一个耗散结构系统。也就是说，人体还具有吐故纳新、新陈代谢的功能。

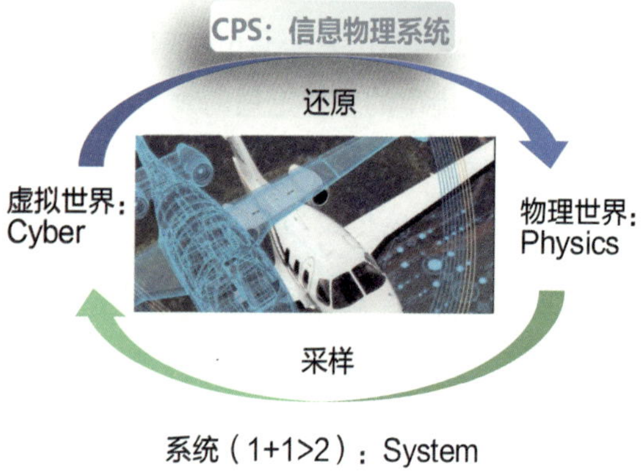

图1-4　信息物理系统中虚拟世界与物理世界的互动

物理世界与虚拟世界融合共生

下面来看一个信息物理系统在航空制造业上的技术应用，这里应用到了人们常说的数字孪生技术。

“数字孪生”这个概念，由美国密歇根大学迈克尔·格里夫斯（Michael Grieves）教授与美国国家航空航天局（NASA）专家约翰·维克斯（John Vickers）共同提出，并于2003年在格里夫斯教授的产品生命周期管理（PLM）课程中被首次引入。

之后，NASA和美国空军联合开展了面向未来飞行器的数字孪生示范，并将数字孪生定义为一个概率性的仿真过程，该过程集成了多个物理场和多种不同的飞行器尺寸。

基于飞行器的高保真物理模型、历史数据及传感器实时更新的数据，完整地映射出飞行器的虚拟模型，从而准确刻画和反映了物理实体的全生命周期，实现了对飞行器健康状态、使用寿命及任务可达性的预测。

同时，数字孪生过程可以预测飞行器对危险事件的响应，通过对比预测结果与飞行器的真实响应，及时发现问题，进而激活自修复机制，或者重新规划任务，以减缓飞行器的损伤和退化，如图 1-5 所示。

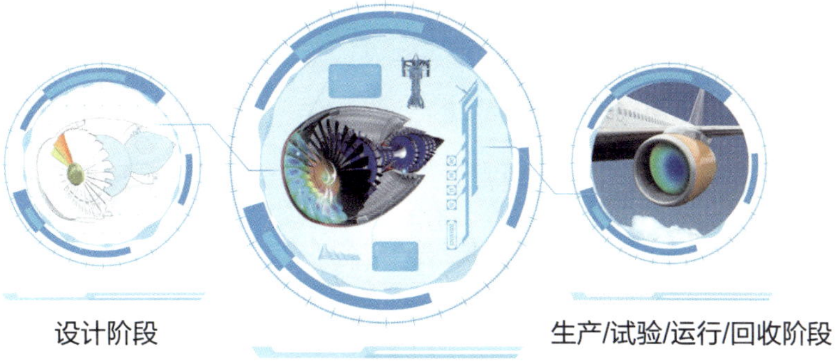

左边是数字孪生在设计阶段中的应用
右边是数字孪生在生产、运行等阶段的应用
中间是数字孪生原理
图1-5　用数字孪生优化发动机设计和使用

案例：劳斯莱斯的数字化发动机

2016 年，制造航空发动机的科技巨头劳斯莱斯与微软合作，用微软的 Azure 物联网平台帮助劳斯莱斯实现了发动机的智能化制造，实现了软件与实体的完美结合。

微软方面声称，劳斯莱斯在整合了 Azure IoT 套件之后，其生产的飞机引擎可以更好地收集和利用航空数据，减少引擎消耗，提高航班效率，实现引擎价值的最优化。

劳斯莱斯还利用 Azure IoT 套件收集不同地理分布来源的数据，匹配到实际的地理场景，并从中挖掘这些数据的价值，向航空公司的决策者推荐如何在飞行中和在地面上运行发动机，才能获得最高效能，这让劳斯莱斯的业务超越了发动机制造和维修的传统范畴，进入数字服务（Digital Service）领域，给整个航空业带来极大的改变。

劳斯莱斯成立了 R^2 数据实验室，计划利用机器学习、人工智能和数据分析来创建新的发动机业务。R^2 数据实验室团队中的 200 名数据架构师、工程师、科学家和专家经理，在 2019 财年通过发动机健康监控活动，帮助劳斯莱斯交付了超过 2.5 亿欧元，如图 1-6 所示。

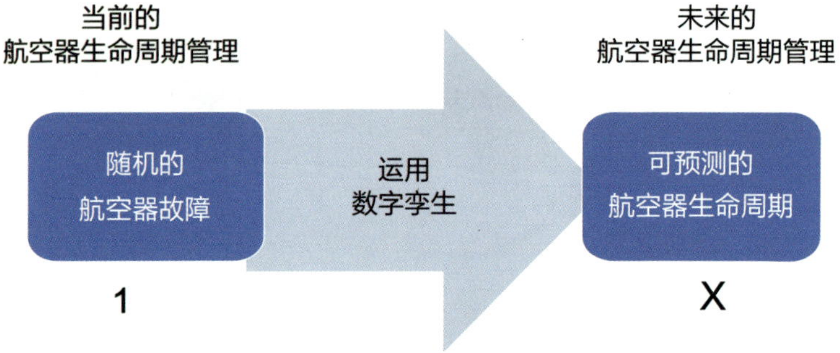

图1-6　劳斯莱斯的数字化应用

通过劳斯莱斯这个案例，我们对企业数字化有了基本的感性认识。从技术角度来看，数字化的特征之一是物理世界与虚拟世界融合共生。然而，企业数字化不单纯是一个技术命题，更多的是一个管理和商业命题。

市场交换是企业最本质的特征，所有企业发展的根本动力都来自客户需求。正是因为市场上有客户、有愿望、有需求，企业才能够源源不断地获得利润和现金流，从而得以生存和发展。迄今为止，在商业的本质这一点上，数字化企业和传统企业并没有什么区别。

然而，数字技术正在颠覆企业触达用户的方式，颠覆业务决策的底层逻辑，颠覆中层白领的智力价值。未来，随着加密货币的发展，数字技术也许还会彻底颠覆企业的市场交换逻辑。

数字技术带来的这些颠覆性改变已经足以引起人们的警觉和深思，并且应当立即采取行动去应对。对个体而言，当务之急是系统学习和持续更新数字化相关知识，包括管理、商业和技术等方面的知识。

传统企业面临的生存危机："无接触"时代到来

当今时代，正在面临着百年未有之大变局，也有人称为 VUCA 时代——即不稳定(Volatile)、不确定(Uncertain)、复杂(Complex)、模糊(Ambiguous)。其背后的推手，很大一部分来自科技进步的日新月异，尤其是人工智能技术的发展。

用户的消费行为习惯正在发生巨大的改变。年轻一代不再去商店购物，不再去银行网点取钱，不再去路边打车，甚至不再去食堂吃饭。网购、网银、网约车、点外卖等已成为年轻一代日常生活的习惯模式。

用户正在远离物理营业网点，企业正在一步步脱离与用户的物理接触。新冠肺炎疫情的出现，加剧了用户"无接触"的步伐。在后疫情时代，传统企业突然发现，自己正在面临生死抉择，一方面是由于脱离与用户的接触；另一方面是由于互联网巨头的跨界紧逼。

下面来听一听某银行经理的心声。这位银行经理已经明显感觉到环境的变化，他说：

人流不等于客流。每天客户从我们身边经过，如何与他们发生连接、产生交互，有效地将人群转化为客群？

我们做大量的营销活动、人员地推：送油、送大米、送礼物换回客户开卡，然后就没有然后了，大部分账户成为"僵尸户"，缺乏后续的客户运营，缺乏场景，缺乏有效的客户触达、转换和提升能力。

3 年前我们开始了依靠网点、依靠客户经理模式的转型，但目前这种模式已经遇到天花板，很难再进一步增长，获客越来越困难，需要依靠智能化、场景化的业务运营换挡。

银行经理意识到，随着数字化进程的逐步推进，网络效应加剧，客户边界越发模糊，年轻客户、小微客户的价值潜力一路凸显。

银行网点的客流量日益稀少，银行与用户在线下日益脱离了接触。今天，人人都拿着手机，金融服务的高频化及移动化，让服务与场景结合得愈加紧密。这里的场景包括了线上的场景及线上融合线下（OMO）的场景。而传统银行在构建场景化营销这件事情上并不擅长。

面对以上的环境变化，金融行业正在成为深度数字化转型行业。如果不积极采取行动应对，就有可能重蹈柯达、诺基亚、《读者文摘》、百代唱片……这些企业的覆辙，面临传统业务被新技术、新兴互联网企业颠覆的命运。

中国科技创新的四大巨头——平安（P）、阿里巴巴（A）、腾讯（T）、华为（H），通过自身的转型实践，摸索出了一个数字化行动方案的范例，为处于困境之中的传统企业找到了一条成功转型的出路。

P公司实践：转向以客户为中心

平安集团意识到在数字技术重塑社会形态的过程中，企业、个人的金融需求发生了翻天覆地的变化。传统的经济模式里，金融资源属于稀缺资源，金融机构只要做好自己的产品自然不愁客户上门。

但是在全新的数字经济时代，客户可以便捷地通过网络获取信息，选择适合自己的产品和服务，并且新兴技术行业具有完全不同的生命周期和经营数据指标，这就要求金融行业不能再拘泥于传统的物理银行网点，而必须以客户为中心，围绕客户需求打造全方位、立体式产品服务体系。

面对汹涌而来的数字化浪潮，平安集团如何应对金融行业的“中年危机”？平安集团先是提出“第四个十年战略中，全面数字化战略及经营是至关重要的工程”，又于2021年进一步提出：“未来十年，要成为全球数字化战略及发展的领导者。”

数字化为何具有如此强大的力量？平安集团认为人工智能科技的进步，赋予了数字化三大颠覆性特征。

一是颠覆性的计算能力。得益于硬件的进步，机器的计算能力超越人类百亿倍，人类处理数据的方式发生了颠覆性变化。传统的海量数据、非结构化数据难以处理等问题得以解决，人类可以对复杂事物进行更全面、更深入、更触及本质的认识。

二是颠覆性的认识方法。传统认识方法以数学、统计学为基础，通过较简单的计算与描述，为人类的决策提供参考。而人工智能、机器学习、深度学习等算法的成熟，颠覆了传统的认识方法，让机器在很多领域的认识能力超过人类，可以取代人类完成认识与实践，就像L4、L5级别的自动驾驶不需要人类时刻手握方向盘一样。

平安集团的自然语言识别技术获得了5项全球科技竞赛冠军，其中一项比赛是阅读1.5万篇文章后，回答15万个问题，平安自然语言处理（NLP）识别模型准确率评分高达90.4分，已超越人类平均水平的86.8分。

三是颠覆性的数据基础。通过大数据技术，数据的“广度、宽度、深度”正呈几何式增长，人类认识有了更深、更广的数据基础。其中，“广度”是指以标签化描述数据更多的特征；“宽度”是指数据类型除了量化数据，还包括非结构化的图片、视频、文字等；“深度”是指通过知识图谱，形成了数据关系的认识网络。

实施数字化转型给平安集团带来的价值，体现在以下5个方面。

（1）聪明经营。“先知、先觉、先行”的经营决策。通过大数据分析，总结行业发展规律，找到与竞争对手的差异，识别市场机遇与挑战，从而在纷繁复杂的环境中看清本质，提前做出正确决策。

例如，平安年报涉及数十家专业公司，情况非常复杂。通过数据治理的书架化、数据传输与分析计算的自动化，实现提前3个月、仅耗时34天即可完成年报，在全球大型金融企业中排名第一，让平安集团更早地掌握公司全年的经营情况和未来趋势，为制定新策略、采取新行动，赢得宝贵时间。

（2）提升管理。提高内部管理与运转效率。通过数字化精简优化流程，用机器取代人工环节，或通过机器辅助人工降低流程耗时。

例如，平安帮助港交所建设的智慧交易一体化平台，实现了全面无纸化上市及线上认购机制，把新股首发耗时从“T+5”缩短为“T+1”，达到了世界一流交易所水平。

（3）防范风险。“预测、预警、预防”的风险防控。通过对风险数据分析的前移，从财务数据到业务数据，再到行为数据，凭借人工智能的精准监测与分析，从行为源头上预防风险。

例如，平安普惠通过微表情技术，分析客户面部表情的细微变化，从审贷入口就严控高风险客户进入，减少了33%的信贷损失，这项成果的研究报告登上了《经济学人》杂志。

（4）优化服务。优化客户服务体验。金融业无须通过实物进行客户服务，相对其他实体行业，更适合用数字化提高服务，优化客户体验。

例如，平安推出“有温度的金融”，就是要颠覆低频、有限的传统金融服务，为2.2亿平安金融客户提供医疗健康等有温度的服务。但服务如此庞大的客户群，人力不可为之，必须依靠医疗科技的数字化能力，通过“AI医生+真人医生”，打通线上线下的医疗服务，为客户提供7×24小时的呵护与服务。

（5）降低成本。机器取代人工，降低人力成本。将简单重复的劳动力密集型工作用人工智能替代。

例如，平安车险极速理赔，通过人工智能学习，识别6万种汽车、2400万种零部件的图片，客户使用“平安好车主”App拍照上传受损照片，即可3分钟自助完成理赔。截至2020年年末，平安产险家用车客户线上自助理赔案件量达690万件，83%的车险报案不再需要查勘员现场查勘。再如，平安张江后援中心曾是全球最大的电话客服中心，有数万名员工。而近年来平安集团逐步用AI智能语音客服来替代人工客服，2020年有19.3亿次电话客服由AI完成，占比超过82%。

A公司实践：从传统零售到新零售

阿里巴巴旗下新零售网红公司盒马鲜生（以下简称“盒马”）是最早主张“新零售”理念，也是呼声最高的探索者之一。盒马在阿里巴巴低调筹备两年多，2017年开张之际因集团董事局主席马云和CEO张勇的站台而备受关注。经过一年多的运营，2018年年底已在上海、北京和深圳等市扩张到110多家门店的规模。

盒马鲜生提供的数据显示，盒马的坪效（每坪的面积可以产出的营业额，1 坪≈ 3.3 平方米）达到了普通商业超市的 3 倍，用户黏性和线上转化率远高于传统电商，线上订单占比超过 50%，用户转化率（成交用户数占总访问数的比例）高达 35%，是传统电商的 10 ~ 15 倍。为何盒马能如此受到消费者的青睐，一步步成为生鲜超市电商中的“网红”呢？

第一，以新一代的用户为中心。盒马的用户（User）定位是 20 ~ 35 岁中高收入的年轻人，尤其以女性为主。其中已婚妇女占 65%。按年龄区分的群体数量中“80 后”2.28 亿人、“90 后”1.74 亿人、“00 后”1.26 亿人。而传统超市的目标客户主要是为家庭采购的中老年人。“新零售”的目标客户定义如图 1-7 所示。

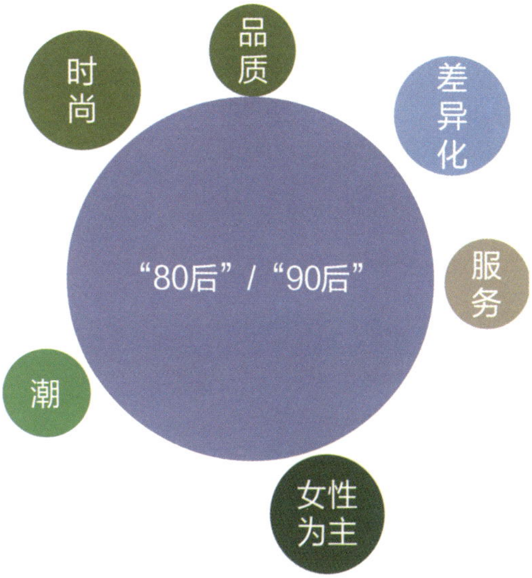

图1-7 “新零售”的目标客户定义

第二，提供场景化的全程销售与配送服务。盒马的核心业务场景（Scenario）包括线下购物体验、安装盒马 App、线上下单支付（只支持支付宝支付）、店面快速送货、中心仓配货，以及基于大数据的顾客对商家（C2B）管理等，如图 1-8 所示。

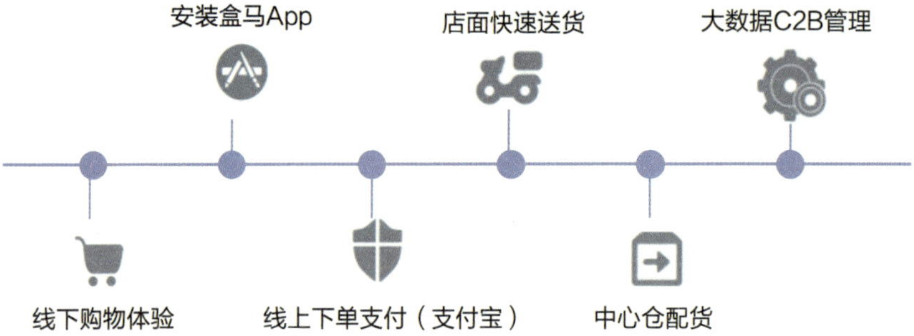

图1-8 “新零售”的场景定义

第三，迭代式的产品与服务创新，持续优化用户体验。从产品与服务设计的角度，典型的消费旅程（Journey）可以分为认知、到达、准备、购买、体验、物流、售后 7 个消费阶段。

通过实地体验和消费者访谈，总结出如图 1-9 所示的盒马用户在每个阶段的消费行为，包括消费者的浏览、下单、订单支付、售后评价，供应商的产品研发、产品生产，以及骑手的店仓取货、配送到家等。每个用户接触点都需要进行体验设计和持续优化。

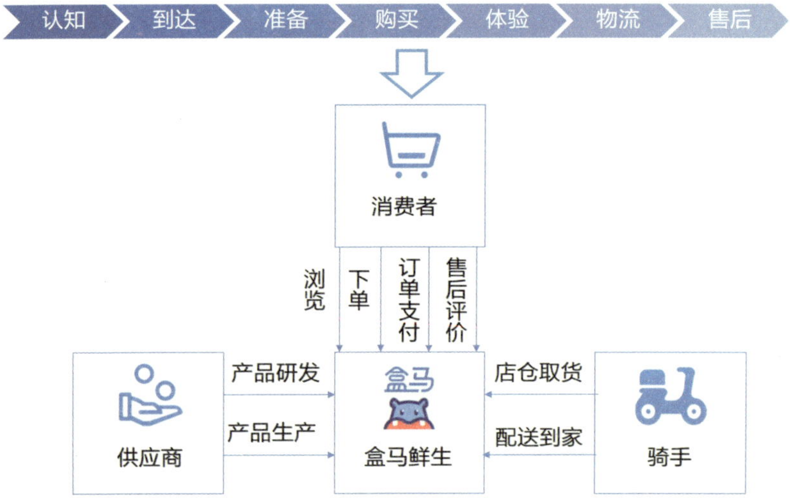

图1-9 “新零售”的用户交互定义，广义的用户分为3种类型（消费者用户、供应商用户、骑手）

不难看出，盒马从创立之初便定位于线上线下的融合性体验，线上线下并行发展，在一些线下的关键接触点上充分利用线上工具进行辅助，并在体验细节上进行了富有新意的设计。

T公司实践：人类的“效率革命”

腾讯认为，企业数字化是人类的“效率革命”。所有转型都是围绕连接效率、数据效率及决策效率 3 个方面展开的。

第一，连接效率。我们所有的生活、工作都是一个连接接着又一个连接。连接是一切转型的基础。消费互联网做到今天的规模，是把十几亿人高效地连接在一起。进入产业互联网，除了十几亿人的连接，还要实现几百亿物的连接，难度系数要 10 倍于消费互联网，但其中蕴藏的机会也是成正比的。

第二，数据效率。数据资产、数据变现的价值与意义已毫无争议。很多国有企业手中积累了大量的数据，这得益于多年的信息化投入。但我们会发现这样一个现象：信息化投入越大，数据孤岛反而越严重，因为大量数据都被封锁在各个系统里。静态数据非但不是资产，反而变成了负债。

数据和库存是一个道理，库存周转越快，现金流才越健康，产品才能转化为商品和服务，否则就是滞销品。所以比大数据更重要的是让数据快速流转起来，让数据与数据之间充分交叉，才能帮助企业获得更多洞察，进而精准地做出决策。

第三，决策效率。由“数据 + 算力 + 算法”驱动的自动化决策取代经验决策。决策自动化的意义在于尽量减少决策过程当中人的参与，这样决策才能更快、更准。自动化决策能力的高低也是衡量传统企业与数字化企业的标尺。

例如，当前活跃的互联网企业，尤其是平台型的互联网企业，如腾讯、百度、京东、亚马逊等，它们日常业务中 99.9% 以上的决策都不是由人来进行的，而是由机器、算法、模型完成的。只有这样才能支撑每天几亿、十几亿人的实时在线交互、娱乐、购物。

在产业互联网领域，决策自动化才刚刚起步，但在一些单点的场景上也取得了一定成效。比如，在烟草行业的智能备件检索、国网输电线路故障知识图谱，以及在工业领域的工业 AI 质检，都可以在少人甚至无人的情况下，做到以比过去高出几倍甚至十几倍的效率完成工作。各个行业都存在大量可以引入人工智能的场景，自动化决策程度会进一步拉大企业间的差距。

腾讯进一步认为，如果透过现象看本质，数字化转型的底层逻辑其实就是“以人为中心”，包括用户、企业员工，也包括合作伙伴。所有转型都是由人发起、执行，并最终服务于人的——以人为中心的服务和工作体验、以人为中心的价值创造、以人为中心的企业文化，以及以人为中心的组织形式与 IT 架构。数字化 =Technical（科技因素）×Social（人的因素）。

H公司实践：流程与IT互相促进

华为的数字化愿景是：“把数字世界带入每个人、每个家庭、每个组织，构建万物互联的智能世界。”在这个愿景下，华为进一步提出：“自己造的降落伞自己先跳。”也就是说，华为公司自身要率先完成数字化转型。

为此，华为设计了数字化转型的“V”字六步路线图。“V 模型”的特色是以用户为中心，引入咨询公司进行业务流程重整。流程重整优先于 IT 系统的重构，流程与 IT 相互促进，推动企业架构优化。

华为从 20 世纪 90 年代末开始，花费重金从 IBM 引入管理咨询，重心就是业务流程重整，消除一切低效和无意义的重复。在华为看来，企业的业务流程建设有多重要呢？

案例：华为深淘滩，低作堰

都江堰工程是中国古代著名的水利工程，华为总裁任正非先生参观过之后非常欣赏，回来以后要求管理者和员工写流程管理思想心得。我特地去都江堰进行实地参观，感觉平淡无奇，没有见到宏伟的大坝之类的建筑。回来后和大多数管理者一样，认为都江堰的伟大在于其约束了泛滥的洪水。因此，企业应该建立自己的流程管控体系，筑好人事与财务两道堤坝，做好基础资源共享，让项目数据流像洪水一样，在堤坝中得到有效管控，实现企业长治久安。

乍一看，这个心得写得很不错。把流程管控的要点，以河道的形象清晰地描述出来。但是任总没有作声，两三年过去，大家早已慢慢把这件事淡忘了。

没想到，3年以后，任总发表了一个讲话。开头就问大家，两千年以后还有C&C08交换机吗？大家说没有了。任总又问，两千年以后还有华为吗？大家还是说可能没有了。任总接着说，但是，都江堰是两千多年前建设的，今天还在发挥作用，还在灌溉成都平原。这个中国古代两千多年前建造的水利设施能够一直发挥作用，到底有什么秘密藏在里面呢？

任总接着说，你看，都江堰水利工程主要由宝瓶口、鱼嘴、飞沙堰等组成。其中宝瓶口疏通了洪水的通道，鱼嘴把江水分为两部分，靠近成都平原的称为内江，内江窄而深；远离成都平原的称为外江，外江宽而浅。飞沙堰延续了鱼嘴的分流作用，堰筑得很浅，用来调节内江和外江之间的水流量。

这样在枯水季节，主要的水流进入内江用来灌溉；而在洪水季节，大量的洪水通过外江分流而走，避免了洪水泛滥的灾害，如图1-10所示。

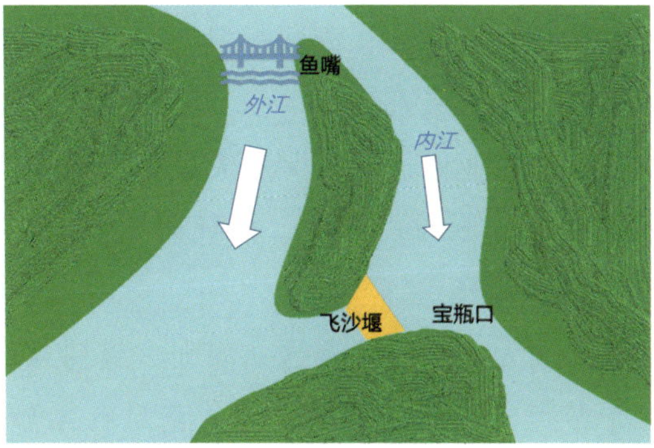

1. 宝瓶口，疏通了洪水的通道
2. 鱼嘴，把江水分为两部分
3. 飞沙堰，调节内江和外江之间的水流量
图1-10 都江堰的设计原理（取自都江堰导游图）

都江堰在外观上一点都不宏伟壮观，可以说极其低调。但是，正是这种“深淘滩，低作堰”的方法，让都江堰水利工程发挥了两千多年的作用，这放在世界建筑史上来看是一个奇迹。

数字化时代的企业管理者，要向都江堰工程学习这种“深淘滩，低作堰”的思想，深化内部流程变革，从而可以灵活控制利润率，掌握定价权。必要时，把利润让给客户，把复杂度留给自己。如果短期利润实在太高，也可以想办法使其降下来，或者持续投入研发领域中去，纵向深挖，而不要追求短期内耀眼的业绩。

当然，大型企业降低利润率，虽然对消费者有利，但是对于中小企业却是十分不利的。因为中小企业规模小，生产成本偏高。如果大型企业一味降低利润率，将会压缩中小企业的生存空间，构成倾销。因此，大企业控制利润率也要适可而止，这也是华为高端手机坚持不卖低价的原因之一。

华为数字化转型的初步成果，说明了业务流程与 IT 建设密不可分。离开业务流程重整，去讨论企业数字化转型是不现实的，有极大的可能会失败或碰壁。

数字赋能之一：网络化——颠覆店堂经理

PATH 公司数字化转型的初步成功，为传统企业带来了希望。这也让我们看到了数字赋能的潜在力量。数字赋能带来的第一个变化，是从原来的近距离接触用户的方式，变成通过互联网远程触达客户，摆脱了对物理运营空间的依赖。

数字化企业通过互联网极大地拓展了运营空间，从而使企业与顾客的接触不再受时空限制。因此，传统店堂经理的工作价值正在被全球互联网络（Internet）颠覆。

互联网为什么发展得这么快呢？最初互联网在美国被发明时，实际上只有 4 个节点，用今天的话来说，它只有 4 个 IP 地址，分别位于加州大学洛杉矶分校、加州大学伯克利分校，以及斯坦福大学和犹他州的盐湖城大学。

由于互联网最开始的设计就是要构建一个全球互联的网络，它希望把全球的由各种不同物理链路所组成的网络，通过一个标准的接口连接起来，这是一个非常具有进取性的想法。

建立一个全球统一标准非常困难，就拿电器的插头和插座之间的标准来说，这一标准在世界范围内一直都没有得到统一。

比如，中国内地的电器插头，拿到美国去是插不进插座里的；美国的电器插头，拿到英国去也是插不进插座里的；英国的插头，拿到俄罗斯也是插不进插座里的。不要说拿到海外，就连我们中国内地的插头，拿到中国香港可能也插不进插座里去。这是因为各国或地区之间存在错综复杂的商业利益关系，阻碍了电器插头全球统一标准的建立。

所以要建立一个全球统一的数据通信网络标准，其难度可想而知。

有两个思路可以帮助我们建立一个全球统一数据通信网络。第一个思路就是由国际组织建立一个全球统一的国际标准，然后要求全球其他国家都来遵守。但是这显然很困难，因为每个国家都有自己的经济利益。各个国家为什么要遵守你制定的这种统一标准呢？就像电器插头标准，直到今天也没能得到统一。就连最权威的国际电工委员会（IEC）也放弃了建立全球统一的插头和插座标准这一想法。

对于互联网来说，同样如此。如果想制定一个互联网的通用接口标准，让世界各国的企业共同遵守，几乎是一件不可能实现的事情。

所以互联网的发明者采用了一个非常明智的做法。他们没有试图建立一个全球统一的物理链路规范，而是在二层的物理链路之上，做了一个数据的标准化包装，这就是如今人们所熟知的 IP 包（Packet）。

全球所有的 IP 包的格式都是一样的，包括一个源 IP 地址和一个目的 IP 地址。只要把源 IP 地址和目的 IP 地址填写进去，那么这个数据包就能够在全球范围内的不同物理链路上、在各种局域（Local Area）的二层网络之间，进行没有障碍的数据传播。

这同邮局送信的原理是一样的，只要写明收信人地址和发信人地址，邮局就能够想到办法把你发出的信件和包裹寄送到收件人的手中。

现在全球物理世界的大部分财富都封装在集装箱里，全世界的集装箱标准都是一样的，这极大地方便了国际贸易的开展。全世界有不同的港口、不同类型的船只，但是船只上面运载的集装箱的尺寸都是一样的。

在数字世界里面，同样有一个类似集装箱的容器。这个“集装箱”在网络层，就是大家熟知的 IP 包。我们可以认为 IP 包是数字世界的一个数据集装箱，未来虚拟世界的财富，都封装在这个全球统一格式的数据集装箱里面，如图 1-11 所示。

图1-11　IP协议创建了全球统一的信息格式，造就了互联网的快速扩张

互联网通过全球统一的 IP 包标准，创建了一个全球统一的网络数据传输平台。掌握了互联网思想和科技的企业，在这个大平台上延伸自己的数据和业务是非常方便的。这就是互联网线上业务（On line）在商业上的优势之源。

然而，建立互联网的初衷是希望通过这种“服务端到客户端”的简单架构来减少中间层。但是在互联网发展的过程中，由于存在服务端和客户端之间的支付等信任问题，形成了新的中心化节点，来扮演一个信用担保的角色。

这就导致了一些比较大的互联网公司的出现，它们利用在用户数量上的优势，从一个信用担保者的角色，逐渐演变成了一个中心化的信用仲裁者。再结合资本的推波助澜，这个中心化的信用仲裁者进一步演变成了新的行业垄断者。

很多初创的企业，就希望通过融资手段来获得资金。而资本也在寻找互联网领域的独角兽。这也是互联网企业会采用那种非常奇怪的“烧钱”模式的原因。根据互联网价值的“梅特卡夫定律”，网络的价值与节点数的平方成正比，发展网络用户的速度决定了网络商业价值增长的速度。因此，企业选择通过融资、补贴，优先发展用户，跑马圈地，扩大市场占有率。

通过跑马圈地，竭力挤压同行的市场生存空间。当竞争者在价格战中挺不住了，一个个退出市场后，幸存的企业终于独占细分市场，然后可以逐渐掌控市场的定价权，享受行业垄断带来的好处。

这也是互联网当初设计全球统一标准时，没想到的一个局面。因此，现在有人提出采用区块链技术来构建一个真正的端到端互相信任的网络，而不需要通过中介节点来做信用担保或仲裁。区块链为互联网去中心化带来了新的希望。

数字赋能之二：精准化——颠覆专家判断

数字赋能带来的第二个颠覆性改变，是从依靠专家的经验决策，到依靠大数据精准决策。

传统企业中，专家判断所创造的价值远大于数据分析所创造的价值。因为以往的数据样本太小，数据质量也不高，小数据根本无法替代专家判断的决定性作用。

而现在随着大数据的出现，这个判断的逻辑开始发生反转。大数据可以做到比专家判断更加精准，而且成本更低。专家的判断产生的决策价值，也正在被大数据颠覆。

信息论的奠基人香农认为，数据中包含的信息可以帮助人们消除不确定性，这就是数据赋能的本质。数据能够使人类更加精准地把握机会、控制风险。

人类专家与其他的非生命系统的不同之处在于，人类能够主动地运用信息来控制将来的不确定性，这也是所有信息物理系统（CPS）的一个共同特征。但是人类专家判断的局限性在于，他只能依靠有限的数据和简单线性分析来支撑决策。

数字化的能量源于对不确定性的精准把控。以往，人类依靠自身的经验，具有天然的判断力和把握不确定性的能力，而机器仅仅是作为一个物理系统（Physics System，PS）而存在。现在，随着智能设备的出现和普及应用，机器及机器之间通过连接形成的网络，逐渐演变成为一个信息物理系统。在某些方面，机器系统已经明显表现出比人类更大的优势。

比如在算力方面，机器的计算能力已经百亿倍于人类的算力。在存储方面，人类的记忆能力也与计算机的海量存储能力存在显著差距。在通信能力方面，人类的通信距离和数据速率都远不及智能手机等设备。

在人们生活的这个星球上，出现了一种跟人类类似的智能物体（也称为硅基智能），而且这种智能物体在深度学习算法、算力和大数据处理 3 个方面的能力明显超越人类个体，并且一旦超越，这种差距将会越来越明显。

智能设备的出现，以及智能设备之间的协同、人与智能机器之间的网络化协同，彻底颠覆了传统企业原有的决策模式，如图 1-12 所示。

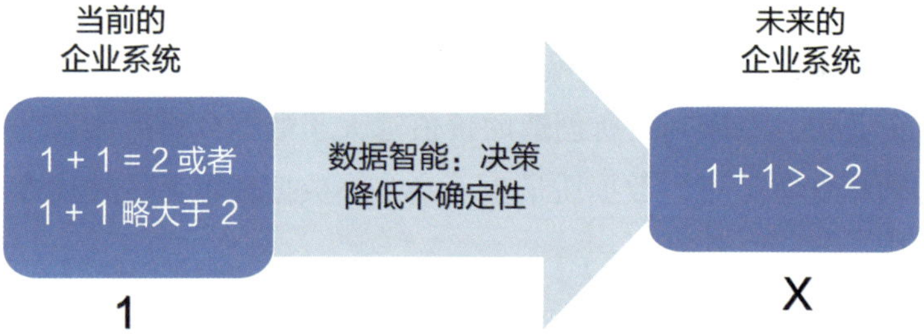

图1-12　数据智能决策将拉大企业之间的差距

决策方式的变化，带来了企业效率的颠覆性改变。

企业跟人一样，也是一个系统。所谓系统，简单地说就是 1+1>2。也就是说，系统必须是一个非线性系统，才能够持续生存。假如你是企业的负责人，要构建一个线性的企业系统，行不行呢？比如说 1+1=2 行不行？

1+1=2 对于企业来说意味着什么呢？

假如你的企业一年的利润是 200 万元，你拿出 100 万元给员工发工资，另外 100 万元去购买机器设备，这样辛辛苦苦一年下来，你的利润率是零。

因此，企业作为一个系统，它不可能以线性化系统的方式而持续存在，它必须是一个非线性系统。系统的非线性越好，这个企业的生存能力也就越强。换句话说，非线性就代表了企业的“效率”。

企业是一个人机混合耗散结构系统。也就是说，企业不是一个封闭系统，而是一个远离平衡状态的开放系统。数字化带来新的生产要素，这就是数据。企业必须源源不断地从外界获得土地、资金、技术、人才、数据等，才能够不断地发展。

线上的数据预测、智能决策（感知智能、认知智能）等技术会带动线下实体业务提高效率，为企业输入新的动能。决策模式的改变，将极大地改善企业系统的非线性。数据智能决策将拉大数字化企业与传统企业之间的效率差距和业绩差距。

数字赋能之三：智能化——颠覆中层白领

数字赋能带来的第三个颠覆性变化，是企业从大量依靠中层白领的智力工作，转变为大量依靠人工智能的算法工作，从而极大地节约了成本。企业增长的方式，从原来依赖人工处理业务的方式，转变为依赖人工业务与IT业务双轮驱动增长的方式。

在没有深度学习算法以前，机器只能替代蓝领的工作。随着深度学习算法的出现，人工神经网络如卷积神经网络（CNN）、递归神经网络（RNN）、生成式对抗网络（GAN）等，能够直接从非结构化数据（如图片、视频、手写文字等）中学习，能够进行自然语言处理（NLP），并且能够自动生成文章、诗歌、图画等。传统知识白领的工作价值，正在被深度学习算法颠覆。

传统企业提倡知识就是资本，以往这些知识多由白领承载。现在，由于机器白领的出现，企业业务增长的原始动力逐渐从物理空间转移到虚拟空间。物理业务空间与虚拟IT空间互相促进，并且在规模上基本对等。白领工作的价值逐步向虚拟世界转移。

企业数字化，是传统企业通过利用部署在公有云、私有云或者混合云上面的各种云服务，更好地获取数据、保护数据、运用数据，利用在数字化的虚拟世界上建立起来的获客能力和盈利能力，反作用于物理世界，从而改变企业为顾客创造价值的方式的过程。

与以往的机械化、自动化和信息化时代不同，数字化企业首先通过数据在虚拟世界的流通来优化为顾客服务的效率，然后把优化过程同步到物理世界。虚拟世界与物理世界之间循环促进、迭代完善。

为什么要把企业提高效率的能力，从物理世界转移到虚拟世界中去呢？因为在物理世界做优化效率并不高。比如修建马路，原来是用设计图纸的方式来修建。先把图纸设计出来，然后工人依据图纸去施工，把马路的路面铺好。

图纸是人设计的，由于外部的不确定性和人类认知的局限性，图纸不可避免地存在缺陷。结果工人在铺好路面之后发现设计上有一个小错误：忘了预留水沟。于是工人只好启动马达，打开路面把水沟修好，然后又重新把路面沥青铺上。

当工人把路面沥青铺好之后，又发现一个问题：有一条电缆需要穿越马路。这样工人不得不再一次把路面打开，横穿马路挖出一条电缆沟，把电缆穿过马路铺设好以后，再把路面铺上。

我们可以发现，在物理世界做优化，代价非常大。不但速度慢，而且劳民伤财。把马路挖开需要钱，再把马路铺上同样需要钱。这样来回折腾，资金效率和时间效率都比较低，成本效益当然也不好。

由此我们企业的数字化转型，就是在保留企业传统的能力和优势的前提下，尽可能地把企业创造价值的过程和能力，实时、无失真地转移到数字化底座（云）上去。在虚拟世界做好优化，并得到充分验证后，再同步反馈至物理世界。

中小企业要不要进行数字化转型

中小企业需要理性地来看待数字化转型这件事情。因为很多中小企业信息化程度还很低，根本谈不上数字化。拿中小企业领导自己的话来讲，就是我的信息孤岛还没有建起来呢，怎么去连通信息孤岛？

中小企业面临的最紧迫的问题，往往不是解决 IT 系统的问题，而是要解决建立业务流程的问题。要通过基于市场的创新，摆脱在红海里面低水平竞争的困境。

宁夏一家做云计算基础设施的中小企业，在讨论数字化转型时，发现自己的 IT 系统准备度严重不足。设计和生产过程处于黑盒之中。云计算产业本应有较高的毛利收入，但是利润大头都被互联网厂商（OTT）瓜分，使得云计算基础设施产业销售毛利率偏低。

这家企业已经意识到，单纯卖产品，哪怕是卖高科技产品，也无法摆脱低端竞争的局面。未来要向场景化营销、全渠道营销转型，增加业务黏性，提高云计算产品的附加价值。

数字化是一件一不小心就会“烧钱”的事情。中小企业首先要建设数字化底座，也就是信息通信（ICT）基础设施，要租用公有云或者混合云，搭建云平台。下一步是采购软件即 SaaS。如果要实现软件开发维护一体化，还得聘请开发人员和运维人员。那企业就要考虑：投入了这么多钱搞数字化，收益在哪里呢？

一般来说，数字化带来的效果，不外乎提高质量、降低成本、提高效率这 3 个方向，需要计算一下这 3 个方向的提升带来的总价值（Total Value of Ownership，TVO），是不是超过了投资的总成本（Total Cost of Ownership，TCO）？如果是，那么就可以按照上云、用数、赋智这三大步骤，一步步进行，如图 1-13 所示。

1. 上云，是指将人、机、料等数字化后上传到云计算的虚拟空间
2. 用数，是指运用大数据及其关联性进行业务决策
3. 赋智，是指运用人工智能处理面向客户的高频变化的业务

图1-13 企业上云三部曲，要注意发掘和保护自己领域的独特知识

在浙江省海宁市，很多纺织企业运用数字化取得了较好的效果。这些企业的经验就是使传统的生产设备实现机电分离，即纺织机的机械部分与电控设备分离，然后把纺织机的电子控制设备搬移到云上去，通过机器设备上云提高机器运行的效率，减少机器空转或者设备闲置的时间。

海宁的一家纺织原材料企业，用业内先进的“经编法”生产纺织原材料。这家企业从 2018 年 4 月开始试用云平台，是海宁第一家“吃螃蟹”的经编纺织企业。用上云平台后，设备开机率从之前的 85% 提高到 90%，原料利用率提高了 2% ~ 3%。企业负责人肖经理说：“经测算，开机率提高 5 个百分点，利润可增加 100 万元左右；原料利用率提高，一年可节约 50 ~ 60 吨原料，以现行市场价计算，50 吨就是 60 万元。这一来二去就多出 160 万元的纯利润。”

数字化应用得比较成功的另一个例子，是企业共享软件许可（License）。如今传统企业所需要的软件许可费用越来越高。比如一个计算机辅助设计（CAD）软件，动辄是几百万元甚至上千万元的授权费。如果中小企业要用这些软件，可能根本就买不起。现在上海有这样一家做软件共享的公司，它把这些软件的许可证放在云上，让中小企业去分时租用，这样大大降低了中小企业使用软件许可的成本。

中小企业要不要进行数字化转型？一方面需要考虑业务流程建设；另一方面需要考虑 IT 系统的投资收益比。数字化是一种投资行为，如果数字化带来的有形价值和无形价值超越了多年投资的总和，那么这种转型就是值得去尝试的。

另外，企业需要考虑利用数字化来进行防御的可能性。比如说，在零售行业，现在互联网公司在做的新零售，给传统的零售行业带来的跨界打击非常严重。

互联网公司利用网络化的新技术，再结合金融的介入，实际上构成了垄断细分市场的局面。不管是做线下销售，还是线上线下一体化销售，这个行业只要有百度、阿里巴巴、腾讯（BAT）这样级别的巨头，或者新一代的巨头今日头条、美团、滴滴（TMD）介入，那么中小零售商基本上就很难有真正的创新出现。在创新的投入还没有得到回报之前，互联网的巨头可能就已经把这个细分市场给垄断了。它们可以用各种各样的方式，利用自己的业务优势去融资，利用自己用户基数庞大的优势，在网络空间上无限制地延伸营销范围，掌控定价权，及早地清除自己的竞争对手。

所以从中小企业的角度来讲，学习数字化，一方面是为了提高自己有限的资金效率；另一方面是从战略上储备相应的知识和技能，强化原有的维度、建立新的维度，来防范互联网企业的跨界、降维攻击。

总之，数字化是一项颠覆性技术。其颠覆性首先源于互联网的出现改变了人们的生活方式，从而也颠覆了消费者的行为习惯。

其次，从传统的依靠小样本和分析，到现代的依靠大数据精准判断和决策，颠覆了企业业务的方方面面，包括运营、创新、管理等，以往主要依靠专家经验的决策逻辑被彻底改写。

最后，人工智能的出现，把人类带入一个人机共存的新时代。机器白领的出现，使人工智能成为企业增长的新引擎。如果还依靠人类白领的知识和时间，去跟人工智能博弈，显然是不智之举。

虽然目前社会的主体依然是人类，客户与领导的功能尚未被人工智能颠覆。但是，人工智能在精准触达客户、智能业务编排、提升用户体验等方面的能力已经开始超越人类。未来的商业社会，很可能是一个算力竞争和算力交易的赛场。从投资的角度来看，这个趋势不容忽视。

第二章

布道

描绘数字化的愿景

H公司实践：设立数字化转型愿景

什么是企业的愿景？华为公司总裁任正非先生对此有着非常精辟的阐释。20 世纪 90 年代，我从内地一家国有企业离职，拿到硕士学位后，来到位于广东深圳市南山区科技园的华为公司。我当时住在愉康（地名）附近的一个小区里面，而很多同事则住在当地的农民房里。所谓的“农民房”，只有七层楼高，因为当时国家规范规定八层楼以上必须安装电梯。深圳特色的农民房是“楼挨挨”，楼与楼之间间距不到一米。从一栋楼房的阳台上伸出手去，能和另外一栋楼房上的人握手。

我每天坐着公司的大巴，从愉康（地名）去科技园上班，沿途经过一年四季鲜花盛开的深南大道，遥望着深圳湾对面的香港高楼，对未来似乎有一些憧憬，但更多的是迷茫。就像一首歌里面所唱的：“我将来会很迷人吗？我将来会富有吗？”似乎一切都是未知数。看着宣传册上写着的公司愿景：丰富人们的沟通和生活，我毫无感觉，更不知道自己现在和将来到底想要什么。

这时候，任总的一番话让我仿佛在黑暗中看见光明。任总说，我知道你们到华为来，目前居住的情况都不好，有很多人都住在农民房里。但是你们将来一定会买得起车子，也买得起房子。你们将来买房子的时候，客厅不要太大，卧室也不要太大，但是阳台一定要大。为什么阳台要大呢？因为你们将来钱太多了，需要找一个地方去晒。阳台不够大的话，钱不就会生霉吗？

所谓愿景，是对未来的一个具象化描述。愿景往往介于可实现与不可实现之间，在事情还不明了时，为团队指明出路和方向，从而实现人力资源的整合。企业数字化正是这种充满高度不确定性的转变，因此，特别需要为组织和员工设立一致的愿景，描述数字化带来的值得期待的未来。

任总为华为设立的数字化愿景是："把数字世界带给每个人、每个家庭、每个组织，构建万物互联的智能世界。"细心的朋友或许已经发现，华为的愿景提法已经从此前的"丰富人们的沟通和生活"变更为"构建万物互联的智能世界"。而在这一改变的背后，既体现了华为顺应产业发展大势的敏锐洞察，又能很好地匹配华为在看得见的未来持续增长的目标。

对于大多数非云原生企业来说，数字化的愿景是要解决好数据的通、存、用3个方面的问题。首先要连通所有的数据孤岛，其次要实现一切业务数据化，最后要实现一切数据业务化。数字化愿景的核心是实现数据变现，也就是用数据赋能来驱动业务增长。

对于许多信息化还不完善、暂时还谈不上数字化的中小企业来说，其愿景是尽快实现以用户为中心的思维转变，建立和完善业务流程，基于市场实施解决方案和场景创新。从传统的卖产品转变为卖解决方案、卖场景，从而大大增加产品的附加值，与同行迅速拉开差距。

衡量数字化企业的7个特征

从PATH公司（P指平安，A指阿里巴巴，T指腾讯，H指华为）的案例中可以总结出，与传统企业相比较，数字化企业拥有一些鲜明的特征，如表2-1所示。

表2-1　从1到X，数字化企业的7个特征

传统企业（1）	数字化企业（X）
以产品为中心	以用户为中心

续表

传统企业（1）	数字化企业（X）
瀑布式开发	敏捷创新
分散的单域管理能力	网络化多域协同能力
受限于地理区域	云 +5G 延伸运营空间
简单线性分析	企业智慧大脑
自动化流水线	智能化 AI 加持
支撑型 IT 组织	IT 组织

第一，首先，从企业发展的外部动力来看，传统企业是以产品为中心，对客户的变更要求（Change Request，CR）持不鼓励态度，尽量控制不必要的变更。客户提出的变更受到严格的合同与过程控制，客户提出的大多数变更请求都会被否决。

数字化企业则是拥抱变化，比如平安提出，以客户需求的演进为核心，积极主动地感知市场变化，通过客户需求的演进来驱动解决方案和产品创新。不断创造新的使用场景，提高用户体验质量（Quality of Experience，QoE）。

第二，从企业发展的内部动力来看，传统企业强调以计划和过程控制为主要管理手段，要求员工遵从指令性或者指导性计划的安排，服从纪律。

在人机共存的年代，华为、海尔等企业建立起了以市场为导向的业务流程。在此基础上，以个体和交互为本，鼓励员工自组织和自管理，以人的能动性来应对市场环境和需求的不确定性。

数字化企业的一个非常鲜明的特征，就是这些企业具有一种敏捷文化。比如青岛海尔，鼓励员工拥有更加开放的思想、更加积极的做事方式，更加主动地去领取任务。由于需求被设计成容易度量和感知的用户故事（User Story），员工在这种环境下能够更加明确自己工作的价值，从而更容易受到成就感的激励。

第三，数字化企业与传统企业不同，具有网络协同特征。传统企业是以数据隔离和单域优化为特征的。也就是说，在传统企业中，由于部门条块分割，以及存在多个独立软件供应商（ISV）提供的软件系统，从而在企业内部存在“多云不协同”的问题。信息化只是一个辅助手段，只能帮助企业提高局部的效率。

华为通过自己设计的罗马（ROMA）平台实现了多云协同，“罗马”的含义是条条道路通罗马，R 指关联性，O 指开放，M 指多云互联，A 指任意连接。IT 系统（云和网络）通过多云协同，形成了云网一体的平台化架构。企业通过数据的流动，实现网络化的内外协同，进而实现对客户的“全球等距离”远程触达。

第四，从运营空间来看，传统企业依赖物理营业网点来和顾客进行接触。局限在某个地域来提供相对稳定的产品，运营空间受到较大的限制。

而阿里巴巴、亚马逊、国家电网等企业由于采用了新的技术手段，如云上的应用（App）、增强现实（AR）、物联网、5G 等，极大地拓展了企业的运营空间。因此，数字化企业的业务边界得到了扩展，更加容易实现场景化销售。

数字化企业在新增业务变得更加丰富的同时，主营业务也实现了操作技术（OT）和信息通信技术（ICT）的融合，使其成为新型的 OICT 企业。与此同时，主营业务也变得更加具有竞争力，能够进行跨界（Cross-border）投资，开展跨界业务，建立跨界生态，而不是被动地接受互联网公司的整合。

第五，从业务决策方式来看，传统企业主要依靠专家经验、小样本数据及相对简单的线性预测，来做出各种业务的决策。

而腾讯、今日头条等企业由于有了大数据的收集和使用能力，便可通过以深度学习为基础的人工智能算法，进行更加精准的业务认知。依托大数据做出更加精准的判断，颠覆了传统的专家判断，大大提高了业务决策的及时性和准确率。在此基础上，构建以线上融合线下的企业智慧运营中心（Intelligence Operation Center，IOC）。

第六，从服务客户的界面来看，传统企业由于人手有限，只能优先服务少数大客户，“傍大款，搭大船”，只有这样做才能保证成本效率。而数量庞大的中小客户、年轻客户、小微企业的需求往往只能被忽视。

而有一类企业恰恰相反，由于智能化的 AI 加持，数字化企业可以服务数量庞大的中小客户和年轻客户群体，保障了企业未来的可持续发展。客户服务能够跟随时代，做到个性化、自助化、社交化。大客户的服务品质同样能够得到保障。

传统的生产制造型企业是以自动化流水线为特征。而如西门子、ABB 等数字化企业则以人工智能（Artificial Intelligence，AI）的应用为特征，通过智能化（现阶段也称为超级自动化）来提高产品的质量，降低企业的成本，提高资源的利用效率。

第七，传统企业的 IT 部门一般都在扮演辅助者的角色，而数字化企业里面的 IT 部门不再是辅助性的部门，而是关键的赋能部门。数字化企业里面的 IT 部门不但要实现一切业务的数字化，而且要实现一切数字的业务化。不但要做好 IT 部门自身的事情，而且要去赋能其他业务部门，如图 2-1 所示。

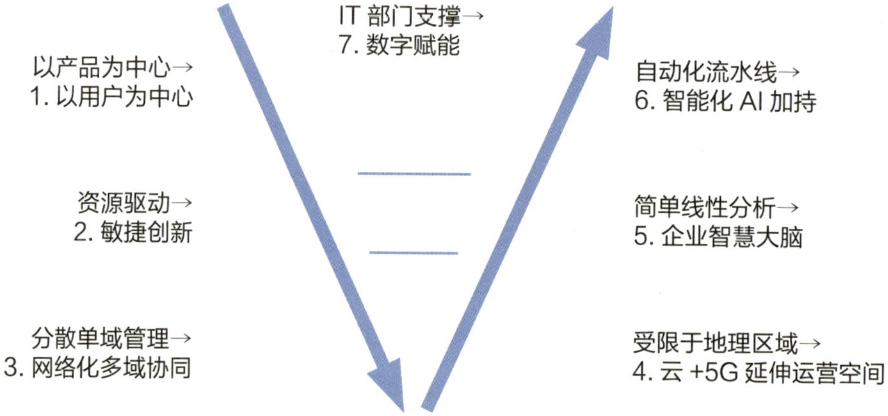

图2-1　数字化企业的7个特征

对比以上 7 个方面得分的高低，可以通过雷达图来判断一个企业是一个传统型的企业还是一个正在进行数字化转型的企业，是一个大体上完成了数字化转型的企业还是一个已经完成了数字化转型的企业。

特征一：以用户为中心

传统企业强调按计划做事，以不变应万变，而数字化企业更加强调拥抱变化，以变应变。以不变应万变的想法，在当今快速变化的社会环境中是非常危险的。“在你泼掉洗澡水的时候，当心别把里面的婴儿也泼掉了。”拒绝变化，看起来是拒绝了一切风险，实际上也意味着拒绝了一切市场机会。所以华为的任总说，在当今社会，最大的风险就是“从来不去冒任何风险”。

要把客户需求的改变当作创新的方向，去感受它、适应它。而不是一味地去跟客户谈判，想方设法地拒绝客户需求的变化。在客户关系管理（CRM）界面上，用一元共生思维替代二元对立思维，这是商业理念的升维和转型。

以往的商业模式里面采用的预测模型，实际上是基于这样一个假定，就是说只需要去预测未来用户需求的“数量和规模”，而不需要去预测未来客户喜欢什么样的产品“款式”。客户喜欢的产品款式怎么能用专家判断去预测？因此只能依靠经验和小样本数据去做相当粗浅的预估。

传统的预测是基于规模经济这样一个基本假设和前提，对未来的需求“量”进行一个预测，而假设客户需求的“质”，即用户偏好是比较稳定的、可预期的。

这个基本假设在如今快速变化的社会中，实际上已经被推翻了。服装零售行业中的初创公司 Stitch Fix 认为，客户的需求无论是“质”还是“量”都不再是稳定的，企业不可能预知客户的远期偏好，也不可能再大规模生产同一款式的产品，就能让大多数用户不假思索地接受。“个性化、小批量、自助化”的产品越来越受到市场欢迎。

Stitch Fix 推翻了“现代人不喜欢购物”这个基本假设，认为“人们并不是不喜欢购物，只是没有时间上街”。既然年轻用户没时间逛商店，那么能不能把一个“小商店”快递到用户家里？这个新颖、奇特的想法造就了 Stitch Fix 先进的商业模式，即把“微商店”以快递盒的方式投递到用户家中，允许用户自由选择和退还商品。这种以用户为中心的商业模式已经获得了初步成功，如图 2-2 所示。

人们并不是不喜欢购物，只是没有时间上街。

图2-2 Stitch Fix的客户在快递盒里挑选自己喜爱的商品（来自Stitch Fix官网）

在数字化时代，企业的价值从何而来？货币的本质是流通。企业的价值，归根结底还是由于交换而产生的。企业生产出来的产品，如果不拿到市场上去进行交换，就只能放在仓库里，完全不能发挥作用。甚至可以这么说，这些不拿到市场上去交换的产品没有任何价值，与此相关的投资和劳动也就失去了价值。

如果没有交换的发生，那么就没有财富。谁来跟企业做交换呢？当然只有客户。我们不仅要分析客户的需求，而且需要从心理学的角度深刻地去理解客户这个角色。

客户跟我们一样是人，只要是人就有需求。人类的需求按照马斯洛的理论，可以分为 5 个层次，这 5 个层次是以逐渐递增的方式出现的。当较低层的层次暂时得到满足以后，较高层次的需求立刻就会凸显出来。

如果简化一下，可以把人的需求划分为 3 个层次。也就是说，把原本有 5 个层次的马斯洛需求模型，简化为一个只有 3 个层次的需求模型，如图 2-3 所示。

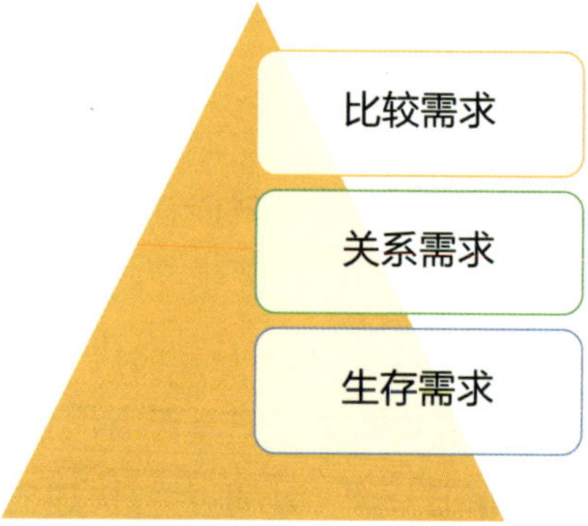

图2-3 简化的马斯洛需求模型

在这个简化的需求模型中，位于底层的是生存需求，其中包括“想得到”和“怕失去”两个方面的需求。一方面，我们“想得到”食物和性，从而满足我们作为人自身的生存及延续家族生存的需求。另一方面，底层的生存需求也包括了“怕失去”的需求。也就是说，人类不希望自己成为位于食物链更高端的其他生物的猎物，这是一种保全自己和家族生命安全的需求。

当生存需求得到满足之后，人类就会产生出关系需求。在各种各样的社会关系中，最重要的关系实际上是生产关系，然后才是其他关系，包括大家熟知的家庭关系、亲戚关系、朋友关系、同学关系、同事关系等。

一旦人满足了生存需求，立刻就会感到寂寞，他或她需要进入一个社会团体，感觉到自己被需要：被社会需要、被家庭需要、被顾客需要等。

这也是大家现在特别喜爱刷社交媒体的原因。高科技让人们能够更加方便地进行交流，能够超越时空进行各种虚拟聚会。但是同时，高科技也让人们变得更加孤独了，因为高科技让人类大幅减少了面对面的交往。人类空缺出来的时间被智能设备填补。智能手机等设备成了人们的新伴侣，但是智能设备毕竟不是人类，所以人类真实的关系需求也经常处在一个被虚假满足的状态之中。

这使人们经常不由得怀念农业时代和工业时代。人们通过交谊舞去结交异性，可以经常和亲朋好友坐在火炉边面对面地交谈，或者可以与小伙伴真实地在一起做游戏。而现在，交谊舞早已被约会软件取代，亲朋好友的聚会更多出现在微信群里，而小朋友之间的游戏也逐渐被搬移到了网络空间。科技到底是让人类社会进步了，还是让人类社会退步了呢？这个问题将在后面的章节中进行探讨。

即使真的在某些方面出现后退，也是可以理解的。人类社会的进步，本来就是一个螺旋式上升的过程。物以稀为贵。面对面交往变得越来越稀缺，能够经常见面的朋友也就显得更加弥足珍贵。

人类更高一层次的需求，就是比较需求。人类的价值观源于比较。同样是一万元的工资，当你得知同伴只有六千元时你很满意。但是当你得知其他人都是两万元时，这一万元的工资就会让你觉得不公平，甚至觉得是一种羞辱。所以，面对同样的事物，人们会感受到完全不一样的价值。比较思维是人类的惯性，一切价值都是比较出来的。

人类一旦满足了关系需求，有了朋友，拥有了社交关系和生产关系之后，就会产生比较心态，就会产生面子、自尊心这些奇妙的需求。人类会不知不觉地从各个方面去跟周边的社会关系进行比较。

这种现象当我们从城里回到农村时，表现得特别突出。如果你在城里上班，逢年过节回家时，一回到家里，乡亲们就会围上来问长问短：有没有结婚啊？工作怎么样啊？工资多少啊？有没有买房子啊？有没有买车子啊？等等。实际上，这些看似热情的嘘寒问暖背后，充满了各种各样的暗中较劲。

农村有句谚语："笑人无，恨人有。"这句谚语准确地刻画了人们的这种心态。如果发现别人比自己差，就会嘲笑人家没有。如果发现别人有，而自己没有，就会产生一种羡慕、嫉妒，甚至憎恨的心态。这是人类的一种天性，无所谓好坏。

我们是这样，我们的客户同样是这样。人性的弱点在哪里呢？在现代社会，人们其实不难满足各种各样物质方面的生存需求。至于关系的需求，也能够多多少少通过智能设备的陪伴，得到很大程度上的缓解。最难满足的，就是比较层次的需求，人类最难得的，就是得到别人的肯定，就是使自己的面子得以保全，就是使自尊心得到满足，至少不要轻易被别人鄙视。

所以一旦你能够充分理解并设法满足客户这种释放受到压抑的自尊心的需求，那么客户就会非常心甘情愿地购买你的产品。满足客户自尊自重的需求，可以使你千辛万苦开发出来的产品变成一种高端商品，而不只是为了满足客户的刚性需求，沦为一种低端商品。

刚需生意是比较容易做的，但是刚需很难卖出价钱。比如在服装行业，卖棉袄就是在卖刚需。一件棉袄，你能卖出多少钱呢？可能也就是一二百元。如果能够把服装做成彩色羽绒服，做得比较个性化一点，可能价格就能提至七八百元。如果能够进一步满足客户的自尊自重的个性化需求，做成有品牌的高端羽绒服，能够体现客户与众不同的品位，那么一件衣服卖上七八千元甚至上万元，也是有可能的。

我们跟客户之间的商品交换，不能停留在刚需这个层次上。否则，就很容易产生跟同行在价格上进行恶性竞争的局面，从而逐渐丧失对于市场的洞察。失去用户体验这个大方向，进行内卷（Involution）化的微创新，其结果只能是失去客户和企业的未来。关于什么是内卷化，在后面的章节中还要再做进一步的剖析并提出应对策略。

诺基亚手机就是这方面的一个例子。在20世纪末21世纪初，诺基亚曾经一度占据了功能手机80%的市场份额，但是后来诺基亚的创新已经脱离了市场和客户需求。诺基亚做了各种各样的蓝屏手机、推屏手机、翻盖手机等，这些创新都只是面向产品的浅层，甚至可以说是内卷化的创新，没有抓住客户需求的变化。

诺基亚也没有能力去构建行业的生态，虽然说看到了智能手机及其操作系统是一个方向，也付诸行动开发了塞班系统，但是这一切都没有抓住客户体验这个最基本的方向，所以诺基亚逐步丧失了智能时代的市场地位，最终沦落到手机部门被微软收购的境地。

内卷化创新，看起来好像没有做错任何事情，但实际上是在用战术上的勤奋掩盖战略上的懒惰。看起来每个人都很努力，最后却莫名其妙地输了。这就是面向产品而不是面向客户的战略思维带来的问题。

特征二：敏捷创新

从企业发展的内部动力来看，传统企业强调以计划和过程控制为主要的管理手段，要求员工遵从计划安排、服从纪律。而数字化企业则是以员工的创造性和沟通为本，鼓励员工自组织、自管理，以人的能动性来应对市场环境的不确定性。

敏捷的理念最早源于“敏捷宣言”。2001年2月11日至13日，在美国犹他州瓦萨奇山雪鸟滑雪胜地，17个人聚到一起，交谈、滑雪、休闲，当然还有聚餐。他们试图找到共识，最终的成果就是《敏捷软件开发宣言》（*Manifesto for Agile Software Development*）。

现在敏捷的理念已经超越了软件开发，成为一个广受欢迎的创新思想与方法。越来越多的企业开始从传统管理转向敏捷管理。敏捷管理的核心是主张“适应和以人为本”，所以敏捷方法有时又称为“适应性”的创新方法。

用极简产品（MVP）验证需求

在数字化企业中，如何去构建商品，并以此来提升用户的体验，成为创新是否能够获得成功的前提。客户需求往往是难以觉察，更加难以验证的。例如，在汽车被开发出来之前，人们很可能难以清楚地表述出“我需要一辆汽车”这样的需求，因为他们从来就没见过汽车。

因此，需要找到一种方法去跟客户交流，以便及时获得客户的“反馈”。通过客户的反馈不停地修正自身的想法，从而得到一个逐渐明确的客户需求，这就是迭代法。通过需求与产品之间的迭代，快速找到一个渐趋完善的解决方案。

传统思想与快速迭代思想之间有什么区别呢？下面来看一下敏捷开发过程中的最小化可行产品（Minimum Viable Product，MVP）方法，如图 2-4 所示。

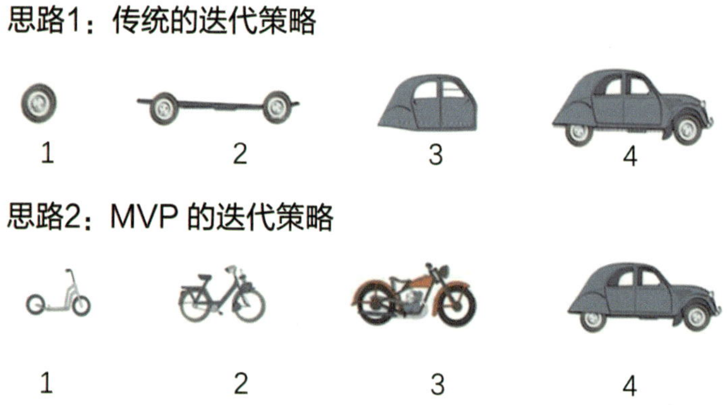

图2-4　用最小化可行产品（MVP）来验证需求

以汽车的发明为例，在汽车出现之前，如何通过最小化可行产品（MVP）来验证汽车这个产品是否可行？

第一种方式即传统的开发策略是先造一个车轮，看客户喜不喜欢。然后再造两个车轮，看客户喜不喜欢。最后再造一个汽车壳，看客户喜不喜欢。

从中可以发现，用传统方式很难跟客户沟通需求。因为每一步向客户展示的并不是一个产品，而只是向客户展示了一个产品部件。由于客户搞不清楚这个部件到底有什么用处，所以客户没办法表示满意或者不满意。

第二种方式即通过最小化可行产品（MVP）来进行验证，可以先问客户喜不喜欢滑滑板，然后，问客户喜不喜欢电动滑板车，接着，再进一步向客户推荐一辆电动自行车，之后，再向客户展示一部电动摩托车，我们会发现客户每一步都可以明确地表示满意或者不满意。因为客户每一步都非常清楚产品对他的用处。

可见，采用第二种方式，每一步都可以根据客户的“反馈”来调整产品。因此，用第二种方式创建了一系列最小化可行产品（MVP），因为MVP的本质是要验证所提供的解决方案是不是成立。

在将解决方案展现给客户之前，客户的需求是很难明确或者说出来的。因为在第一辆汽车被设计出来以前，客户从来就没有见过汽车。在设计汽车这个漫长的过程中，客户真实的需求其实是“更好地出行”。

你帮助客户更好地出行，那么滑板车、电动自行车或是摩托车都是比较正确的最小化可行产品。用MVP来跟客户沟通，可以及时获得客户的反馈。如果客户喜欢，表明对于客户来说，“更好地出行”这个需求是真实存在的，从而通过MVP方法验证了客户需要更好地出行这个需求。

可以看到，一个MVP实际上是针对用户的一次版本发布。在这一次版本发布下面，还可以把MVP再进一步细分成若干个用户故事。

而在实际定义MVP时，要先讨论和分析顶层的用户故事，即史诗故事，并且把史诗故事分解，用发散性思维构建一张用户故事地图。可以通过头脑风暴、思维导图等工具来获得用户故事的各种细节。然后，再按照用户故事地图，把优先级高的用户故事进行聚合，形成一个最小化的原型版本，这个最小化的原型版本就是我们需要定义的一个MVP。

在当前快速变化的外部环境下，通过这种MVP的迭代方法，可以更加准确地把握客户难以表达的内心需求，从而有效降低产品在未来市场上的不确定性。

特征三：网络化多域协同

数字化企业的第三个典型特征是，IT 系统（云和网络）通过多云协同，实现了网络化、平台化的架构。企业能够在在线（On Line）信息网络平台上，通过数据的流动进行全局的效率提升。

比如，华为公司通过流程重整，建立了三大价值链，分别是从市场线索到现金回款（Lead To Cash，LTC）的订单履约价值链，以集成产品开发（Integrated Product Development，IPD）为特征的产品生命周期管理价值链，以及从问题到解决（Issue To Resolve，ITR）的管理优化价值链。

另外，华为早期还提出过以优化面向客户交付能力为目标的集成供应链（Integrated Supply Chain）价值链，还有企业的集成财务系统（Integrated Finance System）价值链等。

假如没有"多云协同"，这些业务流程中的数据和知识的流通将会非常困难。有效地利用低代码应用平台（LCAP）实现多云协同，是数字化企业的一个典型特征。

所谓"多云协同"，首先要解决独立软件供应商（ISV）之间的数据互通问题。然后才是建立前台、中台、后台分离的清晰的企业 IT 架构。先有多云协同，然后才有多域协同。

什么是多域协同？就是通过业务流程的建设，消除低效重复，打通部门墙。流程与 IT 互相促进，然后通过 IT 系统升级，将流程中的经验予以固化和持续优化。这一点与智能合约的思想非常类似。

基于区块链的智能合约

以太坊上的智能合约正在被很多企业加以应用。智能合约与传统的纸质合约类似，只是用计算机语言来描述，通过计算机执行，可以在没有第三方授信的情况下进行可信的合约触发和执行。

目前，智能合约主要基于区块链技术来实现，因为区块链可以提供一个去中心化的可信环境，智能合约天然地与区块链相契合，但这并不是说智能合约仅能够通过区块链来实现。

智能合约相对于传统合约而言有以下两个特点。

①将合约条件的触发和执行合并为一次原子操作。

②去中心化和自动化的合约流程，无须第三方中心机构的介入。

所谓原子操作，可以简单地理解为：此操作一旦开始，就会一直运行到结束。

举例来说，A 将自己的汽车出租给 B，A 和 B 签署一份智能合约，部署在以太坊上。A 写明条款：我的汽车的启动密钥在 ×××× 年 ×× 月 ×× 日前有效，续期需要 B 转账 ×× 以太币，否则密钥失效。

如果 B 在规定时间内不进行续费，那么汽车密钥会自动失效，他将无法继续使用租来的汽车。这一过程完全自动化和原子化，不用担心 B 在到截止日期时拖欠租金，或是找一些借口不归还汽车。

特征四：云+5G 延伸运营空间

从运营空间来看，传统企业依赖物理营业网点来和顾客进行接触，局限在某个地域来提供相对稳定的产品，运营空间受到较大的限制。

以华为为代表的 ICT 企业正致力用 5G 技术助力传统行业数字化，如 5G 智慧矿山、智慧港口、智慧能源、智慧教育、智慧医疗等。数字化企业由于采用了新的技术手段，如云上的应用（App）、增强现实（AR）、物联网、5G 等技术手段，极大地拓展了企业的运营空间。

如上海的洋山港码头、国家电网、鞍钢集团、中石油、中海油等企业，目前都在大力推进 5G、VR/AR 等新技术的应用。企业的业务边界得到了极大扩展，更加容易实现场景化销售。

从业务范围来看，传统企业有着比较清晰的业务边界，局限在某一个领域来提供相对稳定的产品，因而有些企业被称为垂直行业（Vertical Industry）。而数字化企业由于采用了新的技术手段，如人工智能、5G、物联网等，能够在水平方向上拓展企业的业务领域，业务内容也变得更加多元化（指相关性的多元化，如华为的云、管、端多元化，农夫山泉的饮料多元化）。

与以往的移动网络不同，5G 网络已经是云网融合的网络。也就是说，在 5G 独立组网（SA）时代，企业业务上网已经等同于业务上云。

对于传统企业而言，需要紧紧跟上时代前进的脚步。5G 方面国家已经在行动了，企业应该跟随形势，深入发掘新基建带来的发展机遇。

2020 年是 5G 商用元年。5G 是第五代移动通信的简称。实际上，5G 的学名是国际移动通信 IMT-2020。5G 是对前一代移动通信 4G [长期演进（LTE）技术] 的升级换代。

移动通信的升级换代大约是每 10 年一次，这本来是一件很平常的事情。但是由于美国在中美贸易战中压制中国 5G，打压中国 5G 产业链上的企业，这让我们不由得好奇 5G 到底有什么神奇之处，以致使美国不惜动用国家力量来打压中国的相关民营企业。

究其原因，就是 5G 对社会的影响更大了。一般来说，我们认为 4G 改变的是人们的生活，但是 5G 改变的将是整个社会。5G 跟 4G 最大的不同，就是 5G 对于物理世界、对于实体世界具有反方向的赋能作用。

因此，5G 对于工业互联网、重型装备、航空航天、能源、交通、新型材料等各种行业都会产生很大的推动作用。

5G 对自主智能的无人机应用也起到推波助澜的作用。众所周知，无人机有多种用途，可以用来进行高空消防、森林植被保护、应急救援、电力线路巡检等。比如，深圳塘头派出所应用无人机构建立体的公共安全体系。无人机在军事上也有比较大的用途，以往美国在海湾战争中就是因为动用了无人机，迅速地取得了对伊拉克战争的胜利。

5G 和新基建从供给侧为千行百业提出了数字化基础设施的解决方案。

5G 的网络架构，实际上可以分为两个层面，一个是控制层面；另一个是用户层面。控制层面上通过虚拟化（Virtualization）、云化、软件定义网络（SDN），实现了人工智能（AI）的内置。

而 5G 的用户层面，适应千行百业的要求，把各行各业的要求归纳为三大典型应用场景，即低时延（URLLC，超高可靠、低时延通信）、高速率（eMBB，增强移动宽带）、大连接（mMTC，大规模机器通信）3个典型场景。通过这样一个非常超前的设计，5G实际上已经实现了网络功能虚拟化（NFV）和软件定义网络等已经被互联网厂商广泛应用的新技术。

软件定义网络使得5G能够在一个物理网络上虚拟出多个逻辑的专用网络，即网络切片。运营商将5G网络切片提供给各行各业使用，减少了重复建设，大大提高了5G基础设施的利用效率，如图2-5所示。

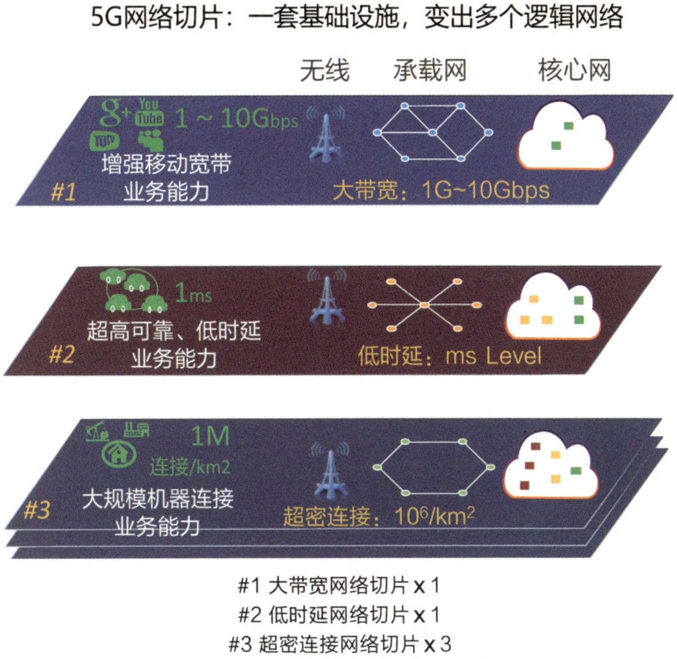

图2-5　5G网络切片，用软件定义网络（SDN）

5G在互联网技术的基础上能够更上一层楼，借助无处不在的无线连接，将以往的移动互联网（MI）扩展成为一个转变千行百业的移动物联网（Mobile IoT）。而移动物联网的普及和应用，为行业的数字化转型带来了巨大的想象空间。

在移动互联网时代，虚拟世界和物理世界平行发展，相互之间是没有交集的。而到了移动物联网时代，这种情况发生了改变。虚拟世界和物理世界发生了持续的相互作用。也就是说，5G强大的适应性，使移动物联网变成一个无处不在的泛在网络（Ubiquitous Network）。这个泛在网络从物理世界采集数据，然后在虚拟世界将这些数据结构化，通过数据建模、优化，然后再反作用于物理世界，形成增强现实（AR）等应用，让虚拟世界和物理世界产生了巨大的交集。

5G用户层面的三大典型应用场景释放了消费物联网、产业物联网、公众物联网的潜在需求，使万物互联逐步变成现实。

特征五：企业智慧大脑

从业务决策方式来看，传统企业主要依靠专家经验、小样本数据及相对简单的线性预测，来做出各种业务决策。

数字化企业由于有了大数据的收集和使用能力，可通过人工智能算法，进行更加精准的业务认知。其依托大数据做出更加精准的判断，颠覆了传统的专家判断，大大提高了业务决策的及时性和准确率。

数字化企业构建以线上融合线下的智能运营中心（Intelligence Operation Center，IOC），通过深度学习等人工智能算法，来进行更高层次的业务认知。

建设数据底座

传统企业数字化转型，应该建立相应的基础设施和数据底座。比如，华为的供应链系统推进自身的数字化转型，率先实现了供应链的数据互通。

数据底座是企业统一的数据平台，是数据的逻辑集合，由“数据湖”和“数据主题关联”两层构成，集成企业内部各个业务系统数据及外部数据，为业务可视、分析、决策等数据消费提供数据服务。

所谓“数据湖”，通俗地讲，是指像湖泊一样宽广的数据源。整合来自业务流程和第三方多源异构的原始数据，统一数据标准，统一数据资产注册，驱动业务对象、过程、规则的数字化，提供可信、实时、一致、完整的数据资产，实现数据互联互通和分享。

所谓“数据主题关联”，形象地说，就像湖泊边的一棵树，抓住树干，所有的枝叶就被抬起来了。它将数据湖的数据按业务流或事件、对象或主体进行联结和按规则计算等处理，形成面向数据消费的主题和场景，以业务对象的颗粒度来拉通业务流程，并保证数据抽象的完整、可信。

数据服务提供多通道的实时、可信的数据服务，支撑不同场景的数据消费。

数据底座提供各种数据及其关系，以供进一步分析，并循序渐进地回答以下问题。

当前发生了什么？

为什么会发生？

将来还会发生什么？

如何主导事件的发生？

以上数据分析的难度与价值是递增的，如图 2-6 所示。

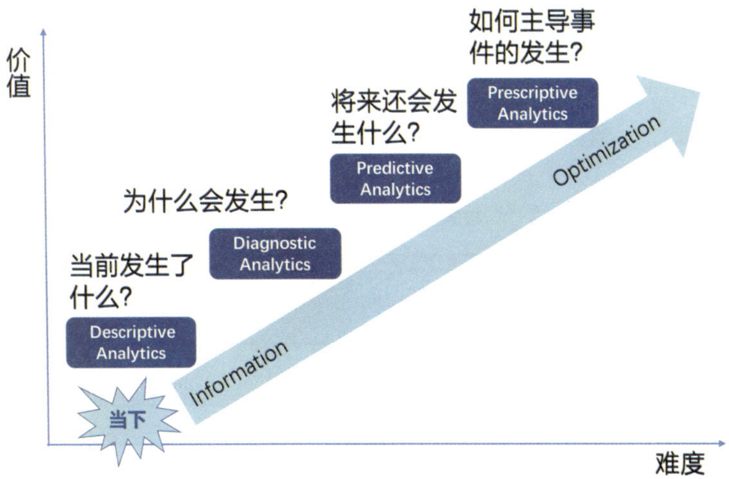

图2-6　大数据在业务决策中可以回答的问题

大数据需要具备的条件如下。

①掌握简单廉价的数据收集方法。

②具备足够的数据存储和处理能力。

③拥有先进的分析技术。

大数据的基本理念是：要全体不要抽样，要效率不要绝对精确，数据相关性比因果更重要。

（1）大数据的第一个理念是：要全体不要抽样。在小数据时代，只需要随机采样，用最少的数据获得最多信息。而大数据时代采用全数据模式：样本 = 总体。大数据的“大”是相对概念，“大”并不一定指绝对意义上的大，有时候只是指全体数据。当收集、存储和分析数据的成本比较高时，应适当丢弃一些数据。

全样数据有助于对细节的掌控。例如，对新冠肺炎疫情的掌控，并不是依赖于对随机样本的分析，而是分析整个几十亿条互联网检索记录，以便能够提高微观层面分析的准确性，甚至推测出某个特定城市街区甚至门栋的疫情准确状况，而不只是一个省或者国家的简单概况。

全样数据有助于对异常事件的掌控。通过分析所有数据，可以识别出原本会在大量数据中被淹没的情况，如新冠病毒的变异等。

（2）大数据的第二个理念是：要效率不要绝对精确。Google 人工智能专家彼得·诺维奇认为：“大数据基础上的简单算法比小数据基础上的复杂算法更加有效。”数据量与精确性的优先级对比案例如表 2-2 所示。

表2-2　数据量与精确性的优先级对比案例

案例比较	IBM 的“Candide”项目：基于精确数据的翻译系统	Google 翻译系统：基于混杂数据的翻译系统
数据来源	加拿大议会资料	所有互联网资源
数据量	300 万句	近 950 亿句
数据精确性	官方文件，表达精准	翻译质量参差不齐，包含错误
效果	短时间内提高翻译能力，之后遇到“瓶颈”无法持续提高	当下最好的翻译系统，灵活性高，能实现众多语言的翻译

原因有以下几点。

①保证数据的精确性代价高昂。

②当能够获得大量或全体数据时，少量不精确数据对结果造成的偏差是可以容忍的。

③大数据的处理结果应该理解为概率性事件，而非“确凿无疑”。

（3）大数据的第三个理念是：数据相关性比因果更重要。

例如，通过数据相关性分析发现：高收入家庭不一定幸福。早年，北京市统计局曾经开展以“国民主观幸福感”为主题的民意调查。调查结果显示，月收入不足 4000 元时，幸福感随收入的提高而提高；达到 4000 元后，幸福感呈波状上升，5000 ~ 7000 元中等收入组幸福感最强；7000 元以上（考虑到多年的通货膨胀，目前这个门槛值已经大大提高）以后幸福感开始下降，1.5 万 ~ 2 万元收入组幸福感更不确定，其平均幸福感分值与 1000 ~ 1499 元收入组相同。

传统企业数字化转型，应该用好数据这个新的要素。在虚拟世界建立数字化流水线，打通 3 条关键价值链，即订单履约价值链、产品生命周期管理价值链和运营服务优化价值链。

特征六：智能化AI加持

自 2016 年 AlphaGo 战胜人类顶尖围棋选手李世石以来，人工智能作为当今时代影响最为深远的颠覆性技术，已经受到产业界的广泛关注。人工智能的颠覆性表现在以下 3 个方面。

1. 颠覆性的计算能力

由于计算机硬件的进步，机器的计算能力超越人类百亿倍，人类处理数据的方式发生了颠覆性变化。

比如下围棋，棋手之间不仅是单纯比拼智力，更是在比拼计算能力。由于分布式云计算的计算能力超越人类上百亿倍，因此，人类棋手已经无法在围棋领域再和计算机一争高下。很多人没有注意到，2019 年，驰骋棋坛 24 年的顶尖棋手李世石，向韩国棋院递交了辞呈。在计算机强大算力的阴影下，人们似乎已经不再关心一名超一流棋手的命运。

2. 颠覆性的认识方法

传统认识方法以数学、统计学为基础，通过比较简单的计算与描述，作为人类决策的参考。而人工智能、机器学习等技术的成熟，颠覆了认识方法，让机器在很多领域的认识能力超过人类。

在传统企业中，专家判断的价值是大于数据分析的价值的。一是因为以往数据样本太小；二是以往的计算机软件算法，都是采用“硬编程”技术，即人类的程序员教会计算机一些规则，让计算机实现一些简单重复的劳动。以往的软件算法只具有“傻瓜式”的判断能力，即人类叫“我”怎么做，“我”就怎么做。

而现在的人工智能，采取的是“软编程”技术。程序员不再教计算机怎么去“做”，而是教会计算机怎么去“学”。计算机自己从数据里面发现特征，通过学习，对特征的权重加以调整。特征 × 权重，就构成了 $f(x)\times g(x)$ 的一个卷积神经网络（CNN）。这是一个典型的自学习、自适应程序，目前被广泛应用于光学字符识别（OCR）、人脸识别、图像识别、语音识别、汽车 L3 辅助驾驶等领域。

什么是深度学习的“度”呢？“度”是指概念抽象的层次。比如，人类认识生物界，是通过界、门、纲、目、科、属、种 7 个层次来认知的，而 AlphaZero 的神经元网络达到了 128 层的深度。所以从学习能力来看，人类专家的认知深度要大大逊色于计算机。

人类花费 3000 年记录了上百万份棋谱，第一代人工智能软件 AlphaGo 只花费 4 个月时间就全部学完了。而第二代人工智能程序 AlphaZero 则只花费了 3 天时间就自创了成千上万份棋谱并完成学习，超越了第一代人工智能软件 AlphaGo。

3. 颠覆性的数据基础

通过大数据技术，数据的“广度、宽度、深度”正呈几何式增长，人类认识有了更深、更广的数据基础。

人工智能不再只是替代蓝领工人的工作，已经开始学会作文、写诗、画画、做总结。人工智能已经开始越来越多地取代中层白领的工作。

通过人工智能的服务编排（Service Orchestration）和机器人流程自动化（RPA），企业服务客户的方式也正在发生翻天覆地的变化。第一代互联网的门户网站新闻，已经被今日头条的新闻智能聚合、精准推送服务颠覆。

对于制造型企业来说，传统制造企业中的业务过程以自动化流水线为特征。而数字化企业则是以人工智能（Artificial Intelligence，AI）的应用为特征。通过智能化（现阶段也称为超级自动化）来提高产品的质量，降低企业的成本，提高资源的利用效率。

是否有效地使用人工智能来提高企业运营、创新和管理的效率，是区别数字化企业和传统企业的一个明显特征。

特征七：数字赋能

传统企业的 IT 部门一般扮演辅助者的角色，而数字化企业里面的 IT 部门不再是辅助性的部门，而是关键的赋能部门。数字化企业里面的 IT 部门不但要实现一切业务的数字化，而且要实现一切数字的业务化。

从 IT 部门的地位来考察企业的数字化准备度非常有趣。如果企业的 IT 部门还是一个辅助性的角色，那么，这家企业的数字化准备程度一定是不高的。相反，如果 IT 部门在企业里面的地位很高，那么，这家企业的数字化转型也许已经达到了相当的高度。至少在高层领导的意识层面，已经意识到了数字化的极端重要性。

像华为公司的“流程与 IT 管理部”，曾经有段时间该部门的名称为“管理工程部”，是公司的一级部门。也就是说，IT 部门的主管是公司总裁级别的领导。在这样的企业里面，IT 组织不再以贴心的服务来取悦业务部门，而是以自身能力的提升来赢得业务部门的尊重。

流程负责在物理世界把业务理顺，而 IT 则负责在虚拟世界对流程进行优化。流程与 IT 互相促进，推动企业增长方式转型，如图 2-7 所示。

图2-7　在华为的现代企业架构中，流程与IT互相促进

第三章

践道

数字化转型实施路线图

为了率先实现数字化转型，华为设计了数字化转型的“V”字路线图。V模型的根本目标是从客户中来，到客户中去，用数字化为客户创造更多的价值。V模型由6个字母组成，分别是C、B、A、C、B、A，代表了企业数字化转型的6个步骤，如图3-1所示。

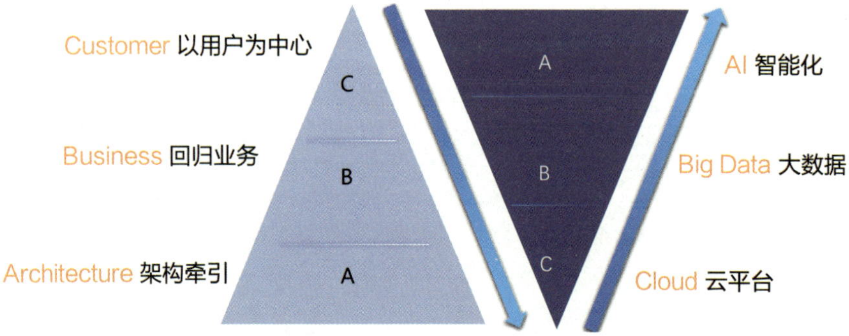

图3-1 企业数字化的V模型，回归业务，为用户创造价值

第一个字母C是指用户Customer。第一步，通过培训交流等方式，导入数字化转型的基本概念，收集转型需求。从以产品为中心，转向以用户为中心。在互联网时代，用户的重要性已经远远超越了传统经济时代产品的重要性。通过数字化创造更多的用户接触点，感知用户的愿望和需求，量化用户满意度，持续提升用户体验。

第二个字母B代表业务Business。第二步，通过引入管理咨询公司，对业务流程进行重整，流程与 IT 相互促进、相互驱动。数字化将回归商业本质，通过流程建设，整合资源，消除低效重复，提高共享，实现以组件化、微服务为特征的机会管道系统。

华为公司早年通过重金引入 IBM 的管理咨询，先后建立了从线索到现金（LTC）、集成产品开发（IPD）、集成供应链（ISC）、集成财务系统（IFS），从问题到解决（ITR）等业务流程，实现了商业机会的管道化管理，为后来的数字化转型打下了坚实的基础。

第三个字母 A 是指架构 Architecture。第三步，通过与技术公司合作，重整企业 IT 架构。首先要解决“多云协同”的问题。

什么是多云协同呢？云计算通常分为 3 个层次：软件即服务（SaaS）、平台即服务（PaaS）和基础设施即服务（IaaS）。而软件即服务位于云的顶端，形象地说，云，就是软件的家。

由于云是软件的家，在引入一个应用软件时，就不可避免地把软件的家也带了进来。比如，今天买一个 Oracle 数据库，实际上就同 Oracle 建立了合作关系。明天再买一个 SAP 管理软件，实际上就是同 SAP 建立了合作关系……不知不觉中，我们的软件架构与几十甚至上百个独立软件供应商（ISV）建立了合作关系。而这些独立软件供应商之间的数据接口是没有义务互通的。

这样，企业内部就形成了一个个数据孤岛，而管理者却浑然不觉。“多云协同”，首先要解决独立软件供应商之间的数据互通问题，然后才是建立前台、中台、后台分离的清晰的企业 IT 架构。

第四个字母 C 是指云（Cloud）。第四步，企业上云。将所有生产要素，包括人、机、料、法、环等，能上云的都搬移到云上。云的最大特点是虚拟化，通过逻辑映射，实现物理资源的池化管理，从而极大地提高资源利用率。

在云上首先构建稳定的后台服务，将非实时的数据，如企业资源计划（ERP）系统中慢速变化的数据，部署在企业 IT 架构的后台。

第五个字母 B 是指大数据 Big Data。第五步，应用数据资产。以数据为中心，对照业务流程重整，贯通企业的运营、创新、管理三大价值链，并且形成管道化、组件化、服务化的业务中台。

例如，企业的运营价值链，在客户关系管理系统和供应链管理系统之间实现数据共享。企业的创新价值链，在产品生命周期管理系统（PLM）和计算机辅助产品开发之间共享数据。企业的资产管理价值链，在企业资源计划系统（ERP）和制造执行系统（MES）之间共享数据。最后，这三大价值链的数据能够实现完全共享。

第六个字母 A 是指人工智能 AI（Artificial Intelligence）。第六步，用人工智能来编排服务，从而实现用户服务的自助化、精准化、敏捷化。人工智能主要应用于前台，这是由于前台数据反映用户时刻变化的海量需求，实时性非常高，数据量大、变化快。人工智能非常适合处理这类业务。

从华为数字化转型的“V 模型”中可以看到，左边的浅色正三角代表企业在物理空间所做的转变，而右边的深色倒三角则代表企业在虚拟空间所做的转变。以数字化作为驱动力，使得企业业务增长的能力，从物理世界逐渐转移到了数字化的虚拟世界，直至两个世界基本对等。

步骤一：以用户为中心，聚焦用户体验

在数字化转型导入阶段，收集用户诉求，提出转型愿景。如何去分析和提升用户的体验呢？这就需要具有换位思考能力，真正地站在客户的角度去思考问题，而不是站在自己的角度去帮助客户思考问题。站在客户的角度思考问题和站在自己的角度去帮助客户思考问题，有什么不一样呢？

大家可能都有过带孩子的经历。由于我们这一代人工作比较忙，可能需要请家里的老人过来帮忙，比如说请孩子的奶奶从农村老家来到城里帮我们带一段时间孩子。老人带了一段时间以后，由于农村老家有事，临时需要回去一阵子。

奶奶回到农村以后，会打电话过来问孩子现在怎么样，此时你作为孩子的父母应该怎样回答奶奶呢？

如果你不假思索地回答说：“您不要担心，孩子现在挺好的。”这就是

站在自己的角度去帮奶奶思考问题。

但是你如果思考以后回答说："自从您回去以后，孩子就非常想您。天天闹着在问您什么时候回来呢。"这就是真正站在孩子奶奶的角度去思考问题。

后面的这种回答，会让孩子的奶奶感觉到自己非常重要，孩子离开她是会想念她的，哪怕是短期离开也是如此，这样的回答就会让奶奶听了觉得更舒服。

你站在自己的角度去帮助客户思考问题，跟你真正换位思考，真正站在客户的角度去思考，得到的效果可以说是完全不一样的。

产品作为企业与客户进行交换的载体，它承载的不仅仅是客户物质层面的需求，还有客户精神层面的需求。这种精神层面的需求就是客户的比较需求、面子需求、自尊需求，或者个性化需求。

这是客户发自内心的一种渴望。只有当客户的需求得到释放，客户的体验才能够得到充分的提升。

举例来说，有人说钻石是20世纪最成功的营销案例，也有人说钻石是20世纪最大的骗局，不管怎么说，钻石作为一个经典的营销案例，特别能够体现出客户内心深层次的、隐秘的、精神层面的需求。

大家都知道有一句流行的广告语叫作"钻石恒久远，一颗永流传"。钻石代表的爱情非常美好。恋爱中的男女已经在潜意识中把钻石跟爱情等同起来，两者都是高贵的、恒久的（其实钻石也能够燃烧变成二氧化碳）。通过这种高贵的、貌似恒久的性质，原本不相关的两者联系起来了。高贵、恒久而且稀缺，太完美了。

对于处在热恋中的男女来说，玫瑰花只是开始，钻石才是最完美的结局。

但实际上钻石的主要成分是碳元素，跟人们日常所用的铅笔里面的主要原料石墨的成分类似。利用现代的科技已经能够非常完美地用人工手段合成钻石。人工合成的钻石非常完美，在晶体结构上与天然钻石完全一样，没有任何区别。

但是钻石商人会告诉你，作为爱情这种高贵而又神圣的感情的象征，怎么能用人工合成的钻石来替代呢？所以只有天然的钻石才能代表爱情，买天然钻石送给爱人，才能表达你的诚挚、展现你的能力。

天然钻石的产量其实也非常大。20 世纪在南非发现了大型的钻石矿，其钻石含量足够世界上每个女人都得到一个一克拉重的钻戒。怎么办？钻石商人又想出了一个办法，他们用军事手段将矿区封闭起来，控制了钻石的产量。就像今天石油输出国组织所做的那样，通过控制产量来维持产品的稀缺性，给人们一种钻石是稀缺资源的错觉。

于是客户就必须花更多的钱来买钻石送给所爱之人，作为结婚定情的信物。再加上营销手段的推波助澜，使得钻石交易中的一切都显得那么华贵。天然钻石，多么美好，它能够保存很长的时间，就像爱情一样。

这是一个完美的营销案例。因为钻石这种商品开发的不是客户的刚需，而是精神层面的诉求。钻石商人成功地开发出了客户爱攀比、自尊、面子等个性化诉求，这是人类最高层次的需求。所以即使不是刚需，人们依然心甘情愿地用大量金钱来进行这种交换，因为自尊无价。

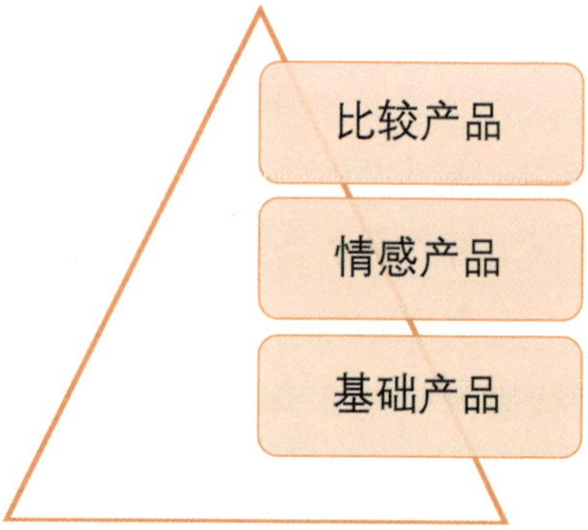

图3-2　产品的3个层次

将产品对照简化的马斯洛需求简化为如图 3-2 所示的 3 个层次。

第一个层次是基础产品。它承载了最基础的功能。对于钻石这种产品来说，这个层次基本是空的。钻石基本没有任何实际的使用价值。

第二个层次是情感产品。它承载的是用户的个人偏好。比如，对于钻石产品来说，用户喜欢不同的镶边颜色、材质及花纹等。这一层次的产品体现了不同用户群体的差异化需求。

第三个层次是比较产品。它承载的是用户的自尊、档次、面子等方面的需求。对于钻石产品来说，钻石的大小和重量恰好就匹配了用户的这种隐性需求。一般来说，钻石尺寸越大，面子也就越大。如果你恰巧看过法国作家莫泊桑的小说《项链》，相信你就能够立即深刻体会到用户这一层次的需求。

汽车产品也是如此。不同品牌的汽车产品，同样包含基础产品、情感产品、比较产品这 3 个层次。基础产品主要满足大众化的基本功能需求，情感产品与比较产品更多的是给用户带来精神层面的体验，如图 3–3 所示。

1. 基础产品，承载了基本的功能需求
2. 情感产品，承载了用户的个人偏好
3. 比较产品，承载了用户更多精神层面的需求

图3–3　汽车产品包含的3个层次

在数字化时代，必须去开发客户精神层面的体验，通过与客户共创，将这种体验与商品无缝地融合起来。

迪士尼乐园现在越来越多地把虚拟现实和增强现实技术，应用到主题公园的游乐项目当中。从佛罗里达的奥兰多到加利福尼亚的洛杉矶，从东京到香港，从上海到巴黎，迪士尼在全球开设了多家主题公园。

这些主题公园以往都设有许多过山车项目。现在，在这些过山车项目中，游客看到的风景，大多是虚拟和现实融为一体。游客可以很方便地在过山车中穿越到 20 世纪芝加哥的街道中，去欣赏一场警匪大战。或者，穿越到更遥远的大航海时代，去加勒比海参加海盗之间的战争。甚至，还可以乘坐“未来号”飞船离开地球，前往遥远的月球上去探险。

在这些增强现实的游戏中，游客被抑制的需求得到了极大程度的释放。

当旅游的游乐进程暂停时，也可以去主题公园里的商店中选购一些礼品。由于这些礼品承载了很多游客精神层面的需求，因此，游客乐意付出比普通的纪念品更高的价格去购买。

与此类似，5G 手机产品的性能体现在覆盖、容量、延迟 3 个性能上面。目前 4G 占用频率较低、覆盖性能较好的 F 频段（频率大约为 1.9GHz）、D 频段（频率大约为 2.6GHz）的无线频谱，以后 4G 将在这些覆盖性能好的频段上逐步退网，将其逐渐复耕（Refarming，重新利用）到 5G 的应用上面，将来 5G 手机的覆盖性能会越来越好。这就意味着用户能够随时随地和其他人、其他联网设备保持高速数据连接。

用 5G 手机来打增强现实的游戏，网络的时延和抖动都很小，用户根本觉察不到操作的延迟。如果用 5G 手机来玩《宝可梦 GO》（Pokemon Go）这样的增强现实游戏，用户将体验到虚拟世界和现实世界的完美融合，使用虚拟的装备打怪，与在现实世界中使用物理装备几乎没什么不同。

这种极致体验会给新生一代带来特别的感觉，他们会感觉到很酷和与众不同，从而更加倾向于在这种虚拟与现实混合的环境下，产生更多的精神层面的消费需求。比如，从虚拟商店购买游戏点卡和装备，然后去线下的实体商店取货。物理商品上承载了更多的精神层面的消费体验需求。

步骤二：回归业务，流程与IT相互促进

无论互联网如何发展，商业的基本逻辑仍然存在。比如说，人们需要喝酒，需要喝矿泉水，需要吃西瓜、吃豆腐。这些实体的商品，没办法在虚拟空间上生产出来。如何造出受用户欢迎的白酒、矿泉水、西瓜和豆腐，这些千百年积累下来的经验，是企业最宝贵的资产。

数字化转型就是要将这些行业的专门知识，形成结构化数据，与信息通信技术融合起来，更好地提升用户体验。只要能持续生产出受用户欢迎的商品，那么企业总能在市场上找到属于自己的市场机会。

作为信息通信行业的领先企业，华为很早就在进行企业架构的转型，并且这种组织层面的升级换代从来没有停止过。因为从华为任总的高度来看，不折腾就意味着熵增。因此华为一方面在追求乱中求治；另一方面又在不断追求治中求乱。

作为企业，“乱中求治”大家都可以理解，那么“治中求乱”又是哪家的“独门秘籍”呢？

原来，这是源于任总在哲学高度上对于企业长治久安的理解。所谓“治中求乱”，就是呼唤英雄。任总特别喜欢散步，日内瓦国际电信展期间，当大家在展馆忙碌时，他独自跑到日内瓦湖边去散步。面对着日内瓦湖的滔滔湖水，任总思考企业该如何活得更健康长久的哲学问题。

任总想到，从天道来讲，由于外部环境具有天生的不确定性，一旦内部环境太顺了，会让员工产生一种安逸的感觉。人的本性使然，管理者和员工在舒适区会越来越自我感觉良好，越来越多地考虑自己的感受，而逐渐把客户体验抛到九霄云外，这就是典型的熵增。熵增的内部环境会演进成为内卷化创新的温床。

从这个意义上讲，企业的组织变革似乎是永恒的。而华为似乎也一直在进行各种变革。用任总的话来说，变革就是给飞奔的汽车换轮子。由于业务要发展，车子不能停下来，但是组织这个车胎会逐渐老化。这么飞奔下去，总有一天会出事。怎么办？唯一的办法就是一边开展业务，一边实施变革，给飞奔的汽车换轮子。数字化变革永无止境。

而“乱中求治”则是建立管道型的流程组织。企业中不能没有英雄，但是，企业里面更不能遍地是英雄。企业的发展过程，就是在不断地呼唤英雄和建立秩序这两种状态中轮回。

通俗来讲，流程变革就是要同步构建物理世界的流水线和数字世界的流水线。通过数字化，打通企业的几个关键价值链。让数据在虚拟世界的流水线上流动，从而提升业务决策的准确度和及时性，降低外在不确定性，提升组织对外部环境的适应能力。

华为的数字化转型遵循了循序渐进的原则。先从信息化起步，接着深入开展数字化转型，然后逐步向未来的智能化企业演进。

十多年前的信息化浪潮中，在IBM的帮助下，华为早早启动了企业的数字化转型。先后启动了从线索到现金（LTC）、集成产品开发（IPD）、集成供应链（ISC）、集成财务系统（IFS）、从问题到解决（ITR）5个方面的信息化管理变革。

华为成立了管理工程部，全权负责企业的数字化转型。可以看到，华为一开始就认为，信息化也好，数字化也好，它不单纯是一个技术问题。所以华为并没有设立首席信息官（CIO）职位，或者像今天某些企业那样，设立首席数据官（CDO），而是由管理工程部来牵头组织企业的数字化变革。管理工程部部长被赋予了公司副总裁的头衔，意味着由公司的最高管理层来亲自推动转型。

华为在IBM指导下，实施了一系列的管理变革，包括从线索到现金（LTC）、集成产品开发（IPD）、从问题到解决（ITR）、集成供应链（ISC），以及集成财务系统（IFS），充分运用了各种信息化、数字化的手段，有效整合了企业资源，提升了用户体验，实现了效率提高和企业系统的非线性增长，如图3–4所示。

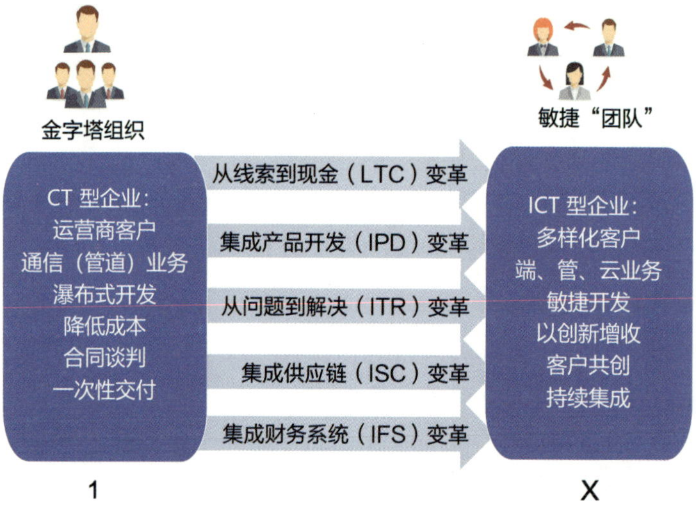

图3–4　华为早期的数字化变革

由于转型的大方向始终聚焦在用户体验的提升上，并且在管理信息化变革上引入外脑、舍得投入，向业界前辈 IBM 虚心学习，华为取得了转型的初步成功。

1997 年启动 IPD 变革时，华为当年营收 72 亿元，以当时汇率折合不到 10 亿美元。实施变革 10 年后的 2007 年，华为营收达到 160 亿美元，营收整整增加了 15 倍以上。从中不难看到数字化管理变革产生的巨大发展动能。

从线索到现金流程

下面来看看市场这条线的管理变革。在市场这条线上，以往是通过搞好客户关系来做生意。受东方文化影响，很多企业在做市场时，免不了要请客户吃饭喝酒、唱歌跳舞。很多时候，只要将客户关系搞好了，那么市场订单就拿到手了。

客户关系是企业中最重要的生产关系，客户需求是企业发展的源头，只有把客户关系搞好了，拿到了订单，才能产生企业生存所必需的现金流，企业能力才能得到提升。因此很多企业自然就想到通过数字化来提升客户关系管理（CRM）能力。华为成立了客户工程部，客户界面的负责人称为客户经理。而辅助客户经理接待客户的工作人员全部是帅哥美女。

华为感觉到，光是靠喝酒去做市场，不是长久之计。很多市场部的员工工作非常辛苦，经常从早到晚陪客户喝酒。据说有的员工因为常年喝酒肠胃都喝出了问题，甚至喝出了消化道穿孔之类的疾病。

在市场这条线上，如果要把市场经验积累下来，必须建立一个通用的业务模型，其主体是一个流程化的价值链条。这个价值链条的前端来源于客户的痛点和诉求。来自客户的关键信息，称为市场线索（Lead）。

在得到足够的市场线索后，需要对线索进行“分发”，将市场线索归纳为以下 3 类信息。

第一类是热（Hot）信息。包括有针对需求的投资计划、标书、确认将在近期发放的信息等。

第二类是温（Warm）信息。包括有清晰的业务需求和要求的信息等。

第三类是冷（Cold）信息。包括无清晰的业务需求但有倾向的信息等。

显然，对于一线经理来说，热信息价值巨大。接下来需要具体了解客户近期的投资计划是什么、什么时候开标等，然后由专门的团队去组织投标。

通过"铁三角"的投标策略与行动，就有机会赢得这一订单，并且签订合同。拿到合同是关键的一环。

华为借助人民解放军"一点、两面、三三制"的实战经验，把市场的前端改造成了一个铁三角，以三人小组分工协作的方式去面对客户。

这个市场前端的"铁三角"由客户代表（Account Responsibility，AR）、产品/服务解决方案代表（Solution Responsibility，SR）和交付管理和订单履行代表（Fulfillment Responsibility，FR）3个角色组成，每个人都有自己的专长，形成优势互补。这样市场前端的情况会改善很多，客户经理也不需要像以前一样喝那么多酒了。

客户代表来自一线行销；产品/服务解决方案代表来自华为新组建的一个部门，即营销工程部；而交付管理和订单履行代表则来自华为的项目管理部，负责向客户交付高质量的工程和产品。

拿到合同，不等于就完成了这个价值链。只有工程顺利交付，客户满意签收了，才能启动回款程序。直到回款完成后，才算完成从线索到现金这个价值链，实现了从客户需求到客户满意的能力闭环。

把从线索到现金（LTC）这个能力闭环搬移到云上去，形成流程模型和相应的历史经验教训库，再结合当前最新的实时数据，以保持模型与现实同步。这些储存和运行在云上的模型、软件、数据，可以辅助市场业务的及时感知，从而对上线的市场项目提供强大的决策支持。

这个数字化变革就是LTC，从获取市场线索（Lead）到订单，再从订单履约到现金回款（Cash），通过数据上云，打通完整的数字化价值链条。

如图3-5所示，完整LTC流程包括管理线索、管理机会点和管理合同执行3个按照阶段划分的模块。各模块的输出分别是线索、标书与合同。在这个业务流程中，客户消除了痛点，企业出让了能力。"铁三角"团队由于进行了独特的创新和创造而提升了价值。具体市场项目可以根据实际情况，灵活裁剪流程，选择适合本项目的方法。

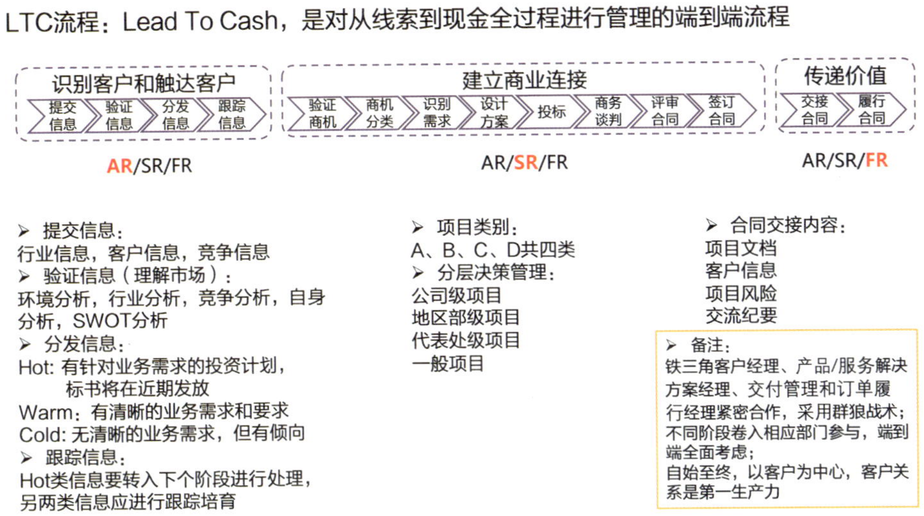

图3-5 华为的LTC流程，实现从线索（Lead）到现金（Cash）全过程

LTC 流程在运行过程中，首先需要得到组织层面的支持。组织层面以项目运作为主要形式。

其次需要得到评审和决策体系支撑。评审决策点分为销售决策点、专业或综合评审点、质量风险控制点 3 种类型。这些决策的及时性和准确性都依赖于模型和数据的正确性。依靠数据进行的决策，有效降低了质量风险和市场的不确定性。

最后才是 IT 平台的落地，有效支撑 LTC 流程高效运作。

在 LTC 流程变革中，可以清楚地看到市场线索、机会点（以投标为主要形式）、合同等专业领域数据的引入，以及数据在销售决策过程中所起到的举足轻重的作用。这些专业数据和经验，将来会演变成为企业的核心资产。组织过程资产（OPA）分为两类：一类是模型，其中承载了流程（Progress）、程序（Procedure）、策略（Policy）；另一类是知识和数据。

集成产品开发流程

下面再来看一下产品生命周期管理这个价值链条的变革。华为在IBM的指导下，启动了以集成产品开发（IPD）为特征的管理变革。

因为企业发展的动能首先来自客户需求，所以，IPD变革需要更好地感知客户痛点，帮助客户解决当前面临的问题。为了解决客户问题，需要形成一套完整的解决方案，做好产品生命周期管理。

IPD的核心思想之一，是基于市场的创新。以客户化的解决方案来带动产品开发，从而大大提高产品的附加价值，与同行拉开差距。拿机械手产品来说，可以在淘宝上卖产品，但是无法在淘宝上销售解决方案。这就是IPD带来的巨大市场价值。

产品是解决方案的物理载体。前面已经讲过，产品包含基础产品、情感产品和比较产品，用来满足客户不同层次的心理需求，包括生存需求、关系需求、比较需求等。

产品生命周期管埋（PLM）体现在从客户需求到客户满意这样一个端到端闭环的过程。为了准确地抓住客户需求，必须经常换位思考，假如我是客户，我真正需要的是什么？一般来说客户的需求可以用$APPEALS来概括，即从价格（$）、功能可用（Availability）、性能（Performance）、包装（Package）、易用（Easy to use）、保修（Assurance）、生命周期总成本（Life time cost）（或持有成本）、社交认可度（Social）8个维度，如图3-6所示。

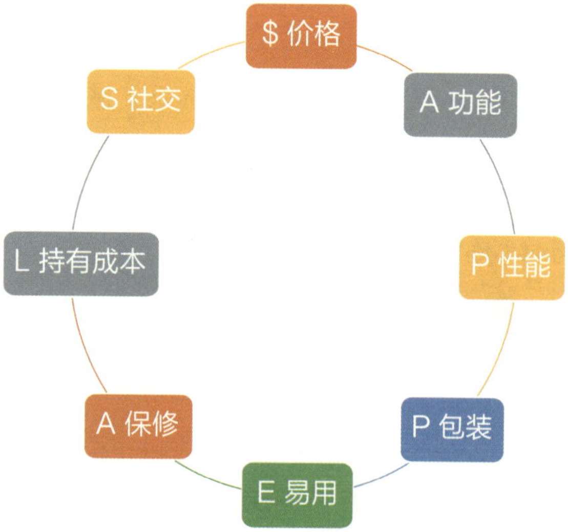

图3-6　传统需求分析的8个维度

而未来数字化时代的客户需求将会变得更加个性化、多样化和简洁化。瀑布式开发逐渐向敏捷开发转型。敏捷转型的内容将在后面进行讲解，结合组织转型进一步展开。

在产品开发过程中，要整合各种资源。当然，这些资源里面最核心的还是企业内部有创造力的员工。

集成产品开发（IPD）优化了企业的人员组织形式。

传统企业一般是职能型的、垂直的组织结构，或者称为孤岛结构。职能型组织结构的特点就是部门之间是垂直割裂的，部门和部门之间仿佛存在一道看不见的墙，把部门之间的人员和信息割裂开来。不同部门人员之间如果需要交换信息，必须请求部门长批准。如果部门长一时决定不了，再拿到更高的层级去决策。实际上，上级是远离一线的。越往上走，得到的客户信息往往越不及时。这样从上面绕一大圈回来，很有可能贻误市场一线的战机。

例如，在职能型的组织结构下面，A 部门员工在一线直接面对客户，他有了想法，却不能直接去请 B 部门的员工来跟他合作，而必须打报告给自己的上级，上级批准以后才能进行下一步，如图 3-7 所示。

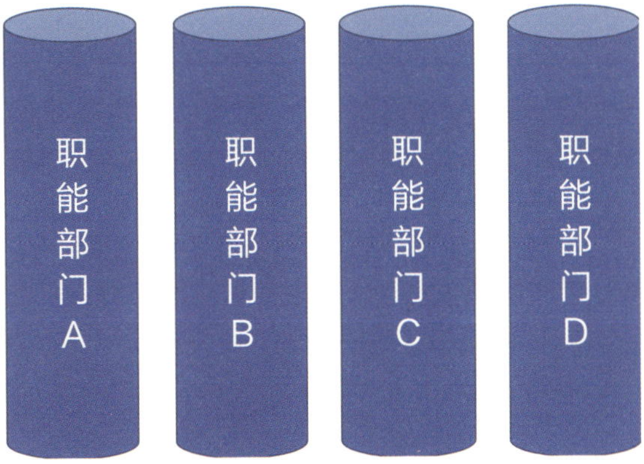

图3-7 职能型的产品研发部门

有时即便是部门长也做不了决策，于是再打报告到其上级部门，这样一来，信息的交换就会显得特别慢，业务流程就会变得特别冗长，企业的效率也特别低下。

所以IBM直接告诉华为，这种职能型结构在应对日益变化的市场上是不灵的。组织的第一步优化，就是要在原来职能型结构的基础上建立一个矩阵结构。也就是说，根据市场和客户的需要，建立起一条条产品线，通过产品线来打通部门墙，如图3-8所示。

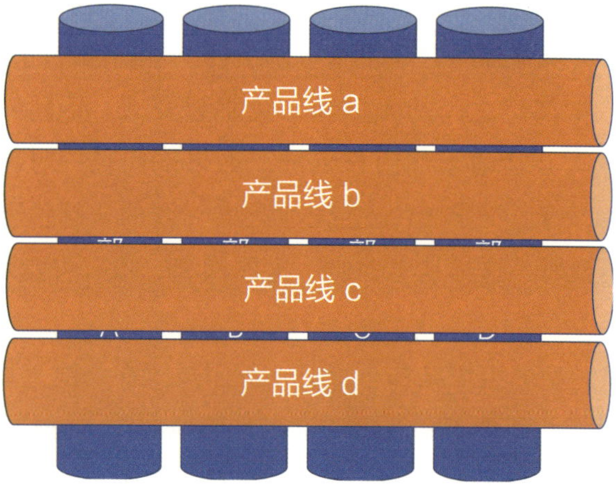

图3-8 矩阵制的研发产品线和资源线

通过矩阵制组织结构，形成创意流、数据流、人员流的跨部门流动。与传统的职能型结构对比，这种新的矩阵制组织结构允许企业的资源跨越部门，进行比较自由畅通的流动。

产品线的建立，使产品上市周期（Time To Market，TTM）平均缩短了30%以上。从客户需求到研发，再从验证到生产、上市这样一个进程，耗时从原来的平均18个月，缩短到平均不足12个月，较大地提升了客户的满意度。

但是在数字化时代，这种矩阵制组织结构还不是最优的组织结构，因为这里面还有各种各样复杂沟通的存在。

矩阵制最大的弱点还是沟通。每个员工都处在矩阵制组织结构中的一个交叉点上，员工要同时面对职能型部门的领导和项目型部门的领导，有时会感到无所适从。这种矩阵制组织结构，对员工个人的沟通能力要求相当高。

IBM 认为，经过第二步优化后的企业组织应该是一个大平台、轻一线的组织架构，这实际上是一个敏捷的组织架构，如图 3-9 所示。也就是说，创造性较强的员工不需要待在一个庞大的矩阵组织中，整天沉溺于文山会海式的沟通中，而会选择组织一个个 7 ~ 9 人的小团队。团队越小，沟通效率越高。

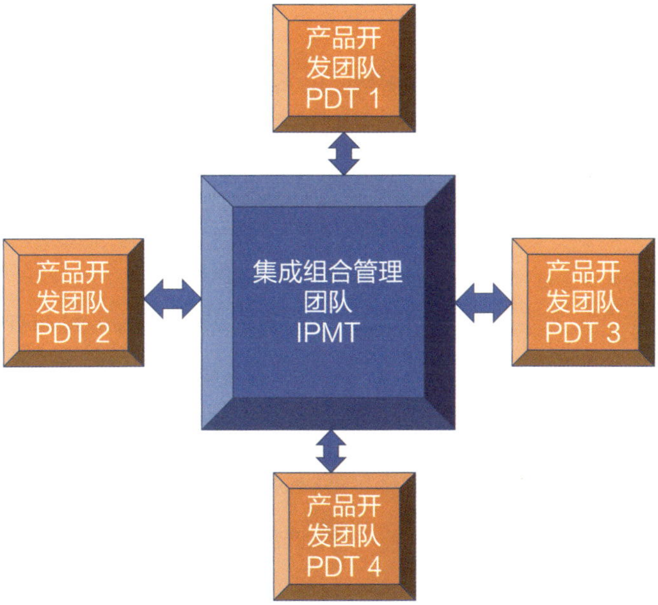

图3-9　平台型的研发组织结构

在 IPD 的组织结构中，华为组建了很多这样的团队，既有管理团队，也有技术团队。比如，集成组合管理团队（IPMT）、产品开发团队（PDT）、技术开发团队（TDT）、需求管理团队（RMT）、集成技术管理团队（ITMT）等。其中，PDT 是产品生命周期中的主要组织形式。PDT 由重量级的核心团队（CT）和扩展团队组成，如图 3-10 所示。

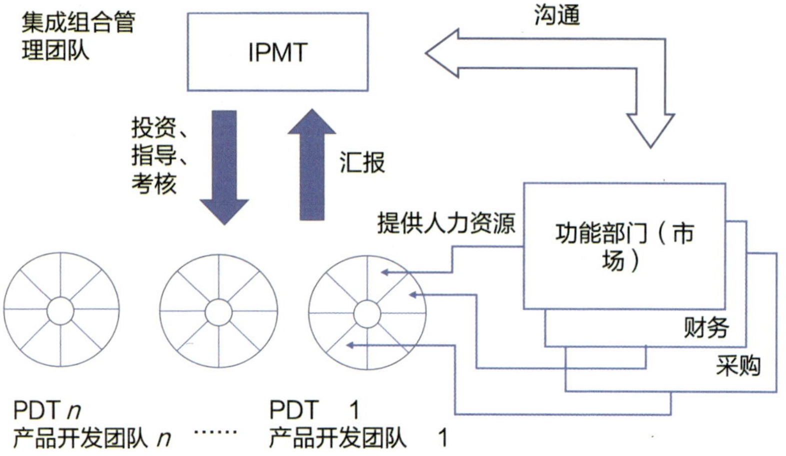

第一级：集成组合管理团队IPMT
第二级：产品开发团队PDT
图3-10 华为的IPD集成产品开发流程，组建两级开发团队（Team）

作为产品开发主体的PDT团队，不能脱离公司的大平台而存在。如果一个企业完全是由这种很小的团队组成，就相当于我们用一堆小舢板去拼凑一个舰队，去跟航空母舰打仗。这种由小舢板组成的舰队，在面临现代化的军舰组成的舰队时，是丝毫没有优势可言的。

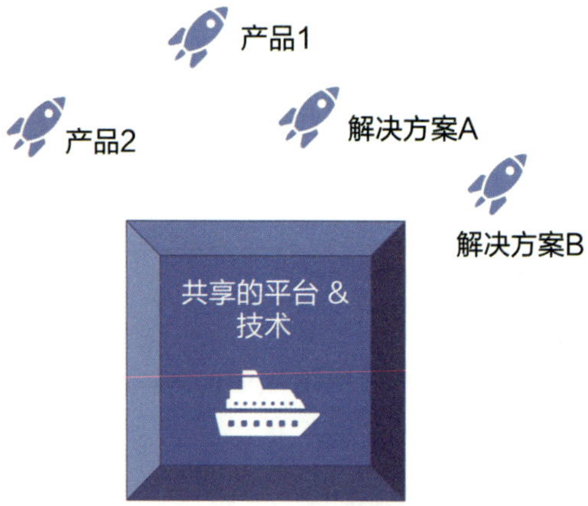

1. 技术，在所有产品线之间共享
2. 平台，在产品线内部共享
3. 产品，由平台提供共享基础组件支撑
4. 解决方案，灵活机动，实现全天候的客户化
图3-11 平台型组织有很强的适应性，包括4个部分

而IBM主张的大平台、轻一线的组织结构则避免了这一问题。在这种大平台、轻一线的组织结构下，可以看到，作为产品开发主体的一线员工，他们的行动是相当敏捷的。面向一线的PDT团队就像战斗机一样，面对前方市场的各种不确定性，能够

迅速地抓住稍纵即逝的市场机会。而一旦需要支援时，这些战斗机能够很快地从航空母舰这个大平台上获得支援，如图 3-11 所示。

而这个大平台就由中央研究部下面的集成技术管理团队（ITMT）、技术开发团队（TDT）、产品预研团队（PRT）和技术预研团队（TRT）等组成。

进入数字化时代，企业的这个大平台可以升级为企业的数字化大中台，通过各种云化服务和数据，来支撑一线的战斗。让听得见炮火声音的人来指挥战斗，让一线来呼唤炮火。提倡“班长的战争”，就是让班长在一线调动公司资源、指挥战斗。其本质就是用客户化的解决方案来带动产品创新。

未来，这种大中台结构还将进一步演进为敏捷组织。敏捷组织运用数字手段感知需求，将客户需求颗粒化。然后，再进一步分解成以人工时（Man Hour）来计量的任务。员工自组织形成团队（Team），敏捷开发，持续交付，持续提升用户体验。

敏捷小团队没有一个明确的领导，员工完全按照自己的能力、对市场趋势的判断，以及对客户的理解，来进行创意开发。员工和员工之间的沟通是简捷的、有效的。大多数时候，员工日常不需要通过打报告给上级来决定是否做一件事情，以及如何做一件事情。而是根据小团队对于客户需求的理解，把客户需求分解成一个个较小的用户故事（User Story），再把用户故事按照优先级从高到低排序，团队以并行工作的方式来持续实现产品对于用户的价值。

这些用户故事之间没有强制的时间依赖关系。也就是说，所有的用户故事都是可以并行开发的。这样员工在这个小团队里面，非常明确自己的工作对于用户的价值，用户故事这种颗粒化（Granulation）的绩效度量方式，也更容易让员工有成就感。

上面说的就是集成产品开发 IPD。通过建设大平台、轻一线，以团队合作（Team Working）的方式协同作战。快速开发，持续交付，打通从客户需求到客户满意的闭环价值链条。

从问题到解决流程

从问题到解决（ITR）是公司级流程，也称为运维服务流程。产品的运维是产品完成销售和交付后必要的商业环节，而在产品的销售和交付过程中，销售人员或交付人员的考评也时常受到已经交付的产品的影响，或是正面影响，或是负面影响。

做好产品运维不单是运维部门的事情。产品运维没有做好，影响的不仅仅是运维部门，还有公司的运营结果。

因此，运维体系不只是售后服务领域的事情，实际上它还涉及服务、生产、研发、市场等诸多部门及全流程。

“质量好、服务好、运作成本低”是华为取得巨大成就的三大法宝。华为的“一站式保姆式服务”是关键的竞争要素，当年与西方巨头爱立信、诺基亚、阿尔卡特－朗讯、摩托罗拉等对手进行激烈交锋时，华为就是凭借出色的服务在激烈的竞争中获得客户订单的。早些年华为设备故障还是比较多的，但有很多客户仍然选择华为，这是什么原因呢？

客户说：“选择爱立信，可能设备相对稳定一些，但一旦出故障，他们的服务响应会不及时，尤其是节假日时极难得到他们的及时服务，欲哭无泪；但是选择华为，即便故障相对多一些，可是他们的服务真的很好，节假日陪你蹲点守机房，24 小时随叫随到。”华为经过 IPD 研发管理变革后，现在的产品质量已经大幅提高了，但服务仍然在不断地进行变革，以确保服务仍然是其核心竞争力之一。

集成供应链流程

再来看一下华为的集成供应链是如何进行数字化转型的。

供应链是一个动态的，由企业的固定资产和流动资产组成的价值链条。其中，企业的固定资产包括厂房、仓库、机器设备等，而企业的流动资产包括各种原材料、中间产品、半成品、成品、工程服务等。

其中主要由流动资产构成的价值链，或者有时候称为业务流，体现了企业对客户及时交付产品和解决方案的能力。IBM 和华为称为集成供应链系统。

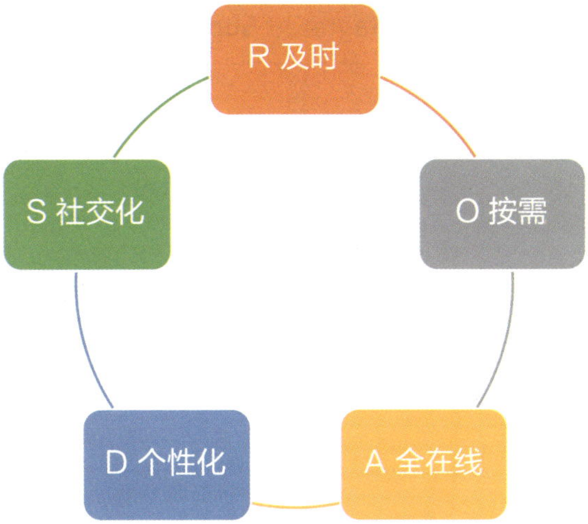

图3-12　数字化时代的用户体验定义

未来客户的需求越来越多样化、个性化。华为认为数字化时代的用户体验已经超越了传统的 $APPEALS，未来的用户体验可以用 ROADS 来概括。这就是说，用户希望能够得到及时的（Real Time）、按需的（On Demand）、全在线的（ALL on Line）、个性化的（Do It Yourself）、社交化的（Social）产品和服务，如图 3-12 所示。

未来用户对于产品的个性化、定制化、及时性等要求会越来越严格。数字化的进程不停地释放人类客户潜在的需求，一步步地帮助客户实现心中的梦想。

如前所述，我们通过从线索到订单、从订单到现金这样一个 LTC 价值链，以及另一个集成产品开发即 IPD 价值链，把客户的需求逐渐引导释放出来，把市场机会窗一点点给打开了。但是，如果供应链的速度跟不上去，那么，从客户梦想到现实的“最后一千米”就无法打通。

集成供应链的作用就是打通从客户梦想到现实的“最后一千米”。华为是怎样来实施集成供应链的呢？又是怎样在产品和解决方案的交付环节实现对于客户需求的快速响应的呢？与 IPD 类似，集成供应链（ISC）瞄准客户满意，由客户订单来拉动供应链的采购、制造、运输等各个环节。供应链 IT 同样采用了大中台、小前台这样一个策略，如图 3-13 所示。

ISC流程：Integrated Supply Chain，是对供应链进行管理的端到端流程

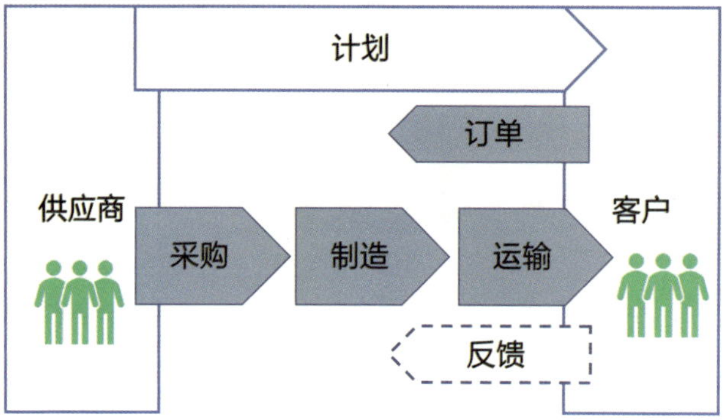

图3-13　华为的ISC集成供应链流程，由客户订单来拉动供应链

供应链的数字化转型围绕客户的梦想，构建软件定义供应链。所谓软件定义供应链，就是借鉴互联网公司的很多做法，面向客户，实现平台化、服务化的架构（Service Oriented Architecture，SOA）和交付。

为了实现服务化架构，首先要把面向客户交付的一系列动作进行分解，把一个整体服务过程分解成一系列原子化的服务。这些原子化、颗粒化的服务，可以小到开发一个或若干个用户故事就能完成。原子化服务就是所谓的微服务（Microservice）。

例如在智能加油站中，如果把给用户的汽车加油看成一次服务，那么一次加油过程可以拆解成加油、缴费、洗车等原子服务。这些原子服务就是微服务。把这些原子化的微服务经过适当组装，就能够很快满足不同用户的个性化需求，如图3-14所示。

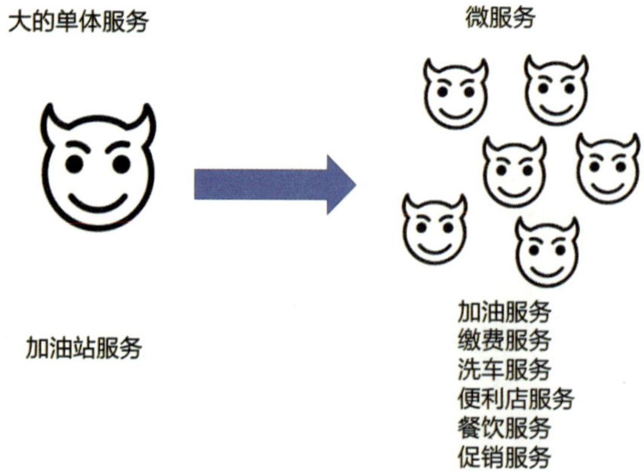

图3-14　服务化重构

再如，向客户交付一台智能手机，那么客户的一连串动作会是什么样的呢？

①客户会在线上或线下看智能手机产品广告。

②如果客户感兴趣，会进一步浏览智能手机产品介绍页面。

③客户会在线上或线下进行询价。在询价的过程中，客户会对产品的规格、性能、质量、保修、支付方式等进行询问和反馈意见。

④在得到满意的答复之后，客户才会下单、付费，然后会拿到一个预约号。

⑤拿到预约号后，客户会等待送货上门。

⑥当选定的智能手机产品被送到客户家里，客户体验过产品之后，会对产品进行评价。

⑦产品万一出现什么问题，客户还会进行退换货甚至进行投诉。

这样的一连串行为经过分解，构成所谓的用户体验地图（User Journey Map）。对于地图中的每个环节，用户都有自己的切身体验，潜意识里都会有一个主观的评判。我们需要把每个环节，都看成一次对客户进行的原子服务，其中的每个原子服务，都称为微服务。

软件定义的供应链，是指通过智能化的手段，来实现对客户的原子服务进行组装或编排（Orchestration）。根据客户界面上协商的采购订单（Purchase Order，PO）及服务等级协议（SLA），来对各种微服务进行智能化、自动化、货架化的编排。通过智能化的操作维护系统（OMS）软件进行管理，通过智能化的制造执行系统（MES）软件实施制造加工，从而形成完整的个性化服务，交付给客户，从而迅速实现合同履约的过程，如图3-15所示。

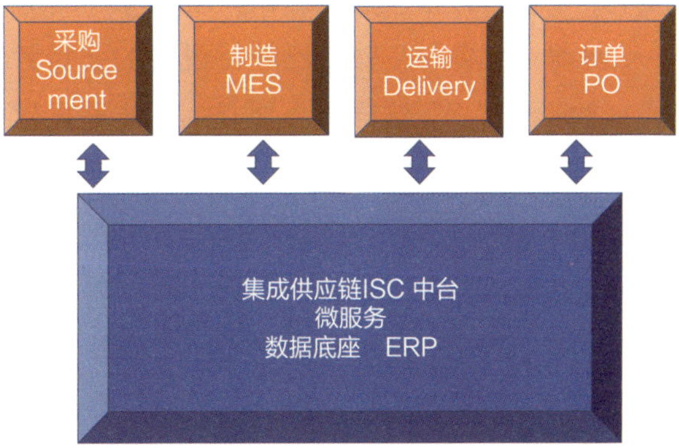

前台：订单服务、运输服务、制造服务、采购服务
中台：ISC中台、各种微服务
后台：数据底座、ERP
图3-15　供应链的前台与中后台分离

在服务化架构的基础上采用敏捷迭代的方式，来为客户持续不断地更新，不停地改善服务体验，从而使用户对线上平台、线下平台的服务质量评价越来越高。

总的来说，ISC 这个流水线的特征是建立了前台、中台、后台解耦的服务化架构。通过微服务的智能化编排，持续向用户交付个性化、自助化、社交化的产品与服务。

集成财务系统（IFS）流程

最后，我们来看一下集成财务系统（IFS）。前面所讲的几个价值链，包括线索到现金（LTC）、集成产品开发（IPD）和集成供应链（ISC）等的落脚点，归根结底都是投资行为，因此集成财务系统（IFS）才是企业数字化转型的制高点。

企业的首席财务官（CFO），可以说是企业的未来架构师。企业架构师需要站在投资的高度，对企业的未来进行清晰的描述。这个对未来的描述就是企业的愿景（Vision）。有了企业的愿景，才会有企业的基本使命（Mission）和价值观，然后才会有企业未来发展的战略（Strategy）。在企业发展战略的指导下，才会有各种各样的投资组合（Portfolio）。

所谓“组合”，就是巴菲特说过的那句名言：“不要把所有鸡蛋都放在同一个篮子里。”这样做主要是为了规避比较重大的财务风险。所以，投资组合管理是企业战略管理中很关键、很具体的一环。

以财务手段来管控创新方向的好处是，可以真正做到创新是符合市场需求预期的。离开财务数据的参照，可能就演变成了为技术领先而领先。在有些情况下，领先三步可能成了先烈，而领先半步才是真正的先驱。

比如，摩托罗拉在 20 世纪初实施了铱星计划，发射 66 颗低轨卫星，实现全球范围的卫星通信覆盖，这是一个非常大的创新。但是由于前期市场需求分析不够充分，业务收入难以抵销研发投资，财务数据表现很不好。铱星项目的失败，对公司造成了沉重的打击，最终导致摩托罗拉被收购。

在技术创新领域，日本在20世纪初互联网泡沫时期，做出了40Gbps的异步传输模式ATM的网络交换机，但是因为客户需求不足，所以ATM网络技术最后也归于失败了。

再如，在20世纪初3G时代，由于找不到3G的市场需求，北电放弃了3G直接转投4G，结果可想而知。在3G的市场需求还不明确的情况下直接去做4G，这个战略在财务上显然不会给企业带来健康的现金流，最终导致了北电的倒闭。

华为最高层的财经管理团队称为投资评审委员会（IRB），这个职务一般由轮值CEO来担任。由此可见，集成财务系统（IFS）的重要性不言而喻。

华为的利润观主要包含两个诉求：毛利能支撑公司“遗传变异”，不断构建核心竞争力；净利可以拢住人心。

第一，毛利能支撑公司“遗传变异”，不断构建核心竞争力。在企业“活下去”的基础上不断构建核心竞争力，让企业活得越来越健壮，这也是巴菲特价值投资中常说的“护城河”原理。

第二，净利可以拢住人心。虽然华为不是上市公司，但是利润直接关系到其生死存亡，利润对其的重要性显而易见。华为是个全员持股公司，员工中的杰出贡献者（我们称其为奋斗者）在公司都有股份，而且随着级别上升，股份会成倍上升。奋斗者的收入一半以上都是股票分红，如果哪天公司没有分红了，对公司来说意味着集体降薪，会影响公司稳定。所以，公司不断追求在一定利润水平下的规模最大化。

如何看待利润和规模之间的矛盾呢？华为的观点非常有趣，也颇有道理。有的企业经营是以利润最大化为目标，每年赚钱越多越好，同时可以提升企业估值；有的企业的目标是规模最大化，拥有更多的客户和市场份额，将规模做到最大，以期摊薄成本，形成规模效益。

华为的目标则是在一定利润水平上的规模最大化，或者说成长最大化。利润就像热量，人体摄入过多的热量，若不去消耗，就会变成脂肪堆积在身体里，变成大胖子。而如果去运动，多余的热量则会变成肌肉，从而使身体更加强健。华为保持 8% 的净利润率，将多余的利润耗散出去，用来强健体魄。

这很容易让人联想到一种植物——薇柑橘，这是一种多年生草本植物，只需要很少的水分、养料和阳光就能存活。同样，华为通过“深淘滩，低作堰”，不断提高内部运作效率，降低运作成本。同时，华为只保留一部分合理的利润，将剩余的利润让给客户和合作伙伴。

华为的经营哲学是活下去，同时追求长期有效增长。只有活下去，才会看见长期投资的战略价值。要做到这一点，就需要控制当前对于利润的欲望，几十年如一日地持续把资源用在核心竞争力的提升上。

步骤三：架构牵引，实现多云协同

多云协同首先要解决独立软件供应商（ISV）之间的数据互通问题，然后要建立前台、中台、后台分离的清晰的企业 IT 架构。先有多云协同，然后才有多域协同。

要实现多云协同为数据赋能，先要消除 IT 赋能的 3 个痛点：一是数据不能互通；二是数据存放的安全性；三是数据如何变现。

为此，提出了重构企业 IT 系统的三大价值主张：通、存、用。

- 通：连通所有数据孤岛。
- 存：一切业务数据化。
- 用：一切数据业务化。

在图 3-16 中，可以看到多云协同带来的价值。在企业边界外部，有多个独立软件供应商（ISV）提供的产品。这些软件产品是人们日常会用到的，如 Oracle 的数据库是一朵云，SAP 的人力资源管理系统是另一朵云，Zoom 的视频办公又是一朵云，Office 的办公软件也是一朵云……这些云之间的数据接口，必须通过一个低代码的高空连廊来打通，汇聚成一朵“云”。

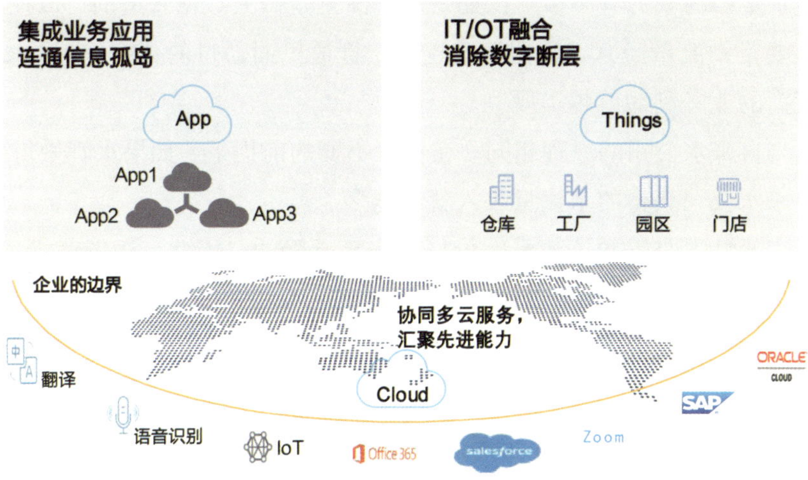

图3-16　多云协同
黄线代表企业边界，在边界外部有多个独立的软件供应商（ISV）提供的云服务

“多云管理”具有3个核心能力：①多云安全接入；②多云服务管理与服务代理；③多云应用开发与集成。

这样，就可以在虚拟世界集成业务应用（App），连通信息孤岛，而在物理世界实现信息技术（IT）与工业操作技术（OT）的深度融合，以物联网（Internet of Things）消除数字断层，实现仓库、工厂、园区、门店的业务全连接。

步骤四：上云，延伸企业的运营空间

云计算就是要让人们像插电一样，在全世界的任何地方，随时随地方便地享受信息服务。

云计算采用了虚拟化的资源池技术，运用“摩尔定律”（Moore's Law），提高了IT资源的利用效率。云计算与通信网络的融合，延伸了企业的运营空间。

摩尔定律的威力有多大？比如，运营商就是做大数据管道的，以往在4G时代主要是做流量经营。数据管道越宽，管道里面通过的数字流就越多，那么运营商的业务利润就越丰厚。

这与自来水公司的原理相同。在水价不变的前提下，如果水管做得更粗，那么自来水公司获得的水流量收入就会越多。

但实际情况是，数据流量的价格是逐年下降的。因此，运营商沿用传统的方法，通过拓宽管道来增加收入，这招就不灵了。如果用原有技术拓宽管道，就会带来成本的急剧上升。虽然流量增加了，但是带来的成本增加却导致入不敷出。

要想突破这一局限，运营商只能进行升级转型。用新技术大幅降低每比特的成本，这就需要用到更高频的无线通信连接技术。以往的4G技术位于低频的F频段（1880 ~ 1920MHz）和D频段（2570 ~ 2620MHz），一个频点只能产生最高10Mbps的用户体验速率。而现在，在更高的C频段（4 ~ 8GHz），用同样的资金成本能够产生100倍的数据流量，达到最高1Gbps的用户体验速率。这就是5G技术给信息通信运营商带来的摩尔定律，通过不停地降低每比特的成本来驱动技术的升级换代，如图3-17所示。

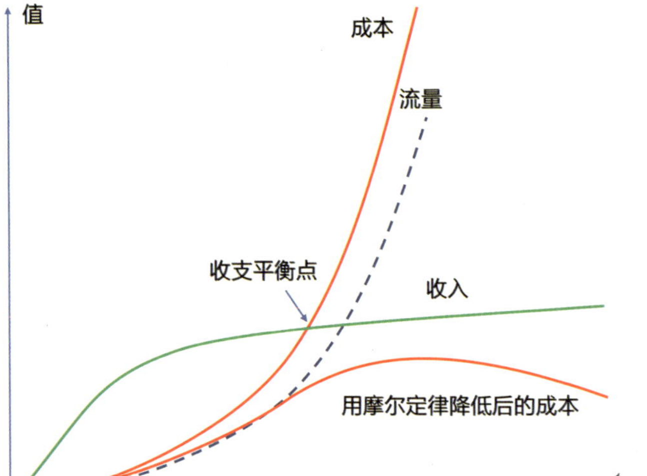

图3-17　摩尔定律驱动技术升级换代

摩尔定律在数字化时代同样成立。大数据在快速增长，每一比特的成本在不断地降低。如果我们还沿用原有的依靠人工来处理数据的方法，就会导致用人和管理成本急剧上升，企业最后入不敷出。因此，今后使用人工智能来处理海量数据，会成为一种必然。

人工智能不但现在可以取代汽车驾驶、面部识别这些体力劳动，而且未来有望取代分析数据、处理数据等脑力劳动。现在中国电信、中国移动都开始用人工智能来识别和处理发票，或者用人工智能来分析监控视频、做城市地下管网分析、进行地下管网的预防性维护等。人工智能正在取代这样一些以往由专家来完成的工作。

在摩尔定律的驱动下，通信运营商自身正在加紧“云改数转”。通过网络功能虚拟化（NFV），将传统的物理设备搬移到数字空间。通过人工智能编排（Orchestration）和海量数据处理，驱动通信业务量的增长，如图 3-18 所示。

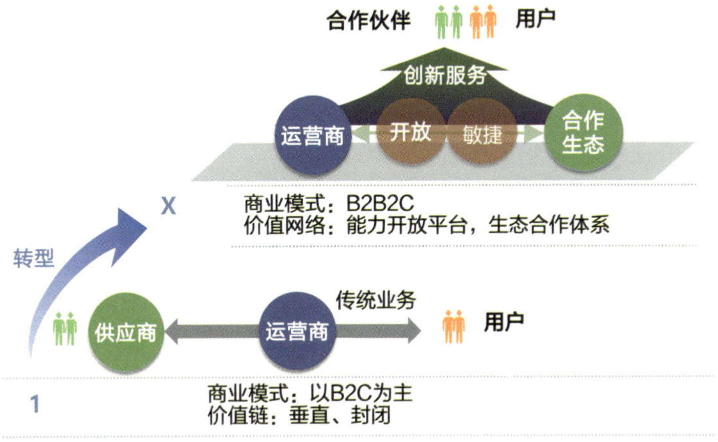

“上云”是运营商“数字化转型”的必经之路
随后，商业模式和价值网络发生一系列改变
图3-18　通信运营商自身要“云改数转”，业务上云

在营销环节，运营商可以通过大数据来增强用户需求感知，从各种触点收集用户体验数据，通过线上的分析和优化，提升用户体验，从而更加有效

地增加获客量。

例如，北美的 AT&T 运营商，通过 Domain 2.0 项目正在迅速转型成为一家软件公司，越来越多的业务收入来自 3S，即软件（Software）、服务（Service）与解决方案（Solution）。

摩尔定律在信息化时代已经改变了人们的生活方式，未来还会在数字化时代进一步改变人们的工作方式。人工智能的算力正在成倍地增长，企业的生产成本、营销成本、管理成本也在呈指数级下降。通过将一切数据业务化，我们可以搭上摩尔定律这辆快车。

步骤五：用数，一切数据业务化

在大数据时代，数据将成为企业的核心资产。企业需要建立与之对应的数据治理体系。数据治理领域包括数据标准、元数据、数据模型等。

一般认为，传统企业有 4 个生产要素，即土地、劳动力、资本和技术。目前这些生产要素都可以在市场上进行流通，如土地交易市场、资本交易市场、人才市场和技术专利市场等。

在不久的将来，可能会出现一个新的数据交易市场。企业可以从数据交易市场上获得关键的外部数据，比如市场态势分析，政策、法律法规要求，客户数据、供应商数据、合作伙伴数据等。企业也可以把内部数据拿到数据交易市场上进行交易。数据交易市场的出现，会催生一些专门从事数据中间交易的服务商。

在企业内部，数据需要充分共享。如图 3-19 所示，企业的运营价值链，在客户关系管理系统（CRM）和供应链管理系统（SCM）之间共享数据。企业的创新价值链，在产品生命周期管理系统（PLM）和计算机辅助产品开发（C3P）之间共享数据。企业的资产管理价值链，在企业资源计划系统（ERP）和制造执行系统（MES）之间共享数据。最后，这三大价值链的数据实现完全共享。

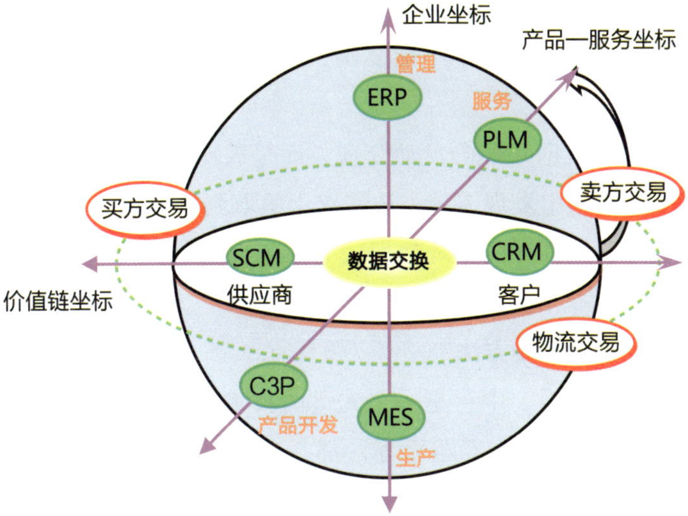

CRM指向卖方交易
SCM指向买方交易
MES指向物流交易
图3-19　数据在企业SaaS系统之间的共享

企业要实现从 1 到 X 的数字化转型，不但需要通过 IT 技术来实现业务的数字化，更需要让数字化回归业务，实现一切数字的业务化。“中台”是回归业务、实现数字业务化的关键。

到底什么是中台？在一些人眼里，中台就是个技术平台，如微服务开发框架、DevOps 平台、PaaS 平台、容器云等，人们都称它为“技术中台”。

在另一些人眼里，中台就是微服务业务平台，如最常见的用户中心、订单中心、各种微服务集散地，人们称其为“业务中台”。

在其他一些人眼里，中台应该是组织平台，这类组织中台为各个项目提供投资管理、风险管理、资源调度，人们称其为“组织中台”。

其实，中台最初的作用是在前台数据和后台数据之间形成一个缓冲。其中有大量可重复调用的微服务。微服务的特点是组件化、标准化、可编排。

前面在第二步中提到的业务流程，包括 LTC、IPD、ITR 等，都要从中提炼出可以复用的微服务。组件能够复用，是提高中台利用效率的关键。无论是阿里云的实践还是华为云的实践，都印证了这一点。如果中台里的微服务模块复用率低，甚至根本不能复用，那么这个中台很可能就是一个“伪中台”。

建立中台后，数据并不会自动变现，而是需要通过流程去获取它、加工它和保护它，从数据中发现需求，从需求中争取到机会，将机会演变成服务，用服务换取收入，这样才能实现数据的商业变现循环。

与时俱进，采用敏捷方法

从创新的角度来看，中台是一个先进的技术平台，如微服务开发框架、DevOps 平台、PaaS 平台、容器云等，都是在中台实现的。数字化企业越来越多地采用敏捷开发。

与传统企业按照计划进行创新的方式不一样，在数字化企业中，更强调拥抱变化和以人为本。敏捷的特征主要是强化团队跟客户之间，以及团队成员之间的沟通与反馈。敏捷的思想源于极限编程（XP）、Scrum、精益（Lean）等。

现在互联网公司如 B 站、今日头条、美团等，普遍采用敏捷开发。敏捷产品开发用愿景来驱动产品路线图，用产品路线图来驱动面向客户的版本发布，用版本发布来驱动冲刺（Sprint）或者迭代，用冲刺来驱动日常用户故事的开放，用户故事又可以进一步分解成不同的任务（Task），如图 3-20 所示。

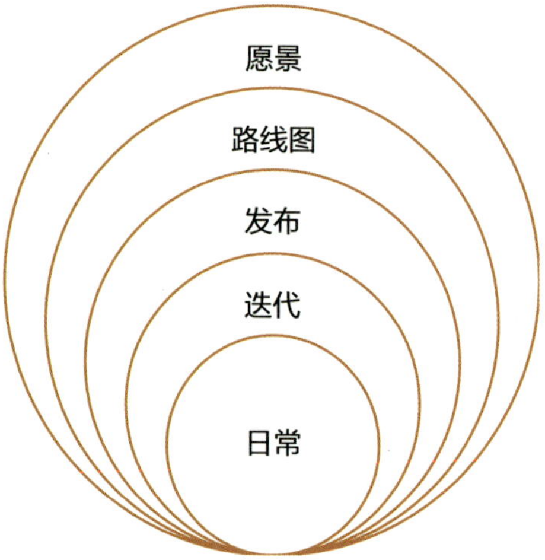

愿景驱动产品路线图
路线图驱动发布（版本）
发布驱动迭代
迭代驱动日常（用户故事和任务）
图3-20　敏捷产品规划方法

数字化企业越来越多地采用敏捷方法来实现自己的业务目标。敏捷具有五大特征：①以客户为中心；②颗粒化、迭代式的创新能力；

③快速产品设计与渠道分销；④持续集成、持续交付；⑤数字化全渠道。具体如表 3-1 所示。

表3-1　敏捷的五大特征

敏捷特征	含义
以客户为中心	全方位了解客户，不断适应并尝试以新方法与客户互动
颗粒化、迭代式的创新能力	通过在数字渠道创新获得更多的收入，并且降低成本。以客户可感知的绩效颗粒度，驱动业务不断创新
快速产品设计与渠道分销	产品设计、部署与渠道分销非常快速灵活，最快只需要 7 天即可完成定义并实施
持续集成、持续交付	以迭代方式进行一轮开发、测试，失败后，再进行新一轮重试，以客户内部和公开测试等方式，取代“完美”的做法
数字化全渠道	优化实体渠道与数字化渠道，形成合作

第一，敏捷方法强调以客户为中心，不断适应客户需求的演进，不断尝试以新方法与客户进行迭代互动。以客户看得懂的方式，主动获取客户的反馈。

第二，敏捷方法强调以结果为导向。以客户可感知的、颗粒化的绩效来牵引创新，以创新来驱动业务增长。数字化企业有能力通过数字渠道获得更多的客户，并且通过互联网络渠道增加收入，降低获客成本。

第三，敏捷方法能够更快地向用户做出承诺。采用敏捷方法进行产品设计、部署和渠道分销，7 ~ 28 天即可完成一次产品设计定义并实施。

第四，敏捷方法可以持续集成、持续交付，从而实现对用户体验的不断优化。敏捷方法以迭代方式进行一轮开发、测试与试错后，再进行新一轮的调整、开发与重试，持续获得客户反馈，取代了传统企业闭门造车、抑制客户变更的“完美”做法。

第五，敏捷方法的营销渠道更加宽泛。线上渠道不受时空限制，从而极大地拓展了运营空间。而线下渠道通过直接与客户交互的方式，优化了用户的体验，弥补了线上渠道的不足。

步骤六：赋智，以智能化带动商业敏捷

未来企业服务的对象，将从“三高”人群转向“三新”人群。“三高”人群在这里是指高收入、高年龄、高消费人群，而“三新”人群则是指新时代的人、对新技术感兴趣的人、容易接受新事物的人。在这一转变过程中，用户的数量将会变得非常庞大。如果还沿用企业原来的服务方式，成本上将不堪重负。

由人工智能向庞大的客户群体提供个性化、自助化的服务将成为必然趋势。

例如，前面举过平安集团的例子。平安推出“有温度的金融”，就是要颠覆低频、有限的传统金融服务，为 2.2 亿平安金融客户提供医疗健康等有温度的服务，但服务如此庞大的客户群，人力不可为之，必须依靠医疗科技的数字化能力，通过“AI 医生 + 真人医生”，打通线上线下的医疗服务，为客户提供 7 × 24 小时的呵护与服务。

再如，未来的电信运营商提供专网服务，将由行业客户在 App 上自助下单，人工智能基于在 App 上与客户达成的服务等级协议（SLA），采用网络功能虚拟化（NFV）技术来自动生成虚拟化的网元（VF），然后用智能化的编排（Orchestration）来实现软件定义网络（SDN）。整个过程不到半天时间即可完成。

以往，电信运营商部署一张物理专网，需要 6 个月左右的时间才能完成。传统物理空间的专网业务将被虚拟空间的逻辑专网（网络切片）服务代替，用户的物理私有云（Private Cloud）服务，也将逐渐被虚拟私有云（VPC）服务代替。

由人工智能向庞大的客户群体提供可编排的个性化服务，成为企业争夺用户的战略制高点。2021 年 7 月 7 日，在上海世博中心举办的世界人工智能大会上，机器人流程自动化（RPA）成为一个新的热点。

RPA 系统是一种应用程序，它通过模仿最终用户在计算机上的手动操作方式，提供了另一种方式来使最终用户手动操作流程自动化。这项技术将给

金融业的数字化转型带来巨大的冲击。

数字化时代的针尖战略

企业有什么样的愿景，就会有什么样的战略。战略一般都是企业管理层思考的问题，那么战略跟普通员工有没有关系呢？当然也有关系，因为战略决定了一个公司的业务方向，不管你从事什么工作，工作目标跟公司的大方向一致，你的工作才是有价值的，才会得到企业的认可。员工必须自觉地与公司的战略保持一致，这样才可能获得更多的成功机会。

什么是战略呢？战略跟战术是相对的。战略就是定义做哪些正确的事情，而战术是如何把正确的事情做好。一般来说，企业的战略由投资组合（Portfolio）来体现，而战术由项目管理（Project Management，PM）来实施。

战略，简单来说就是“攻、防、取、舍”4 个字，通过确定进攻的方向、防御的方向、争取什么、放弃什么，来确定未来发展的大方向。用一个投资组合的战略来应对市场的不确定性和 VUCA 环境。

为了把握市场机会，明确进攻和防御的大方向，通常会用到 SWOT 分析方法，即区分优势、劣势、机会和威胁。向外看是外部的机会与威胁，向内看是自身的优势与劣势。

对于传统企业而言，在实施数字化转型的过程中，必须有一定的战略纵深和集中度，不主张片面为了销售额和利润，盲目跨界和横向扩张。企业一旦决定在战略机会点上持续投入，就应当适当收窄业务宽度，实施数字化时代的针尖战略。

很多年前，在珠海有一个巨人集团，这个集团的领导很聪明，是做汉卡起家的。早期个人计算机（PC）传到中国的时候，界面都是英文的，华人使用起来很不方便。巨人汉卡解决了汉字输入和显示的难题，使中国人使用计算机变得更加方便，因此在市场上很受欢迎。

后来巨人集团看到生物医药行业发展迅速、利润很高，又转去做口服液，而且做得很成功，这个产品就是著名的巨人脑黄金和脑白金。由于营销策略使用得非常成功，“今年过节不收礼，收礼只收脑白金”成为很有名的一句广告词。

然而没多久，房地产行业在中国快速发展起来，巨人集团的市场嗅觉非常灵敏，集团觉察到房地产这个行业有很大的市场机会，接着又转行做房地产，在珠海投资建设了巨人大厦。

然而，由于企业一直在横向发展，没有形成自己的核心竞争力，当亚洲金融风暴到来时，巨人集团面临着非常严重的财务危机。由于建设巨人大厦的资金大都来自房屋预售款，当金融危机爆发时，巨人大厦在房地产这个项目上的资金链断裂了。投资人急着要收回自己的本金，出现了挤兑现象，就这样把一个大公司彻底拖垮了。

后来巨人集团的领导选择用脑白金还债，接着，又东山再起做起了网络游戏，推出了《传奇》和《征途》网游，也做得很成功。这说明这个企业家本身的市场洞察力是没有问题的，也可以说是出类拔萃的。这么优秀的企业家为什么在市场上却是起起伏伏的呢？问题的根源可能就在于战略的横向摇摆性。

因此，一家企业的成功可能也没有太多的秘诀，首先就是要聚焦自身核心业务，主航道要有战略的集中度；其次就是要有战略耐性，不能看到市场上什么赚钱就做什么，而是要持续投资自己的核心竞争力，纵深投资自己的未来。

不在非战略机会点上消耗战略竞争力。

若干年前，任正非在哈佛商学院做过一次演讲，他提到华为成功的两个策略和方法：一个是战略聚焦；另一个是有战略耐性。

“近年来，我们每年投入上千亿元，大约500亿元投入研发，500亿～600亿元投入市场和服务，持续28年用范弗里特弹药量攻击同一城墙口，密集投资。终于在大数据传送上走到世界前列。应用压强原则，在针尖上取得突破。”其中，“范弗里特弹药量”是一个军事学名词，表示无论对方的城墙多么坚固，只要对准城墙的一点集中投入炮火，那么一定会存在一个临界点。当投放的弹药量超过临界点时，城墙就会被打开一个缺口，而这个临界点就是范弗里特弹药量。

这就是数字化时代的针尖战略。商场如战场，企业成功之道也是如此，要聚焦主航道，厚积薄发。

正如任正非所说的，在数字化的大机会时代千万不要抱持机会主义。在企业资金力量有限的情况下，业务宽度与战略机会点的投资强度是反向相关的，如图 3-21 所示。要在战略机会点上聚集力量，就必须适当收窄业务宽度，避免非相关的多元性，这也是华为一直坚持自己不造整车的原因之一。

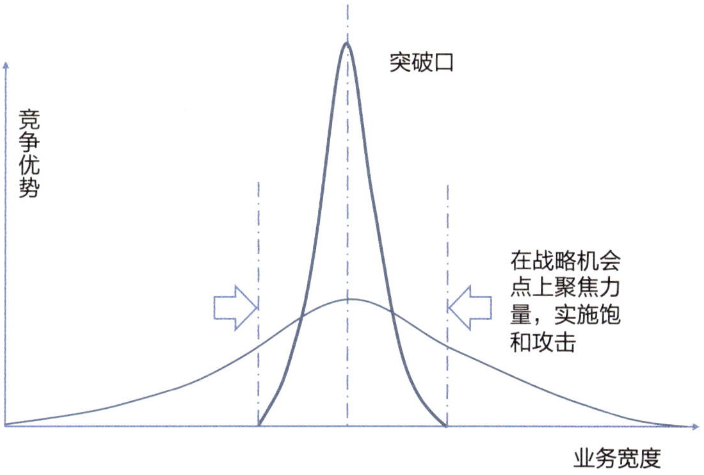

图3-21　数字化时代的针尖战略，聚焦战略机会点，业务宽度与竞争优势成反比

第四章

数字化营销策略

“新物种”的出现

以零售行业为例，随着颠覆性的用户互动方式不断涌现，传统零售商面临着一项艰巨的任务，那就是必须快速转变以往的规模化产品运营模式。

数十年来，以“渠道”为中心的传统观念根深蒂固，从思想上阻碍了零售商的发展步伐。零售企业应该以渠道为中心，还是应该以用户体验为中心？在此之前，还需要思考一个基本问题：我们是否真正了解数字化给用户体验带来的影响？

新零售面临的客户不再是传统的“三高”消费者（高收入、高年龄、高消费），而是新生一代的“新物种”（新时代的人、对新技术感兴趣的人、容易接受新事物的人）。

比如，化妆品公司SK-II以往聘请林志玲、郑秀文等明星作为形象代言人，但是通过数据调查发现，其主要客户群体年龄在20 ~ 26岁。这意味着以往的代言人年龄与SK-II主要客户群体的年龄并不匹配。因此，SK-II根据数据调研结果调整了形象代言人策略，如图4-1所示。

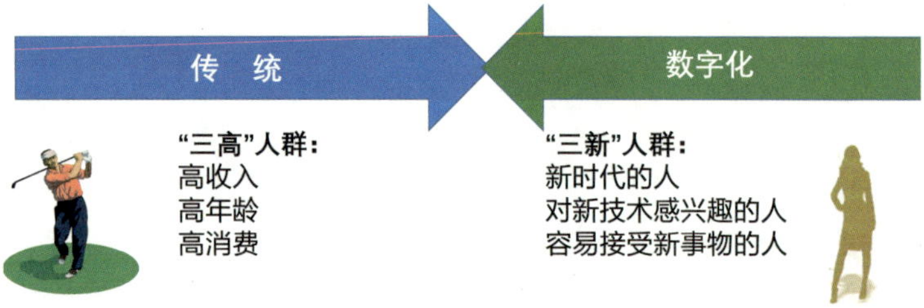

图4-1　新零售面临用户群体的变迁

对于零售厂商来说，他们必须了解，“新物种”跟以往的消费者有很大的不同。他们具有以下几个特征。

①他们会利用社交媒体、私下与亲朋好友聊天等方式分享自己选择的品牌，以此来表达自我。

②他们购物时，只会考虑是否方便、有趣、合适。

③他们行事时，从不考虑实体渠道和数字渠道的问题，因为这无关紧要。

“新物种”是在游戏环境中成长起来的新一代年轻人。这一代年轻人正在逐渐成为零售业的主要消费者群体。

增强现实游戏提升用户互动体验

消费者的现实世界和数字世界碰撞融合，能够迅速催生新的行为，促使当前的商业模式及商品形成规模，快速达到临界值，并产生新的客户互动方式。其中，增强现实游戏宝可梦 Go（Pokemon Go）就是一个非常典型的例子。

案例：增强现实游戏“宝可梦 Go”

与普通网络游戏不同的是，宝可梦 Go 是一款增强现实（AR）游戏。玩家在游戏中对现实世界中出现的宝可梦（精灵）进行探索捕捉、战斗及交换。玩家可以通过智能手机在现实世界中发现（虚拟设置的）宝可梦，随后进行抓捕和战斗。作为宝可梦训练师，玩家抓到的宝可梦越多，就会变得越强大，从而有机会抓到更强大、更稀有的宝可梦。

这款 AR 游戏内设有虚拟商城，玩家可以在这里购买所需的道具，商城以“宝可梦币”来进行交易，商城内售卖（实物的）宝可梦球、孵化箱、背包等各种各样的道具，可以为玩家提供极大的帮助。在游戏中，玩家可以通过各种道具来增益自己，不同的道具会发挥出不同的作用。道具属于消耗品，既可以在宝可驿站免费获得，也可以在商店购买获得。

宝可驿站（又称宝可梦站、补给站）随机出现在游戏地图中的任何地方（一般存在于公园、超市或者其他热闹的地方），它对应着现实世界中的某一地标。宝可驿站每隔一段时间便会刷新道具，玩家可以在此免费获得物品，如宝可梦球、疗伤药与宝可梦蛋，如图 4-2 所示。

图4-2　增强现实游戏带给新生一代的独特体验（来自宝可梦 Go官网）

在增强现实游戏宝可梦GO 中，不仅各种行为和业务模式的规模能够快速达到临界值，而且每一波的速度都比前一波更快，呈现出类似摩尔定律的效应。增强现实游戏正在孕育出新的颠覆性客户互动方式，如图 4-3 所示。

图4-3　从传统游戏到增强现实游戏

注：宝可梦 Go 游戏是由任天堂（Nintendo）、口袋妖怪公司（The Pokemon Company）和谷歌 Niantic Labs 公司联合制作开发的增强现实（AR）宠物养成对战类手游。其中，口袋妖怪公司负责内容支持、设计游戏故事内容；谷歌 Niantic Labs 公司负责技术支持、为游戏提供 AR 技术；任天堂负责游戏开发与发行。任天堂公司为后两者的股东。

从传统零售到“新零售”

新零售厂商正在从增强现实游戏中捕捉灵感，改变与用户互动的方式。新零售厂商以“新物种”为主要受众群体，在线上与线下一体化的应用场景下，通过科技手段感知用户体验的变化，并且通过数据分析和智能判断，提升各个触点的用户体验指数。

“新零售”是指企业以互联网为依托，运用数据智能等技术手段，对商品的生产、流通与销售过程进行升级改造，并对线上服务、线下体验及现代物流进行深度融合。简单来说，新零售以大数据为驱动，通过科技发展和用户体验的升级，改造零售业形态，如图 4–4 所示。

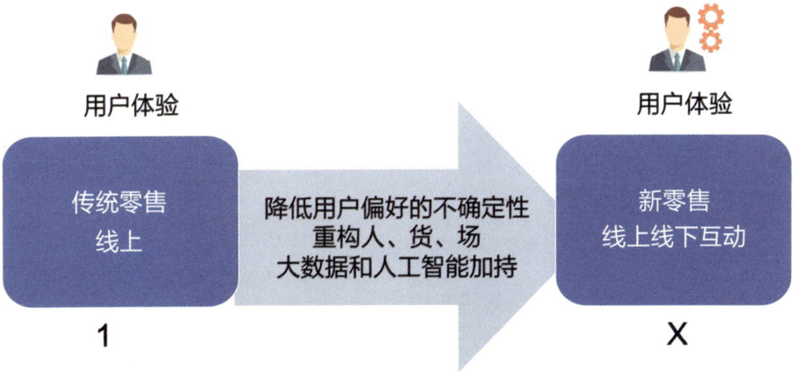

图4–4　零售业的数字化转型

新零售利用新技术去获取和过滤用户在消费和上网操作等行为中产生的各种过程数据。技术手段包括人工智能、物联网、大数据、智能机器人、智能交互设备和社交网络等。在这个过程中，需要进行适当的过滤，以保证数据的真实性、完整性等数据质量要求。

通过这些技术手段，可以获得两种类型的用户数据：一种是消费行为数据；另一种是网络操作行为数据。用户的消费数据反映了用户的动态行为特征，这些行为特征通常会因场景而异，随时随地发生变化。用户的网络操作行为数据（如用户注册、更新资料等）反映了用户的静态行为特征，这些行为特征一般来说不会随时间发生较大的变动。

得到用户的这些静态数据和动态数据后，通过深入挖掘和分析，便可对用户或者潜在的用户有一个全面而深刻的了解。通过大数据对用户进行的了解，可能比用户本人所意识到的还要清晰，可以达到令人吃惊的深度。

就像我们所看到的，现在今日头条和B站上面出现的那些推荐信息，让人体会到大数据对人类潜意识的理解已经越来越透彻了。

通过数据深入透彻地认识客户之后，下一步就要以数字化为驱动力，进行人、货、场的重构，如图4-5所示。

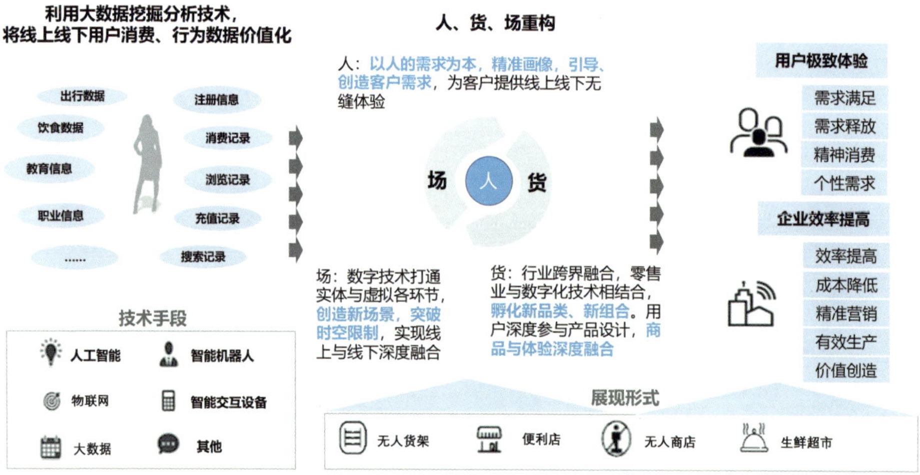

人：指对用户的数字化重构

货：指对产品的数字化重构

场：指对消费场景的数字化重构

图4-5　数字化新零售的典型应用场景

新零售中人、货、场融合的愿景目标是场景无限，货物无边，人企无界。

人的重构要以人的需求为本，对用户进行精准画像，引导、创造出用户真实的需求，甚至是创造新的、虚拟的、精神层面的需求。

货物的重构通过行业跨界，使零售产业跟数字化产业的业务相结合，孵化出产品的新品类、新组合。用户本身深度参与到产品设计中，使商品与用户体验有机融合，从而发掘出新的用户需求。

而场景的重构是以数字化技术打通实体世界与虚拟世界的各个环节，创造新的场景。让虚拟场景和现实场景相互增强。突破时空的限制，实现线上与线下场景的深度融合。让场景化的销售成为新的业务拓展空间。

新零售的数字化转型应该以“新物种”用户的体验为核心，确立明确的用户体验战略。在此之前，要建立起以客户为中心的组织。下面通过一个具体的例子来看看该如何进行新零售重构。

案例：新零售“盒马鲜生”的用户体验设计

前几天我特意去盒马鲜生凑热闹逛了一会儿，体验了一下盒马的商品品类、用户动线、展柜分布和设计、App 交互、品牌设计等。

客观地说，整体购物体验还是可以的，但是早期自动结账机只能使用盒马 App 支付，这让当时的我觉得有点不能理解。阿里一家亲嘛，为什么不支持“亲兄弟”支付宝 App 支付呢?

仔细分析一下，原来盒马采取的数字化战略跟大多数成功企业一样，是聚焦用户体验提升的。围绕用户体验提升来进行线上虚拟商店与线下实体门店的深度融合，以线上的优势来拓展运营空间，带动线下业务提升。

盒马在用户体验战略的基础上，将用户体验设计分为 5 个层次（该模型借鉴了 Web 开发的五层模型，如图 4-6 所示）。

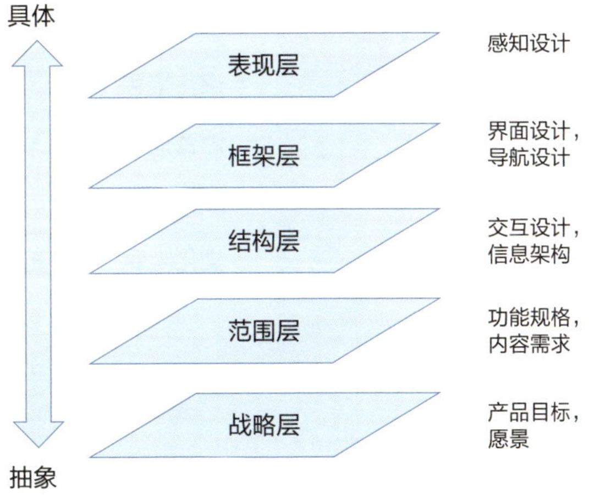

图4-6 Web用户体验设计要素

Jesse James Garrett在《用户体验的要素——以用户为中心的Web设计》中将用户体验定义为产品与外界发生联系并发挥作用的方式，并拟定了用户体验的5个层级要素，从下到上依次为战略层、范围层、结构层、框架层、表现层。通俗来讲，这5层结构定义了一个产品从无到有、从形成概念到到达用户手中形成良好的用户体验所需要遵循的规则。

这个层次结构很像一个洋葱，反映了用户体验和品牌之间的关系，可以用某流量明星和品牌的例子来表达。一位产品经理这样描述他对某流量女明星和品牌的理解：

颜值即正义，长得好看，就是品牌。女明星的美，就像洋葱一样，你看到的只是外表的美，当你把洋葱皮剥开，发现她穿衣打扮的方法、挑选装备的方法都与众不同，这些独特的方法就是技术。当你再往下进一步探索，发现她举手投足以及跟人沟通的方法都有一套标准的行为规范。再往下一层，你发现她的美还来自她独特的微笑所产生的魅力，这相当于服务意识。等你把洋葱剥到最后，你发现品牌的内核就是一个简单的价值观。所有技术的价值，就是给人带来美的享受。用户体验就是技术的终极价值。

盒马的用户体验设计正是遵循了这种5层设计原则，如图4-7所示。

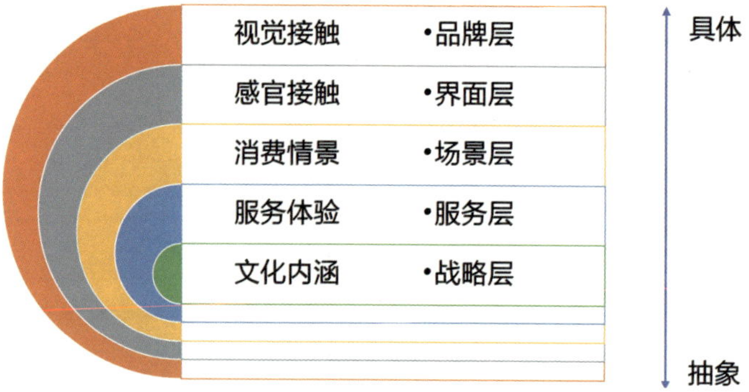

图4-7　品牌的洋葱模型

第一层，对产品和服务的品牌进行设计。在这个过程中，需要对视觉设计进行重构。

第二层，对移动终端的界面进行设计，提升用户的线上体验。

第三层，对场景进行重构设计，包括线上场景与线下场景的融合设计。

第四层，针对实体门店服务体验的设计，在这个过程中，需要对服务进行重构。

第五层，在战略层面进行设计，确立以用户体验为中心的战略，线上线下一盘棋。

1. 品牌设计

一是品牌人格化。盒马以讨巧的方式塑造了品牌形象，降低了人们对品牌的认知门槛，比较容易在消费者心中留下好感，同时搭配趣味化的营销活动和宣传，增加了消费者与品牌之间互动的机会。

二是品牌生活化。除了可爱的河马形象，盒马品牌还传达出一种亲民的、对品质的追求，这是抓住都市人群消费心理的重要因素。让品牌充分贴合目标人群的生活圈和生活习惯，才能聚拢具有共同价值观的消费者，逐渐孵化出粉丝化的社群。这样的品牌认同感是提升转化率和消费黏性的必要条件。

在此基础上利用互联网助力，借用包装互联网品牌（IP）的思路，对品牌这个标签进行线上线下的推广和强化。

具体来说，盒马通过“日日鲜”这个牌子，打造值得信赖的品牌（IP），口号是“日日鲜”，将其细化为“不卖隔夜吐司”“不卖隔夜菜”等。盒马还上线了“盒作社”系统，将门店物料标准化、工具化，为顾客提供方便。

2. 前端的综合设计

这里所说的终端层，是指在多元的线上线下场景中，用户（消费者、店员）为完成任务目标所使用的人机交互终端。盒马的线下终端实际上是一个轻量级的前台，通过持续与用户互动，持续获得用户的反馈与数据。

在支付过程中，用户不用担心不会下载、不会安装。因为盒马有服务人员为新用户提供相应的服务，如店内有免费 Wi-Fi、手把手地教你安装盒马

App 和绑定支付宝等。

将来在用户移动终端中，还可以植入外卖管理、广告导流、云商城等功能，实现多场景的购物体验。

3. 场景设计

盒马用户体验设计的边界从线上的“界面”延伸到了线下的“门店”，这里的门店其实是各种服务场景的载体，主要场景包括门店购物场景、餐饮场景、收银场景、门店工作场景等。

传统的零售场所通常会受到营业时间和营业面积的限制，但实现数字化升级的商家可通过建立线上线下一体化门店、提供外卖服务等形式，对物理空间进行延伸。

针对门店购物场景，进行用户动线规划，可以优化用户体验，如找门店→停车→排队→点餐→用餐→结账→离开，如图 4-8 所示。

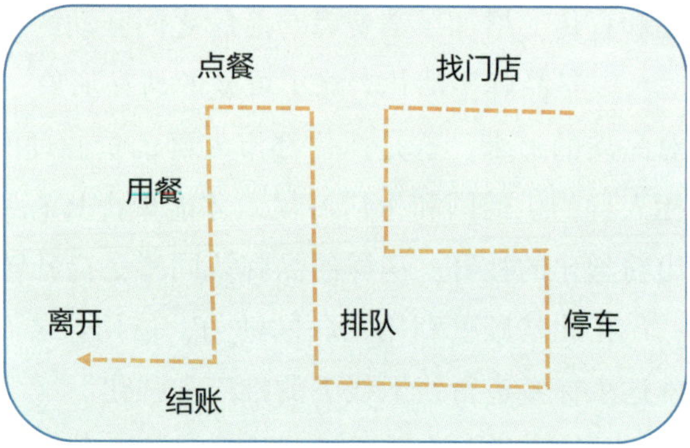

图4-8　用户动线设计，是线下场景的一部分

消费需求和场景，以及线下动线分析，将为用户交付产品与服务的各个环节进行组合贯通，并发挥供应链优势，将产品和服务通过到店和到家两种方式提供给消费者。

4. 实体门店的线下体验

通过实地考察，可以发现盒马的线下门店体验设计有 3 个特点。

第一个特点是堂食生鲜。堂食生鲜的目的是为用户设计“立等可食”的体验和服务，满足了用户的“即时”需求。而且，营造了浓厚的顾客喜欢的“用餐氛围感”，满足了用户的“社交关系”和“情感”需求。以用户体验的提升，建立用户对盒马鲜生商品的信任，逐渐打消用户线上下单可能存在的各种顾虑(盒马的生鲜商品新鲜吗?可口吗?),最终获得用户对其生鲜商品的信任,满足了用户的“可靠”需求。

第二个特点是无条件退货。在盒马买到的生鲜产品,只要不满意,都可以免费退货,快递小哥直接上门来取。执行了这一政策之后,退货率反而非常低。这个政策不仅打消了用户的疑虑,还提高了用户体验和黏性。

第三个特点是盒马 App 自助结账。在早期,当选完商品准备结账时,发现只能用盒马 App 结账,连支付宝 App 都不支持。然而,从盒马的战略可以看出,盒马鲜生的主体是一个线上线下一体化的电商,而不只是线下零售,它的目标是线上收入占大头。这样一看,线下门店是在为盒马 App 导流,而早期将支付方式限制为盒马 App,就是为给盒马线上 App 拉新。

5. 盒马的数字化战略

盒马认为,线上收入应该大于线下收入。线上每天产生的订单大于 5000 个。这其实就是定义了电商必须要有规模效应,因为电子商务有基础的运营成本,只有达到规模效应后,运营才有价值。

3 千米半径内,实现 30 分钟送达。3 千米半径,大约能够覆盖 28 平方千米的面积,30 万户家庭。这个半径范围内,无须冷链运输,又能及时响应,有助于用合理成本建立客户忠诚度。

线上线下一盘棋,满足不同场景的消费需求。线上线下不是割裂关系,而是一个整体。用户有线上的场景需求,也有线下的场景需求,如年轻人喜欢线上消费而家中的老人和儿童喜欢线下消费。盒马要满足不同消费场景需求,将流量池做大才是硬道理。

从上面的例子可以看到,新零售网红“盒马”通过 5 个层次的用户体验设计,体现出了新零售的“5C”法则。“5C”的含义是集结用户、延伸场景、深入用户社群,引导用户产生新内容,通过社交网络口口相传,从而构建以用户体验为中心的传播网络,引爆传播链条。

- Consumer:用户体验感和参与度。
- Context:场景能让营销信息更加深入人心。

- Community：深入目标用户的社群。
- Content：内容是一切营销传播的本质。
- Connection：引爆传播链条。

人：用户数字化

交互设计之父阿兰·库珀（Alan Cooper）最早提出了用户“虚拟角色”（Persona）这个概念。他认为，虚拟角色是现实世界中目标用户（Target）的虚拟代表，是建立在一系列可信数据（消费数据、行为数据）之上的目标用户模型。

通过用户调研去了解用户，根据他们的目标、行为和观点的差异，将他们区分为不同的类型，然后从每种类型中抽取出典型特征，赋予其名字、照片，以及一些人口统计学要素等描述，就形成了一个用户角色的人物原型，也有人称之为用户画像，如图 4-9 所示。

越来越多的公司，如微软、腾讯等，都在以用户画像方法来分析和预测用户的行为。

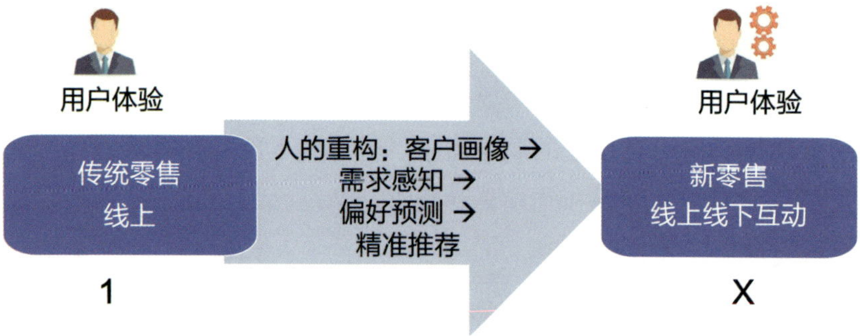

图4-9 人（用户）的数字化重构

为什么要建立人物原型？库珀认为，建立人物原型的好处有以下几个。

①创建通用语言。

②用户不再具有弹性。

③提供目标，不再为世界上的每个人而设计。

④结束关于优先顺序和执行的辩论。

简言之，建立人物原型可以用数字化标签来定义客户，让团队成员在产品设计的过程中能够抛开个人喜好，将焦点聚集在目标用户的动机和行为上，围绕特定人群的用户体验进行产品和场景设计。

因为产品经理为具体的人物做产品设计，要远远优于为脑海中虚构的不确定的人群做设计，过程也更为容易。但是，要特别注意以下几点。

①用户画像要建立在真实的数据之上。

②当有多个用户画像时，需要考虑用户画像的优先级。通常建议不要为超过 3 个以上的人物原型设计产品，这样容易产生需求冲突。

③用户画像是处在不断修正中的。

人物原型需要具备以下几个典型元素。

• 姓名 Name；
• 照片 Photo；
• 年龄 Age；
• 个人 / 家庭状况 Personal details / Family life；
• 收入 Income/Salary；
• 工作 Work / Job details；
• 知识 / 技能 / 能力 Knowledge / Skills / Abilities；
• 目标 / 动机 Goals / Motives / Concerns；
• 喜好 Likes / Dislikes；
• 人生态度 Life attitude。

设计者必须注意，对于手机浏览器用户而言，使用手机浏览器的习惯和用户的生活方式，尤其是喜好、收入、人生态度等息息相关。当年微软为 Office 做的用户画像，就包括了用户的主要活动、使用环境、使用工具等。用户标签的设计如图 4-10 所示。

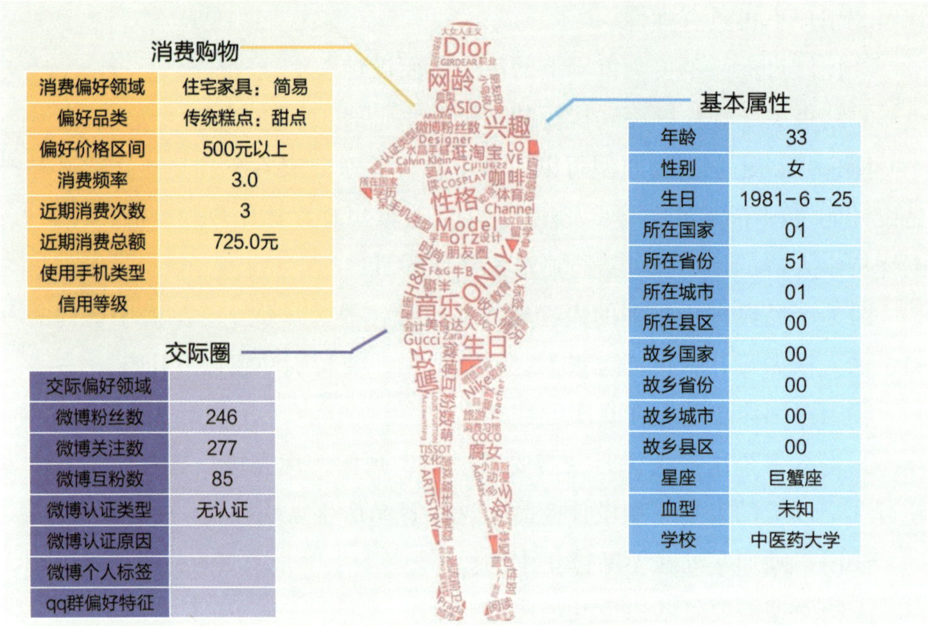

图4-10　将现实世界的人物标签化

早期做用户画像是为了设计产品。现在，用户画像已经有了越来越多的用途。用户画像的作用有以下几个方面。

①产品定制，对服务或产品进行个性化私人定制。

②精准营销，分析产品潜在用户，针对特定群体进行营销。

③数据挖掘，构建智能推荐系统。如利用关联规则计算喜欢红酒的人通常喜欢什么运动品牌。

④进行效果评估，完善产品运营，提高服务质量。这相当于市场调研和用户调研。

⑤用户统计，如中国大学购买书籍人数 TOP10、全国各城市奶爸指数等。

⑥业务经营分析及竞争分析，规划企业发展战略。

建立人物原型数据库，可以先从抽样数据开始，通过移动端 App 系统优化与用户互动体验，逐渐获得大样本调研数据并从中提取出样本用户的特征。在移动端 App 系统再次优化用户体验后，获得更多的全量用户数据，进而识别出全量用户属性，如图 4–11 所示。

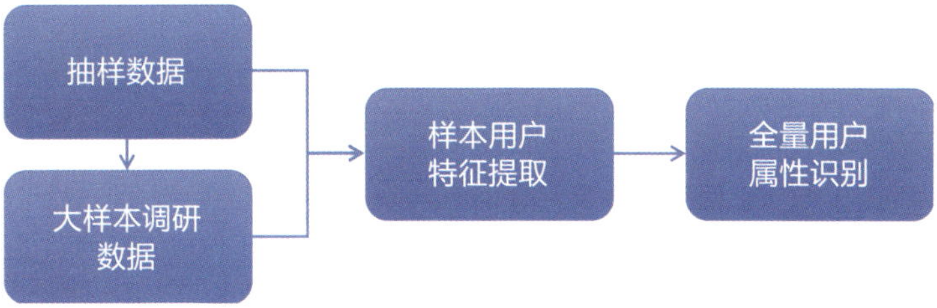

图4–11　从小数据到大数据

对用户属性数据，使用标签可以将数据结构化。标签按照属性的特点来设计。例如，零售商为用户设计人物原型时，可以将一级标签设置为“用户等级”，该标签有两个变量：高端用户或低端用户；将二级标签设置为用户属性，包括性别、年龄、地域、学历、职业、收入等，如表 4–1 所示。

表4–1　用户标签设计实例

一级标签		二级标签					
手机号码	用户等级	性别	年龄	地域	学历	职业	收入
******	高端用户	男	青壮年（25 ~ 40岁）	城市	大学本科	自由职业者	高于 9000 元
******	低端用户	女	中老年（50岁以上）	农村	初中及以下	农民	3001 ~ 5000 元

在二级标签中，用户的性别属性只有两个变量：男或女。主流客户的年龄可以有多个变量，用户在 25 ~ 40 岁这个年龄组共有 16 个变量，50 岁以上人群预留 8 个变量，这样用户年龄属性总共有 24 个变量。用户的地域属性有两个变量：城市或农村。用户的学历属性有 5 个变量等，如表 4–2 所示。

表4–2　标签属性设计实例

属性	性别	年龄	地域	学历	职业	收入
变量数	2	24	2	5	14	6

零售商通过对线上会员数据的分析，为线下实体店提供精准的流量和会员营销服务。依靠线上运营能力，带动线下实体门店的用户体验提升，积累一批更年轻的用户，特别是以“80后”和“90后”为代表的主流消费人群。

移动终端系统根据获取的结构化数据，提供新客转化、会员管理、电子化运营、多元化营销等数字会员管理模式，为商户积攒客流，提高门店的坪效和用户的复购率。

Stitch Fix的精准营销

Stitch Fix公司成立于2011年，是一家从事“个人服饰造型”业务的公司。该公司通过广泛的服饰风格调查（收集数据）为客户选择并邮寄衣服、鞋子及配饰。“造型师”选择的服装越符合用户需求，Stitch Fix赚取的回报就越可观。

正因如此，Stitch Fix开始大力投入数据分析。可以看到，其中的根本驱动力与整个零售业的数字化转型别无二致。可以说，Stitch Fix是零售业数字化转型的一个学习样本，如图4-12所示。

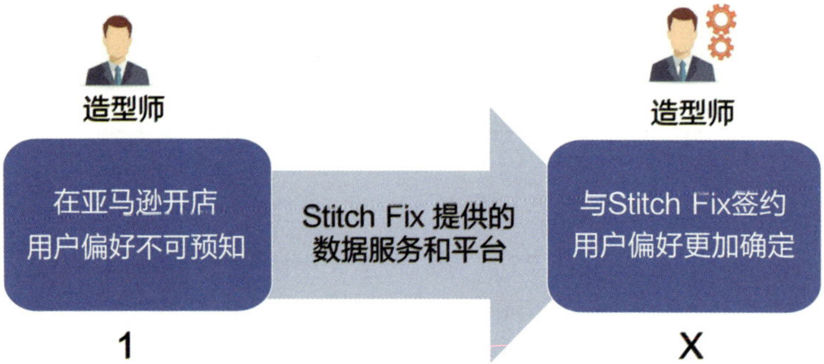

图4-12　Stitch Fix公司如何吸引造型师

Stitch Fix的用户定位为25岁左右的都市白领阶层，因为他们工作非常繁忙，而且没有太多时间去购物。但是这一人群非常喜欢时尚，希望能把自己打扮得漂漂亮亮的。

Stitch Fix 公司创始人兼首席执行官 Katrina Lake 表示，他们公司探索到了零售行业内，他人没有发现的一块“处女地”。

她开始针对新用户开展时尚造型的调研，然后根据收到的信息，提供反馈给 Stitch Fix 在加州和得克萨斯州的 300 多位兼职时尚设计师，帮助他们开发出最适合用户的时尚服饰。他们会给订购用户寄送出装有 5 件时尚商品的礼盒，而且有信心会得到用户的喜爱。

随着公司的发展，Stitch Fix 的创始人 Lake 对未来的发展不断明确，她知道，“没有时间打扮自己的女人非常多”。由于采用了完善的数据收集和分析来指导时尚服饰的营销与设计，公司的用户体验得到稳步提升。不管是待在家里的家庭主妇，还是在职场上的女性高管，都对 Stitch Fix 好评如潮。

Stitch Fix 的商业模式与 Netflix 早期的商业模式相似，如图 4-13 所示。

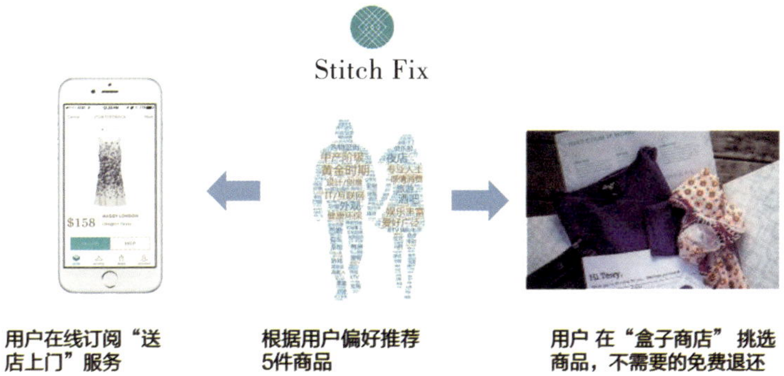

图4-13　Stitch Fix是一家O2O公司

顾客按需订购服装，同时可以选择申请按每月、每两个月或每季度交货。每个盒子中有 5 件货物。如果顾客喜欢配送的某件货物，可以选择以标签价购买；如果全部购买则享受 75% 的折扣；如果不喜欢，则免费退货。顾客可以选择全部退货，也可以选择部分退货。如果顾客没有购买任何货物，则每次需支付 20 美元的设计费。

Stitch Fix 的平均商品单价约为 65 美元。公司期望用户能够接受并保留盒子中的 2 件商品。造型师是兼职的，薪水为每小时 15 美元。每小时造型师能够完成 4 个盒子的设计工作，这样能产生较高的毛利率，以覆盖巨大的运营开销及库存成本。

虽然 Stitch Fix 经常强调造型师和用户之间的私人沟通在整体流程中的重要性，事实上，造型师并不是直接从无数的库存商品中为用户挑选衣服和饰品，而是依赖数据团队的推荐模型，从模型推荐的用户可能喜欢的一小部分商品中进行挑选。

造型师根据推荐的内容，选择 5 件商品放入盒子中，并且会为用户说明为什么选择这几件商品，并会解决用户提出的特殊要求。在准备盒子的过程中，依托算法，造型师能够在有充足库存，并且符合用户尺码和预期价格的商品中进行选择。

随着时间的推移，Stitch Fix 能够根据用户的反馈，建立一个用户喜恶的数据库，从而让用户越来越满意。用数据来增加产品的价值、提高用户的忠诚度，如图 4-14 所示。

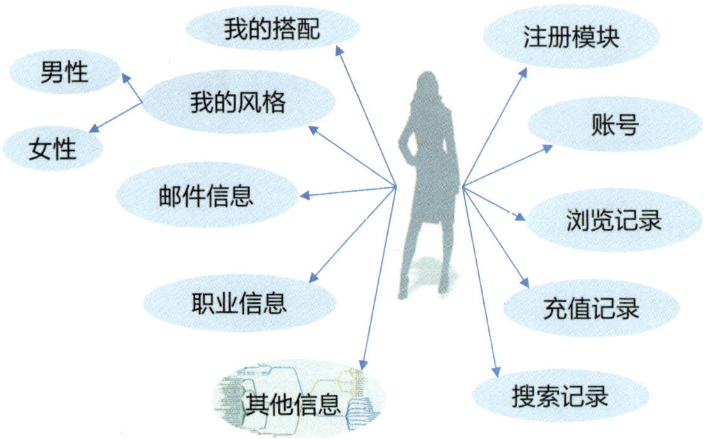

图4-14　Stitch Fix收集用户的消费数据和行为数据，并将数据业务化

库存管理也是该业务模式面临的挑战之一。每次收到盒子，用户有 3 天时

间挑选商品。Stitch Fix 期待用户能够在每个盒子中接受并保留其中的 2 件商品，这意味着剩余的商品会被退回。每件商品在用户购买前，将会被运送 2 ~ 3 次。

因此，为了尽量减少库存持有成本，Stitch Fix 建立了一个分销中心网络，使它能够更快地记录商品的退回，以减少服装周转的时间。在算法层面，模型也能够预测用户的需求，确保在适当的时间拥有充足的库存资源。

除了在系统上进行优化，还有运用营销手段上的技巧。如果用户购买盒子里的所有 5 件商品，便能够享受 75% 的折扣，这样也提高了商品的周转效率。因为很多时候购买 5 件比 4 件更便宜，所以用户愿意收下所有商品，从而有效降低退回率。

Stitch Fix 大力投入数据分析的驱动力，与整个零售业的数字化转型的驱动力十分相似。而如今，零售行业的生存空间正在快速萎缩。

在美国，高达 49% 的日常消费品通过网络在亚马逊上售出，而实体零售商则不断关闭一家家门店，面对电子商务的压力一筹莫展。那么，谁会想到这种通过“套餐”组合将服饰寄给消费者的业务，竟然造就了一个热门的小众市场？但事实证明，购物者并不是不喜欢逛街买东西——他们只是没有时间，或者懒得出门。

另外，Stitch Fix 的一大显著特性并不在于商业模式，而是如何将数字化与现实完美融合起来。Stitch Fix 在一切可能的范围之内使用算法，并取得了巨大成功。

下面，一起来看 Stitch Fix 的数据处理心得，相信各行业都能够从中受到启发。

第一，以饥渴的态度收集数据。所有企业都想要数据，但它们是否为此倾尽全力？ Stitch Fix 就做到了。随机风格服务（Style Shuffle）是一种类似约会软件的功能，只是查询对象从人变成了服饰。作为其随机风格服务的组成部分，Stitch Fix 找到了一种可行的方法，能够从客户群体中快速得到直接反馈。

客户会在页面中浏览到不同风格的服饰产品，向右轻扫（类似于陌陌等约会应用），即可移除不感兴趣的款式。这样，Stitch Fix 得以迅速积累到大量数据，进而更好地理解客户需求。更进一步，能够给时尚行业按照受众年龄与人口分布画出一个热力图。

相比之下，传统企业往往需要更大规模的数据渠道投入，才能获得同样的热力图数据。

第二，对个性化加以规模扩展。个性化定制是客户在数字化转型中的重要特征，Stitch Fix 在这方面同样表现出色。利用随机风格服务，他们已经获得了超过 10 亿个数据点（有效数据字段），290 万客户自愿为其提供信息，这大大增加了 Stitch Fix 公司的盈利机会。

Stitch Fix 在销售服装方面赚取的收入，要比订阅费用更高。同一套餐中令用户满意的服饰越多，收入也就越高。事实上，不少企业在追求个性化的道路上经常“玩过界”，但 Stitch Fix 的客户却很乐意提供关于尺寸是否合身、风格是否协调的反馈，因为他们很清楚这些会让自己的后续购物体验更加美好。

第三，向设计师共享数据。对于创新工作而言，建立数字生态系统所带来的支持能力，将直接决定最终成果。Stitch Fix 通过与众多顶级设计师的合作，成功实现了这一目标。为了能够共享从客户那里获得的宝贵反馈，如今已经有超过 1000 个品牌与 Stitch Fix 达成合作伙伴关系。

第四，利用数据预测指导行动。利用收集到的数据，Stitch Fix 公司不仅能够查看人们购买的产品，还能预测他们接下来可能希望购买的产品。通过创建自己的 Stitch Fix 标签，根据预测性购买分析，设计出最可能取得市场成功的产品。正是这种决策能力，帮助 Stitch Fix 在 2018 财年获得了 12 亿美元的销售额，销售毛利高达 4500 万美元。作为公司创始人，Katrina Lake 当年在哈佛商学院的学生公寓里恐怕很难想象，自己有一天能够取得如此卓越的成绩。

第五，探索将数据广泛应用于其他部门。尽管 Stitch Fix 公司的独门绝技在于利用算法匹配个人时尚喜好，但它也在积极探索其他的数字应用方式。该公司尽可能使用一切可以利用的数据，直到找到最高效的运用方式，从而保证员工能够在时尚储备中挑选出与消费者需求相匹配的结果。Stitch Fix 公司始终牢牢将命运把握在自己手中，一丝不苟地贯彻着将数据主导决策作为运营文化主干的原则。

时至今日，利用数据资源已经不是什么新鲜事物。众多企业都在利用数据发现购物模式，并确保销售与营销活动更符合目标人群的喜好。然而，Stitch Fix 更进一步，决定让数据引导企业，并由此获得了强大的差异性优势。

Stitch Fix 公司正在为零售业的数字化转型树立黄金标准。更准确地讲，Stitch Fix 公司几乎是在为一切行业的数字化转型树立标准，并用实际行动证明即使是在那些看似与“技术”毫无关联的行业中，从业者同样可以利用数据改善用户体验与销售情况。

正如哈雷·戴维森（美国摩托车品牌）经销商开始利用预测分析，更好地识别潜在客户并提高销售额一样，这些公司已经逐渐发现了诀窍，并在数字化转型中取得成功。实际上，它们的经验也吸引到了其他企业的关注。亚马逊（Prime Wardrobe）与 Nordstrom（Trunk Club）等都在从 Stitch Fix 的成功中汲取养分，它们也意识到零售行业中的数字化转型颠覆，可能来自任何一个角落——包括人们早已司空见惯的套餐组合。

场：场景数字化

对于零售商来说，仅仅掌握用户画像数据还不够，还必须对用户所处的场景进行分析，才能准确预测用户的行为。

什么是场景呢？举个例子来说，同一位女性，我们通过人物原型画像发现她 60 多岁。那么在生鲜超市挑水果时，她将选择什么样的水果呢？如果是给自己买水果，那么她对水果最大的要求很可能就是便宜，最好免费，而对水果质量没有要求。如果是给小孙子买水果，那么她对水果的要求一是高质量；二是水果新鲜、营养价值高。在这两种情形下，同一个用户的购买行为是截然不同的。

因此，用户的角色原型要结合用户购物的具体场景综合分析才有意义。在上面的例子中，为自己买水果和为小孙子买水果就是两种不同的场景，如图 4-15 所示。

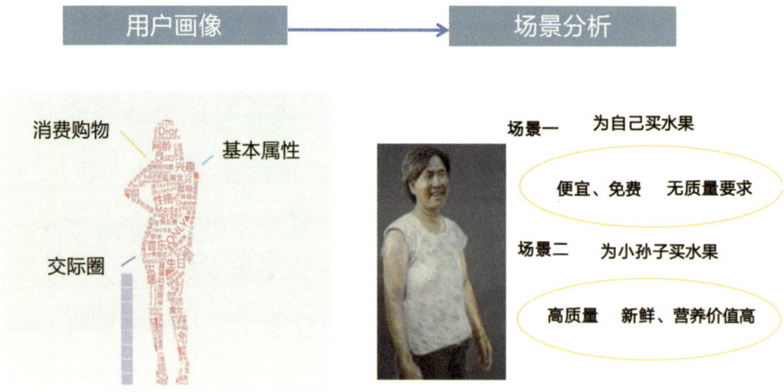

图4-15 从用户画像到场景分析

用户场景分为低端场景、高端场景，线上场景、线下场景，以及线上线下一体化的场景等。增强现实（AR）游戏之所以会受到“80后”和“90后”的欢迎，就是因为这种线上与线下融合，带给了游戏玩家不同于以往的新奇体验。

在商业实践中，新零售厂商首先是注重线下场景的规划与设计。比如，盒马为消费者提供多种类型的消费场景，让内容的组织服务于不同的消费主题。

位于上海浦东新区的盒马集市，整体空间以“逛集市”的概念来组织和布局，相较于传统商超“卖场”的形式，其更强调乐趣。从快速找到性价比高的货品逐渐延伸到怎么能够逛得有趣、买得开心，这也给入驻盒马集市的商家创造了提供附加值的平台，如图4-16所示。

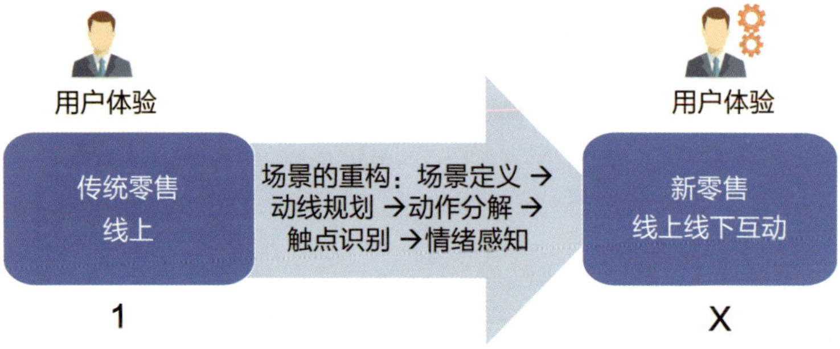

图4-16 场景的数字化

在空间布局上，盒马借鉴了集市大街的元素，动线（注：指人在场景中移动点连接的集合）更为统一，分为主干道和分支，入口和出口分散于两侧，类似宜家。消费者不会像在大卖场仓库式的货品堆里寻找那样晕头转向。对于盒马而言，为了合理引导人流，主题区域的顺序变得可以设计，宣传广告的出场也变得可以安排。

在产品布局上，盒马的各种产品不局限于按产品类型分区，而是按照场景分类。在体验区可以看到各种产品的摆放，充分为该片区的主题服务。例如，盒马不仅有可以吃到活海鲜的水产餐饮区，在其一旁还有烧烤区和啤酒专柜，这些都是由“吃海鲜”这个主题组织起来的。这样随取随吃或者餐中再点，就不会打断用餐体验。

设计师在线上线下一体化设计中，将场景数字化的一个方法，是在用户标签中增加二级标签的场景（Scenario）属性，指明当前用户所处的场景或活动主题。与用户之间的互动迭代，以及不断获取新数据，使场景的内容变得越来越丰富和完善。

货：产品数字化

根据马斯洛需求理论，人的需求是多层次的。因此，一个完善的产品策划应该包括以下几个内容，如图 4–17 所示。

第一层次为核心产品，即产品能够满足消费者怎样的商业需要。

第二层次为有形产品，即产品实物及产品包装，提供基本的功能。

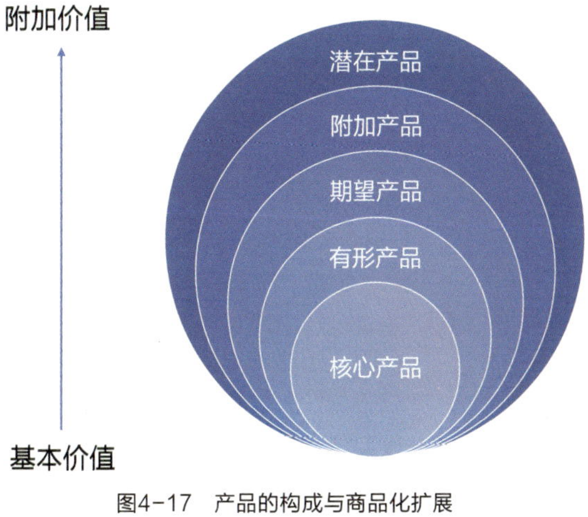

图4–17　产品的构成与商品化扩展

第三层次为期望产品，即在满足消费者核心需求的基础上，能给消费者带来的额外利益，如有效地满足了消费者社交关系的情感需求。

第四层次为附加产品，即产品代表的思想理念、生活方式等，构建产品的独特性及不可替代性，满足了消费者的个性化与社交比较需求。

第五层次为潜在产品，即未来还可以增加及丰富的产品内容。

传统电商局限于在线上为用户提供商品，商品层次单薄。例如，淘宝上的大部分传统电商仅为用户提供核心产品或有形产品，产品的附加值低，电商之间的竞争主要依靠打价格战来完成。虽然将对手置于不利地位，但对自身业务拓展毫无帮助。

新型零售商致力同时拓展线上与线下业务。线上提升的是商品的交易“量”，而线下提升的是商品给用户“质”的体验。线上与线下互补，才重构了商品的形态，提高了商品的附加价值。

以新零售网红 IP“盒马”为例，盒马精心筛选产品品类，进行重新组合，扩大了消费体验边界。

当下“80 后”和“90 后”为主力消费者，其消费的广度、尝鲜的积极性相比老一辈消费者已经大大提升。作为商家，“让产品本身带给消费者新鲜感”已成为刺激消费者购买动机的重要一环。盒马充分把握主力人群的消费心理，通过以下几种方式为消费者创造产品新体验。

（1）产品“新鲜度”的体验：生鲜产品对时效性要求非常高。消费者亲自打捞，拎着水产品送到厨房的流程，很好地可视化了“鲜活”一词，消费者的参与积极性被放大。在蔬菜区，所有包装上都贴了包装时间，从信息透明度上建立了信任感。线上购物只从线下门店出货，30 分钟送到，切中消费者对新鲜的追求。

（2）产品“丰富度”的体验：一些稀有的生鲜品类之所以少见或者价格不菲，主要受限于保鲜问题和运输成本。盒马引入昂贵的物流运输设备，加上信息化管理，解决了这些问题，将一些不常见品类引进门店中，如活体帝王蟹，这不仅让消费者得到了全新的饮食体验，还制造了话题吸引眼球，提升了体验的传播属性。此外，盒马还利用数字产品触及小众差异化需求，用线上预约的方式按需进货和调配，这样通过 App 便可以购买到在普通商超缺失的小众产品，价格也更为合理。

（3）产品“灵活度”的体验：快节奏的都市生活，人们享受着都市服务的便利，对烧饭做菜不再习以为常，更加注重取悦身心，剩饭剩菜也几乎不再留到第二餐。基于这种现象，盒马抛弃低价大量批发的策略，将包装做小，保证一餐吃完的分量，并按加工程度进行分类，各取所需，满足人们不同程度的尝鲜期望，增加烹饪的乐趣，而且免去了繁杂的准备工作。产品的数字化重构如图 4–18 所示。

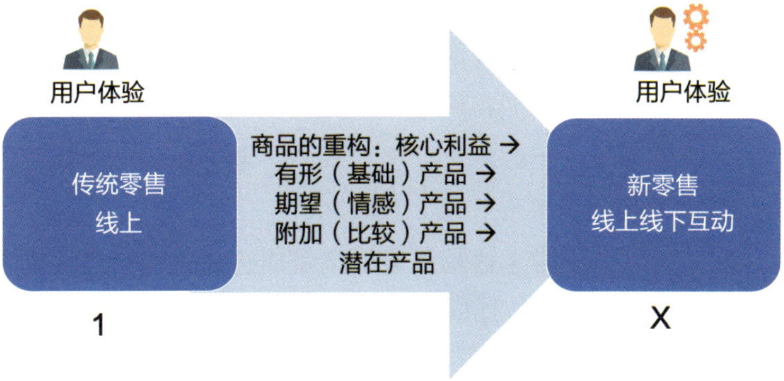

图4–18　产品的数字化重构

盒马等新零售厂商将产品实现线上线下打通，统一管理，结合线下门店场景同步推广营销，实时数据反馈优化产品结构，实现数字化经营。消费者可根据个人偏好从线上或线下购买商品，节省消费者时间。商家通过对产品销售的大数据分析，可以对不同品类的产品进行推广营销，提高店铺坪效和营业额。

基于满足消费者需求、提升消费体验，配送成为新零售场景下最重要的要素，影响供应链和用户直观的诉求。为此，新零售需要对商品提供系统的配送服务。根据数据分析，将配送服务做到更精细化，以最低的配送成本达到最高的配送效率。

线下快消场景中，部分消费者对时效性的要求非常苛刻，从产生需求到消费完成，往往在 5 ~ 60 分钟就必须完成（肚子饿、口渴、买应急日用品等），这就对时效性的建设提出了非常严苛的要求。如果按照传统的电商思路去建设，简单实现线上数字化，没有对时效性场景下创新的追求，是无法满足用户诉求的，这样的改造也毫无意义。

针对这个诉求，近几年电商玩家从切入线下场景开始，对时效性的解决方法是复用线上的打法，就近建立实仓、虚仓（ERP 中的虚拟仓库）。首先这往往需要投入不菲的资金成本。而这样简单粗暴实现的数字化，消费者半小时内依然等不到商品送达，也并没有带来多大的效率提升和成本降低。

即使其确实带来一定程度的体验提升，但和传统的线下零售场景比起来，优势并不明显，且传统零售商业超市和新玩家切入战场的门槛并不高，造成早期线下新零售行业竞争激烈，最早入局的玩家优势很难长久保持，更难以脱颖而出，也形成不了真正的竞争壁垒。很多早期的生鲜玩家扛不住竞争和资金的压力先后倒下。

拿盒马来说，“半小时送达”是通过覆盖周边高人流量的 3 千米选址这一创新理念来解决物流的时效性问题的。

但仅有 3 千米的设计还不够，内部的拣货等流程如果不做重构，在高峰期依然容易爆仓，导致配送服务得不到满足。

因此，盒马业务基本都是通过建设一整套数字化的生产服务链条“用户下单、集单、任务下发、传送带运输、机器 + 人工分批次合并订单、打包出库、履约配送（智能调度、路线规划）”来实现。

这样通过数字智能优化后的流程，完成了线下新零售最重要的一环：从“下单”到“履约”价值链。而这一环的满足，是目前生鲜行业新零售场景下的更优解，也是核心体验的实现能力。

新零售商的库存概念，领先于现有线下零售商店、超市已有的库存系统，基于提升用户体验的标准进行设计。针对需要进多少货、什么时候卖完、什么时候补货，具备线上下单的能力后（这是新零售体验的核心：全渠道零售，如图 4-19 所示）如何平衡好这个关系、如何保持仓库高效运转和商品高效流动等问题，需要进行与以往大不相同的思考和设计。

图4-19　新零售提供了全渠道营销能力

一般的大中型超市门店，普通商品库存量单位 SKU（Stock Keeping Unit）数基本都是上万起，如果按人工进行补货，订货人员需要结合历史销量、库存、供应商日历等指标决定订货量，往往会耗时数小时以上。

商品的补货又可以细分为普通商品和生鲜商品的补货，而生鲜等趋近于日鲜，当日没有卖完的话需要处理掉，这会造成资金损耗，所以对定量的预测需要更为准确。数据智能行业内主要是使用支持向量机（Support Vector Machine，SVM）进行分类和回归分析，使用时间序列进行动态预测，使用梯度提升决策树（Gradient Boosting Decision Tree，GBDT）进行量化决策，构建销量预测模型，大大提高了订货效率，用数据智能提供认知层面的综合业务判断决策，具体实现细节这里不再赘述。

总结一下，零售厂商应该怎么通过产品重构来满足用户对“快”的需求？一般使用九步法定义产品，如图 4-20 所示。

第一步，你的客户群体是谁，比如年轻一代的主力消费群体。

第二步，当前解决方案在用户体验方面存在哪些问题，是不是物流配送较“慢”。

第三步，我们的价值主张是什么，比如盒马提出“半小时送达”。

第四步，解决方案是什么，利用数据智能，线上线下一体化，打通从“下单”到“履约”价值链。

第五步，渠道，是线上还是线下，还是全渠道零售，线上与线下怎么融合。

第六步，预测的收入和盈利。

第七步，分析各项投资和运营成本。

第八步，关键指标，如盒马的半小时覆盖3千米以内区域。

第九步，门槛优势，运用数字化全渠道和数据智能构筑竞争门槛。

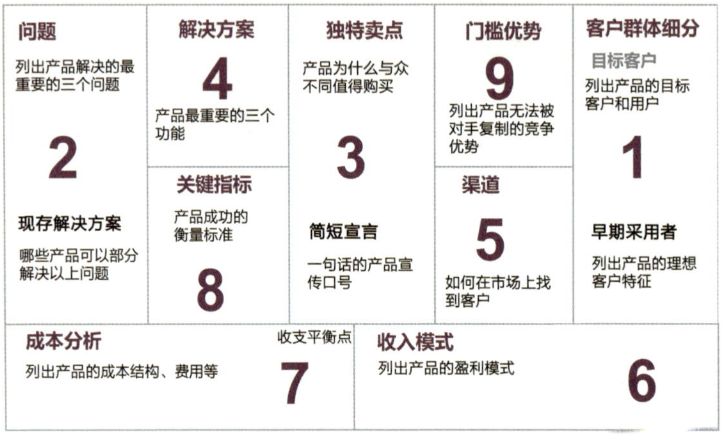

图4-20　快速定义产品的九步法

商品与体验融合

如今零售业中反复被提到的一个主题就是客户体验愿景的多样性，因此需要为顾客清晰描述出统一的愿景，如SAP的五维用户体验模型，或者华为的ROADS用户体验模型。零售商厂商，包括盒马在内，不仅要和传统的竞争对手做比较，更要向开市客（Costco）、优步（Uber）和Netflix等不同行业的客户体验领先者学习，制定和执行明确的客户体验战略。

零售业数字化转型的出发点是确立客户体验战略。

举个例子来说，现在有很多零售企业学习开市客（Costco）采取会员制，也收取会员费。那么Costco会员费的本质是什么呢？

Costco会员费的本质，是客户付给Costco的代购费：你收了我的代购费，就用心帮我去“买”最优质、最低价的商品。做得好，来年我还续费。这才叫以客户为中心。

对于零售商来说，购物不仅是理性决策，更是一种情感体验。新零售网红 IP 盒马能够传递给消费者轻松、舒适和有趣的信息，营造一种安全感与信任感，将商品与体验深度融合，从而打造出自己的特色品牌。

“盒马”的商品与体验融合

盒马深谙互联网的玩法，将品牌人格化。可爱、憨厚的河马形象散布于线上和线下。进入门店，可爱的吉祥物正在与人们互动，统一黄蓝视觉系统让店内看起来鲜亮活泼。

盒马还把服务员称为“小蜜蜂”，广告语俏皮地蹭一下“马爸爸”的热点。有了这样亲切的品牌 IP，让小朋友喜爱，也唤起了“大朋友”的儿时情结。

盒马也把欢乐气氛注入推广活动，入口区域的有奖套圈活动深受消费者欢迎。另外，盒马作为一个新生事物，还在各方面强调“新”和“酷”：随处摆放着各种新颖的自动售卖机、小杯葡萄酒贩卖机；不到几十米就有一个自助结账机，告别了排队等待，即便操作有困难，“小蜜蜂”也会为你解难。

兼具商超和餐饮功能区，盒马在功能上的定义边界已经被模糊化了，但精心打造的 IP 反而能更有效地体现“看到盒马就联想到高品质的生鲜产品和温暖服务”这样的连接，以此吸引追求高品质的消费群体。

人、场、货融合

未来，数字化企业把握市场的唯一出路在于拥抱变化。让依据客户需求演进而进行的创新成为企业的一种常态。

怎么做创新呢？创新的关键在于人，首先要抓住客户这个要素。利用数字化技术来重构人、场、货。人，主要是指企业的客户。场，是指企业服务客户时所处的特定场景。货，是指企业与客户之间交换的产品。通过数字化全重构，实现营销的精准化、场景化、个性化、社交化。

零售创业者首先利用大数据挖掘分析，取得线上线下客户消费数据和行为数据，并将这些数据价值化。这些数据是原始数据，涉及用户的隐私。原始数据在法律上是不允许直接交易的。但是通过大数据和人工智能分析，可以对原始数据进行脱敏处理。同时，通过进一步的数据挖掘，从全样数据中得到更多有价值的信息。

如何从这些数据中进一步挖掘出潜在的价值呢？零售创业者可以从人、场、货 3 个角度来进行挖掘。

第一，从人这一方面来进行挖掘。比如对客户进行精准画像，识别客户的情感和偏好。

第二，从场景的维度，利用数字化技术打通实体与虚拟之间的各个环节，创造新的场景，突破时空限制，实现线下与线上的深度融合。

第二，从货物的维度进行行业跨界融合，零售行业与数字化业务相结合，孵化新的产品品类和新的产品组合。其间，用户深度卷入和参与产品设计，商品与体验有机融合。

结果是用户获得了极致的体验，用户显性的需求得到满足，用户潜在的需求得到释放。同时，用户还可以在一些虚拟的场景下获得精神上的满足和消费，客户的个性化需求也更加容易得到满足。

采用数字化虚拟手段，可以实现场景的无限扩张。货物向精神层面延伸，人和企业之间的边界变得模糊，极大拓展了企业的应变和生存能力，提升了企业跨界融合发展的能力。

数字化营销的表现方式多种多样。以新零售为例，数字化营销的表现方式可以是无人货架、便利店、无人商店、生鲜超市等，用户在线下获得极致的体验，物流速度加快。同时，线上营销和线下营销也得到了深度融合。

以前在工业社会，创业者想要进入零售领域，通常是开一家实体店。到了信息化社会，零售业创业者首先想到的是去淘宝或者亚马逊上开一家网店。

而在数字化时代，零售业创业者一开始就要考虑线上与线下同步开店。

设计用户体验地图

客户服务体验是很多零售建设者容易忽视的数字化要点，因为他们秉持传统的认知，缺乏线下运营经验。

零售场景进行数字化改造后，线下服务质量在初期阶段肯定远低于目前线下成熟的商超百货服务商水准。

所以数字化在用户体验上的核心关注点，是消费者对商品进行投诉后，整理一条自动化服务链路，实现从问题到解决（ITR）流程。如何在第一时间发现问题、理顺问题、化解问题，根据问题的不同和重要程度，由不同的运营人员（在机器学习的辅助下）第一时间（趋向秒级）洞察和分析造成问题的根本原因，并且快速进行业务决策？对于有问题的商品是单门店还是全区域下线？如何避免问题扩散？如何沉淀和复用解决方案？以高标准（高于现有电商的标准）来推进问题的跟踪、赔偿、反馈？以及如何对服务进行满意评定和反馈？这些也是大部分玩家很容易忽视的商业数字化要点。

这些流程实现简单的数字化，初看只是工作量的问题，技术含量并不高，难的是无论线上线下如何建设，目标都是使得客户满意度保持较高水准，甚至是大幅超越现有线下玩家的服务水准，如何就“差评回访、堂吃体验、售后退款、商品新鲜度、商品导购”等进行服务体验的创新提升，是其改造的核心关注点。

为了贯彻用户体验战略，可以用到一种名为用户体验地图的工具。制定用户体验地图的一般步骤如下。

①拆解用户行为。

②识别出各行为节点中与用户交互的接触点。

③分析各行为节点的用户需求。

④分析各行为节点的用户情绪水平。

⑤标注各节点的问题点。

⑥根据痛点探索可行的解决方案。

以餐饮零售为例，用户体验地图（如图 4–21 所示）的制作过程如下。

①拆解客户行为。将用户餐饮消费分解为找门店、停车、排队、点餐、用餐、结账和离开 7 个节点。

②识别出各行为节点中与用户交互的接触点。这些接触点有 App、广告、停车场、餐厅前台、服务员和大门等。

③分析各行为节点的用户需求——即时、可靠、个性化、情感、顺畅。

④分析各行为节点的用户情绪水平。既可以通过访谈打分，也可以从 App 采集到的数据中获取。

⑤标注各节点的问题点。如用户点餐时等待时间较长。

⑥根据痛点探索具有可行性的解决方案。如提前在手机 App 上点餐，免除排队等候。

数字化新零售商通过用户体验地图建模，用迭代的方法动态获取数据，感知用户情绪水平，了解用户偏好，预测用户行为，使商品与体验深度融合，精准推荐，以此来持续提升用户体验。

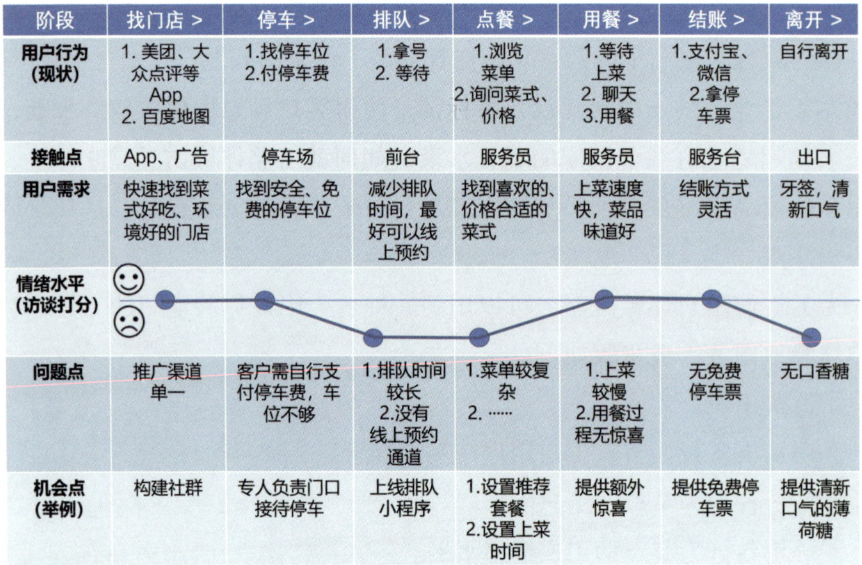

阶段	找门店 >	停车 >	排队 >	点餐 >	用餐 >	结账 >	离开 >
用户行为（现状）	1. 美团、大众点评等 App 2. 百度地图	1.找停车位 2.付停车费	1.拿号 2. 等待	1.浏览菜单 2.询问菜式、价格	1.等待上菜 2. 聊天 3.用餐	1.支付宝、微信 2.拿停车票	自行离开
接触点	App、广告	停车场	前台	服务员	服务员	服务台	出口
用户需求	快速找到菜式好吃、环境好的门店	找到安全、免费的停车位	减少排队时间，最好可以线上预约	找到喜欢的、价格合适的菜式	上菜速度快，菜品味道好	结账方式灵活	牙签，清新口气
情绪水平（访谈打分）							
问题点	推广渠道单一	客户需自行支付停车费，车位不够	1.排队时间较长 2.没有线上预约通道	1.菜单较复杂 2. ……	1.上菜较慢 2.用餐过程无惊喜	无免费停车票	无口香糖
机会点（举例）	构建社群	专人负责门口接待停车	上线排队小程序	1.设置推荐套餐 2.设置上菜时间	提供额外惊喜	提供免费停车票	提供清新口气的薄荷糖

图4–21　应用用户体验地图

"新零售"的数字化中台

基于商业模式构建数据中台

阿里云分享了盒马数字化营销的案例。如果准备做数据中台，非常重要的一点就是一定要懂业务。一些做过中台的人谈到自身感受时说，数据中台很难建。数据跟业务是息息相关的，我们去构建整个数据中台时，首先要对业务有非常深刻的理解。盒马是阿里巴巴近两三年才推出的一种新业务，大家应该体验过，在北京、上海等中国一线、二线城市，都有盒马鲜生门店覆盖。

图 4-22 是阿里云分享的盒马商业模式的架构图，业务主要围绕两点：一个是线上；另一个是线下。盒马的业务虽然称为 O2O，但是比较有意思的一个点是，盒马的 O2O 跟早期的 O2O 并不一样。以前 O2O 的英文名为 Online to Offline，而盒马的 O2O 是什么？是 Offline to Online，目标是把线下的流量引入线上，用线下的体验让用户愿意到线上去购买，并且保证线上的品质跟线下的品质是一样的，不会出现线上是一个电商特供版，看似很便宜，但是拿到的东西和线下不一样的情况。

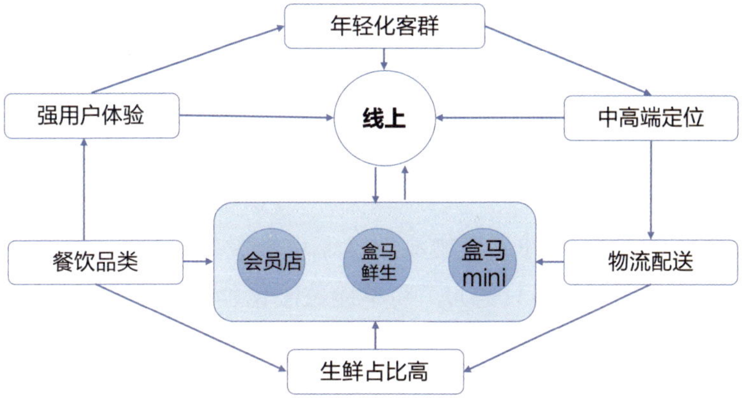

图4-22　盒马商业模式（来源：阿里云案例）

盒马的客户群体也很有意思。他们大部分是以家庭为单位，就像我喜欢在盒马购物，我的父亲和儿子也都喜欢盒马，我是一个线上客户，可以在线上下单。而老一辈人不会用App购物，他就会到线下去购买，他买的东西跟我是一样的。我儿子可能不会购物，但是盒马有餐饮，他很喜欢去盒马吃海鲜，通过这种线上与线下的闭环与传承，来保证业务的持续发展与口碑传播。

在阿里云分享的案例中，确定业务模式后，接下来要进行技术架构的设计，如图4-23所示。其实早期盒马有过一定的纠结，因为发现做零售、做门店、做商超，很多传统的软件厂商有一个现成的软件体系，如ERP、仓库管理系统（WMS）等。那么是不是买一套就可以了？但是当时盒马坚持所有产品技术的业务系统，包括数字化系统都要自建。因为盒马需要对很多传统业务做全面的数字化，包括交易、门店、仓储、运配、采购、供应链、劳动力等。

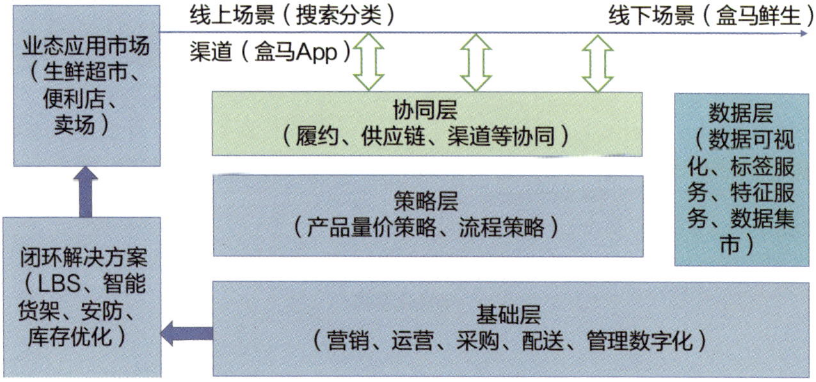

图4-23　盒马技术架构（来源：阿里云案例）

现在传统的ERP软件或者物流软件，也做了数字化，但一个很重要的区别是，盒马做数字化不只是为了简单地数字化、把数据结构化，更重要的是为上层策略层进行一个非常好的服务支撑，盒马对流量、物流履约、流程优化、财务策略提供了非常好的智能化支持。

一些线下有门店的大型零售商超企业，它们也做线上App，但它们的库存线上线下是隔离的。例如，共有100条鱼，它们会预先分配好，线上只卖10条，卖完之后线上就没有了，而盒马这100条鱼是线上和线下先到先得，不会刻意分流。通过这种策略模式，基本上就把整个线下线上的数据和商品全部打通。

另一个很重要的点是刚才讲的一些业务，可以发现，阿里巴巴的很多业务团队原本是分开的，比如菜鸟只负责物流，淘宝只负责营销和交易。虽然目前整个经济体的业务都在走向融合，但是盒马为了完成自己的业务闭环，所有的系统从交易门店、仓储运费、采购供应链到劳动力全部自建，并且能让它们通过一个协同层把所有的业务打通。盒马有生意计划、供应链管理、协同管理、全渠道多业态，并且提供了一个闭环的解决方案。

闭环中非常重要的一点是最右侧的一个数据层，如果没有统一的数据中台建设，则很难支撑整个企业工程。数据层位置如图 4–23 右侧所示。盒马数据平台原理如图 4–24 所示。

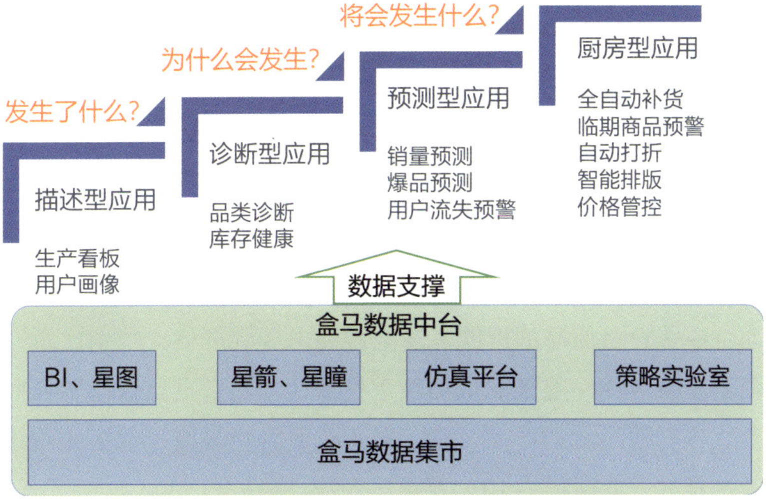

图4–24　盒马数据平台原理（来源：阿里云案例）

通过在阿里云上建设数字化新零售的过程可以发现，盒马跟传统电商非常不同的一点是它属于新零售。零售受自然因素的影响特别大，譬如天气或者节假日，甚至一个交通事故都会影响盒马的业务。针对这种情况，产生了很多预测类的应用，如销量预测。盒马的销量预测是要求到小时，每个小时都要做迭代。还有一些仿真系统，当出现什么问题时，通过仿真系统可以预测到或者感知到有什么样的风险。

还有很重要的一点，盒马有限时预约30分钟送达服务。如果大家买过盒马的日日鲜商品，就会知道商品当天必须卖出，这些情况靠人是绝对没办法完全感知的。盒马的CTO提过，他要求数据中台建设人员把几百张报表全部干掉，把所有通过人看数据发现问题的场景，全部集中到业务系统里面。

譬如日日鲜，当数据中台建设人员发现商品已经卖不出去了，只有3个小时的销售期限了，需要进行打折促销，不需要人参与，通过数据预测，让算法自动去触发打折促销策略，把这种商品卖出去。盒马这些应用其实应该是为数不多的、真正把商业智能（BI）与AI结合在一起的数据中台的应用。

面向客户的数字化营销

数字化营销有两种典型应用场景：一种是面对企业客户的To B的应用场景；另一种是面对消费者客户的To C的应用场景。这两种场景面对的客户都是人，这是两类场景的共同点。然而，这两类场景的客户又存在明显差异。

比如企业客户对商品的性能、安全性要求非常严格，特别注重产品质量要求。而消费者客户一般来说更加注重性价比。本章重点讨论了如何面对消费者客户，进行数字化的产品营销。对于企业客户来说，数字化营销的作用有增无减。可参考前面华为LTC变革。

数字化营销的目标，一方面是让用户获得极致的体验，另一方面是让企业的能力得到提升。将来，To B的数字化营销会变得越来越像To C。

用户享受到极致体验，体现在用户的显性需求得到满足、用户被压抑的潜在需求得到释放。用户在需求得到满足和释放的同时，获得了精神层面的消费，满足了用户个性化、社交化的需求。

前面已经介绍过，用户简化的马斯洛模型分为3个层次：生存需求、关系需求、比较需求。其中，人性的弱点是在层面较高的社交化层次。也就是说，获得他人认可和尊重的这种需求，平常是难以满足的，经常处于饥渴状态。

如果企业通过数字化营销，使用户感觉到受到他人认可、受到他人尊重，满足用户的社交关系和社交比较需求，那么用户在较高层面的需求也得到了满足和释放。比如，用户在海底捞的餐馆，或者在盒马的线下门店，或者接收顺丰快递、使用高端手机和汽车，通常能够获得与其他产品和服务不一样的社交比较体验。

通过数字化营销，首先可以明显提高企业的效率。而企业效率的提高体现在交付进度的加快上。而快速交付同样也提升了用户体验。

其次，数字化带来管理成本、营销成本、物流成本、设计生产成本的降低。

再次，由于企业实现了面向客户的精准营销，提高了营销效率，增加了企业有形的资产和无形的品牌财富。同时，企业的生产变得更加有效，化解了需求疲软、产能过剩等各种由外部环境变化带来的问题。

最后，企业通过价值创造的方式来为顾客和社会服务，从而使自己的路越走越宽，适应性越来越强。思爱普（SAP）公司认为，一流零售客户体验的五大维度是顺畅、可靠、情感、个性化、即时（如图 4-25 所示），跟前面提到的华为定义的 ROADS 体验如出一辙。ROADS 体验的 5 个维度是及时性、按需、全在线、个性化和社交化。

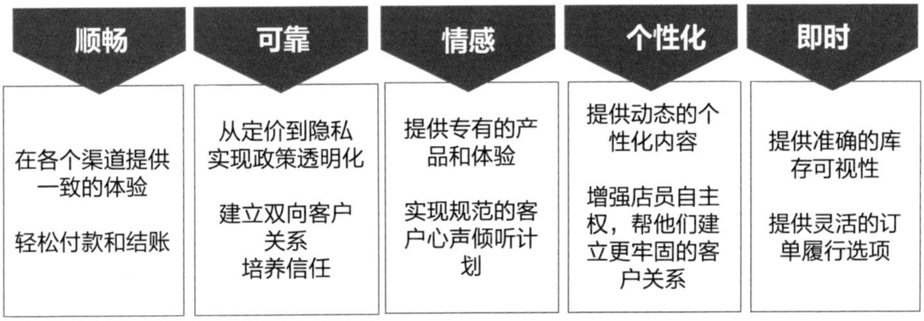

图4-25　一流零售用户体验的五大维度（来源：SAP官网）

思爱普与华为定义的用户体验维度对照如表 4–3 所示。

表4–3　思爱普与华为定义的用户体验维度对照

用户体验维度	思爱普（To C）	华为（To B）
1	即时，快	R 及时性，快
2	顺畅，一致性	O 按需
3	可靠	A 随时随地，全连接
4	个性化	D 个性化
5	情感	S 社交关系和比较

由此可见，面向商业客户的企业对于用户体验的理解，与面向消费者的企业对于用户体验的理解基本上是一致的。这是由人性的共同点基本假设及对马斯洛模型的深入分析决定的。

在数字化时代，以往“以客户为中心”的思维正在向着有更广泛含义的“以用户为中心”演进。不仅是购买产品的客户，企业的供应商、合作伙伴、内部员工和管理者等，也彼此在不同场景下互为客户，统称为用户。

第五章

数字化创新策略

为什么需要创新解决方案

很多企业面临的急迫的问题，往往不是解决 ICT 系统更新的问题，而是尽快建立面向用户的业务流程。通过基于市场的创新，摆脱在红海中低水平竞争的困境。

比如，一家做工业机械手的中小企业，发现同类产品在淘宝上已经有售，并且淘宝上的售价低得惊人，于是这家企业感到深刻的危机。因此，该企业需要进行思维方式的转型，从以产品为中心，转向以用户为中心。瞄准用户痛点，进行解决方案设计和销售，成立相应的营销部门，是企业升级转型的必由之路。

基于市场的创新（Market-Based Innovation，MBI）要求，企业在产品开发流程之前，做好市场管理（Market Management，MM）工作，确保产品开发与市场紧密结合。在这个过程中，解决方案的设计与开发就是其中非常重要的一环。

案例：从销售产品到销售“1+N”场景

海尔智家“三翼鸟”品牌拥有独特的三大核心能力支撑：智家体验云平台能力、全场景能力和“1+N”落地能力，这也是海尔智家能实现场景化营销创新的关键。

首先，“三翼鸟”通过智家体验云平台可以与消费者实时、零距离交互，获得用户需求大数据，知道他们“想要什么”。

其次，“三翼鸟”依据精准的用户需求，联合生态方共同输出定制化的智慧场景、智家焕新方案，满足用户衣、食、住、娱全流程美好生活需求。

最后，“三翼鸟”依托“1+N”的服务体系，可以为用户全流程无缝体验提供落地保障。从设计施工、建材配套到安装调试，一个服务管家全程负责协调对接，无须用户费心跟进。

“三翼鸟”能够实现场景自裂变，简单来说就是方案多而全，用户想要的这里都有。用一句话概括就是“升级智慧家，就找三翼鸟”。

以智慧阳台场景为例，用户除了能通过洗衣机、干衣护理机组成的“洗烘联动”实现衣物即洗即干，还可以定制绿植场景、萌宠场景、阅读场景等方案，仅阅读场景方案，就可以裂变出美式阅读场景、中式阅读场景等方案。

目前，智慧阳台场景已经裂变出休闲、健身、亲子等37个场景，2020年1月至8月，在智家体验云平台已经有26.5万个用户定制了智慧阳台场景方案。

上云：云神经网络

面对一些领先的新能源汽车厂商的颠覆性创新，传统车企如何应对？现在看来，车企建立以用户为中心的战略与组织，实施数字化转型成为应对挑战的唯一出路。

例如，大众通过打造数字化产品，强化“车轮上的数字化设备”的品牌形象，并转型成为软件驱动的汽车公司，以此应对软件定义汽车的挑战。

在服务上，打造行业最优数字化平台 Volkswagen We，基于云技术，将汽车、消费者和服务过程嵌入大众一体化生态系统，形成了数字化客户生态。

最终通过精简流程和整合技术平台，在2025年前缩减30%的生产成本，达到全面数字化的企业目标。

奥迪则主要集中于打造全方位的“数字化体验”，使汽车驾驶更加安全舒适、更加个性化，使奥迪成为消费者数字化生活的一部分。

同时，加大在全产业链方面的数字化转型，使用新的商业模型，打造互联汽车产品和其他数字化汽车增值服务等，目标是2025年营业利润增加额能达到10亿欧元，为营销过程减少8%～10%的成本投入。

在服务上，建立了全面标准的数字化服务，通过建设完善的、通用高效的端到端数字化整合平台，实现在世界范围内提供标准的数字化服务。

宝马公司通过对用户使用数据和需求进行分析，使产品的设计、制造、交付和使用等各个方面都更贴近用户需求，利用数字化挖掘更多市场信息，从而帮助用户得到更好的数字化体验。

采用尖端数字化技术，将价值创造过程的重点从硬件制造转换为软件开发和服务提升，并在规划与控制体系、制造及物流体系等六大领域实现“全面数字化”。

蔚来汽车通过寻找靠谱的工具，完善内部应用，采用全程体验学习型战略，以及持续迭代的敏捷精益方法论，拥抱变化，消除浪费。

运用网络型组织授权、赋能、承诺，打造全栈基层战队，最大限度地应对不确定性。

通过高品质的产品与服务，在每个触点为用户创造惊喜，从而为客户带来超越期待的全程体验。

蔚来汽车认为自己从出生就带着数字化基因，从转型角度而言，首先要从语言上进行改变，语言可以改变思想和行为；其次要做到让所有的用户触点数字化。

尽管各汽车厂家的数字化转型策略会有所差异，大体却是殊途同归。对于传统车企来说，业务融云、上云、迁云势在必行。目前，汽车行业的数字化主要集中在数字化营销、数字化创新与数字化管理3个维度。

（1）数字化营销：丰富用户购车路径中的数字接触点，重构线上线下协同的营销体系，以更低成本更高效地获取用户。通过数字化平台，完善用户购车、用车的全过程服务体系。未来，服务体验的重要性将不亚于驾驶汽车体验的重要性。

（2）数字化创新：通过融合软件、硬件开发，实现“软件定义汽车”；另外，通过研发过程、研发知识、研发工具等的数字化，实现企业内外部的协同研发，缩短新车迭代周期。

（3）数字化管理：通过云、物联网、AI、VR等技术，优化生产排期、物流管理、能耗管理、安全管理、质量检测等的汽车制造环节。

可以发现，数字化转型获得成功的车企，大都具备一定的特质，如以客户为中心，一切为了良好的用户体验，并通过数字化技术触及每位客户和合作伙伴，以数据为新动能，重构数字化时代的核心能力。传统车企的数字化转型思路如图5-1所示。

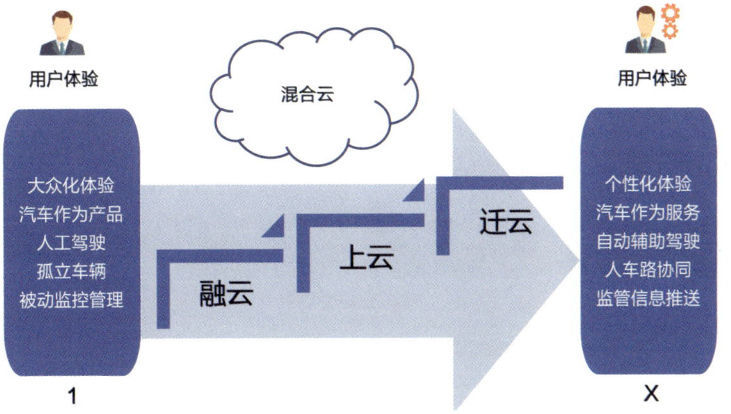

图5-1　传统车企的数字化转型思路

在企业与客户之间的所有流转与连接环节，均存在数字化转型的痛点与需求。在这一方面，华为作为先行者，做出了一些有益的探索。

华为认为：“从华为自身30余年IT的发展历程，特别是近年来的数字化探索和实践中，可以清楚地认识到，数字化转型不是一蹴而就的。企业面对转型，一是要有战略决心，上下同欲；二是业务和技术要双轮驱动；三是

“眼高手低”，对准价值，既从大处着眼，又从小处着手；四是双模 IT，立而不破，既拥抱未来，又适应过去。”

华为的数字化探索和实践经验，为车企 CIO 们提供了一个更加清晰的思路。云、数据和智能三大技术是支撑车企业务创新的核心支柱。用云将车和数据打通连接，并将云上的各种数据智能技术应用于生产、制造、研发、销售等各种场景，才能真正创造出新的能力。

华为云是如何助力车企实现智能升级的呢？经过多年积累，华为云围绕汽车行业全场景业务，提供完备产品和解决方案，帮助车企实现数字化转型。

具体来说，华为云通过面向公有云、混合云、边缘计算 3 种场景，聚焦 3 个平台能力，即应用使能平台能力、AI 使能平台能力、智能数据服务平台能力，最终向上协同支撑车企的各种应用场景，如图 5-2 所示。

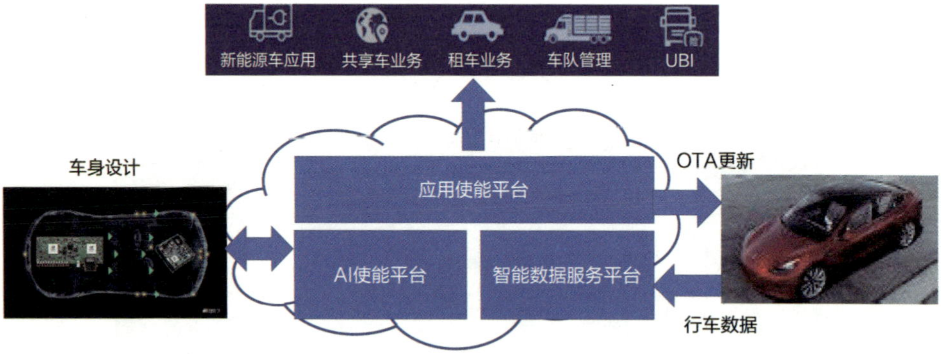

图5-2　华为的数字化车联网平台

其中，应用使能平台能够让企业软件更敏捷，提供面向应用的业务编排、规则引擎、数据分析、可视化、机器学习、IT 与 OT 集成能力，从而帮助客户更有效地应对快速变化的商业环境和业务演进的需求。

AI 使能平台提供了以下 3 种能力。

一是基于开发训练的开发平台，可支持企业面向自身的人工智能训练场景进行模型开发及训练。

二是模型艺术（ModelArts）平台，可使行业通用场景做到界面友好化，让企业 IT 人员能够面向实际场景进行简单训练。

三是 AI 行业算法与模型平台，可为客户提供具体的场景和算法的解决方案。

智能数据服务平台也提供了 3 种能力，即统一的数据存储能力、基于大数据分析平台的数据分析能力，以及基于数据治理的能力。

以中国第一汽车集团有限公司与华为等科技公司的合作为例，中国一汽将原有的应用和华为产品进行了匹配，并且基于华为高斯数据库（GaussDB）和鲲鹏生态重新打造产品，将软硬件产品结合在一起，强化生态发展。

数字平台作为企业数字化转型的引擎，结合最新的技术趋势，从后台到前台，由以下 4 个层次组成。

一是融合公有云和私有云、网络、存储等 IT 基础设施的混合云平台。

二是以云技术为基础的，敏捷化的技术开发平台及工具链，支撑应用开发的快速迭代。

三是以中台为核心的数字化应用服务平台。

四是面向用户的，研发、制造、全业务链的业务应用系统和数据应用场景库。

传统车企的当务之急，是将原先构建在物理世界的能力，包括营销、研发、制造、全业务链等，进行融云、上云、迁云，尽快迁移到虚拟空间。“融云”就是让传统业务被动融入云业务应用，让 IT 系统提高传统生产效率。“上云”就是将人、机、物等生产要素逐渐搬移到虚拟空间。“迁云”就是在虚拟空间打通营销、研发、服务三大价值链，构建虚拟世界的流水线。然后用增强现实技术，带动物理世界的企业能力同步提升。在这个过程中，要注意双模 IT，立而不破，既拥抱未来，又适应过去。

用数：数字孪生与虚拟现实（VR）

如今，数字手段已经被广泛应用到工业与民用建筑设计工程中。典型的就是在工程的方方面面都运用了建筑信息模型（Building Information Modeling，BIM），比如建筑工程项目管理中，设备采购、建筑原材料采购、外包服务等。以往用图纸设计的方法，经常导致信息更新不及时，从而给项目协调和报价带来变数。

建筑工程现场的变更是不可避免的，这些变更有的源于甲方客户，有的源于乙方的工程建设单位，还有些来自设备供应商等。由于图纸信息更新不及时，各方对于工程的理解常常存在不一致的情况。这些不一致导致了很多“推倒重来”事件的发生。

比如，在工程施工过程中，电缆穿墙的位置有可能和化工工艺设备，管道，结构的梁、柱、承重墙体等发生冲突。怎么办？只能把电缆从地里挖出来，重新布线。在物理世界进行这样的变更，会造成工程进度延误、成本上升。越是到工程后期，物理世界的变更带来的代价越大，这也是传统项目管理想方设法要控制变更的主要原因。

采用建筑信息模型（BIM）后，这些问题都将不复存在。得益于数据采集和网络协同技术，虚拟世界的建筑模型始终和物理世界保持一致。而在虚拟世界对建筑模型进行变更的代价，仅仅依赖于模型的数据量和算力。只要网络的数据处理能力足够强大，在虚拟世界进行变更的代价几乎小到可以忽略不计。虚拟世界充分优化后，再反馈给物理世界实施，谋定而后动，极大提高了工业和民用建筑工程的建设效率。

在产品生命周期管理和创新过程中，西门子公司提出了“综合数字孪生体”的概念，其中包含数字孪生体“产品”、数字孪生体“生产”和数字孪生体“性能”的连续映射递进关系，最终达成理想的高质量产品交付。

西门子用基于云的开放式物联网操作系统 MindSphere，将虚拟产品设计映射到虚拟生产。然后，对虚拟生产过程进行调试，调试通过后再进行自动化生产，最终向用户交付个性化、社会化的理想产品。

在这个过程中，西门子用 MindSphere 持续收集数据，然后从数据中获得产品个性化和性能方面的洞察、给出真实的用户反馈，从而不断验证和优化原始产品设计理念。这个数据反馈过程将会在西门子团队协作中心

（TeamCenter）平台上进行，如图 5-3 所示。

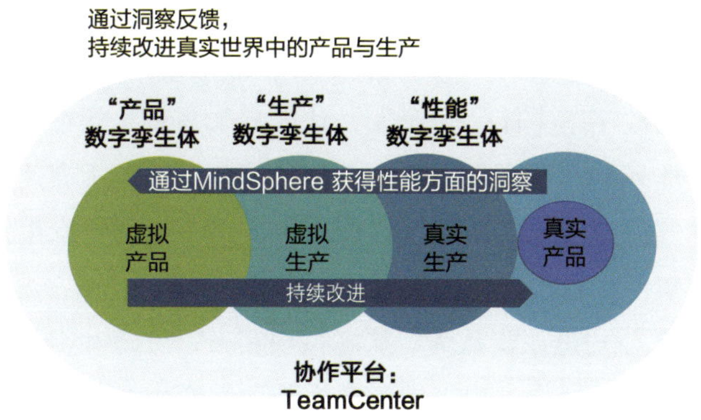

图5-3　西门子公司提出的数字孪生体（来源：西门子）

类似地，立体体验“3D EXPERIENCE 孪生体”是达索公司（法国一家飞机制造商）给出的一个数字孪生体的新概念，着重强调体验一致性、原理一致性、单一数据源、宏观与微观统一。物理孪生体与“3D EXPERIENCE 孪生体”在功能、性能和逻辑上相互对应。

以开发飞机为例，如经过数字验证，“3D EXPERIENCE 孪生体”飞机能飞，物理实体飞机就能飞；再如，研究给患者打退烧针后是否退烧，可给“3D EXPERIENCE 孪生体”虚拟打一针，其产生的效果应与真实世界一致，如图 5-4 所示。

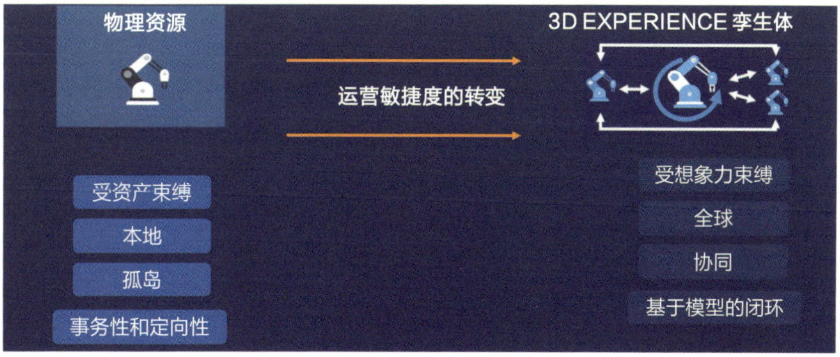

图5-4　达索公司提出的数字孪生体

美国参数技术公司（PTC 公司）对数字孪生体的研究侧重于“数字孪生体 + 增强现实（AR）技术”，让数字孪生体更具有真实感和工作场景感。

例如，在客户购车现场，可以利用 AR 技术在真实车辆的旁边放置一辆几乎一模一样的数字孪生体“轿车”，让客户来参观、评估和体验，甚至在该“轿车”上加载具有高度真实感的虚拟气流，动态显示高速行驶时车身上的空气动力学气流“实况”。还可以按客户要求，给数字孪生体轿车更换车身颜色、车轮颜色或者轮毂样式。

伊萨（ESI）公司进一步认为，从虚拟现实（VR）孪生到混合现实（MR）孪生，是一个逐步发展的过程。虚拟孪生与数字孪生是有不同内涵的。由物理基础模型构建的虚拟孪生，与由真实数据分析和机器学习构建的数字孪生（机器学习模型、经验模型等），二者叠加，构成了混合孪生，如图 5-5 所示。

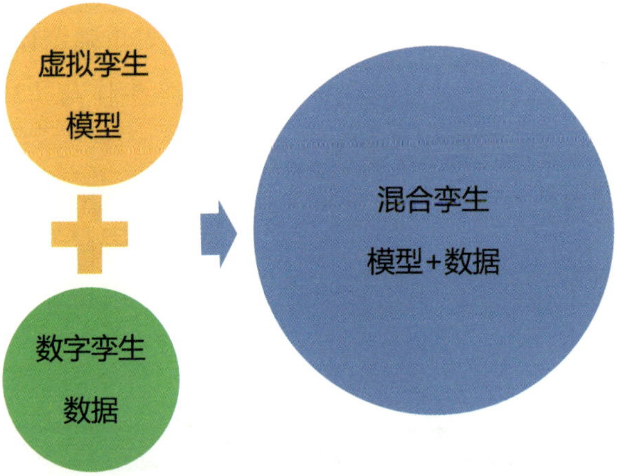

图5-5　从虚拟孪生、数字孪生到混合孪生

在能源行业，新能源的广泛应用，给电网的能源交易方式带来了变革。在数字化以前，新能源发电用户和新能源用电用户不能直接交易，必须通过供电局这个中介才能进行交易。

而供电局在电网中处于相对中心的位置，它需要面对新能源发电和用户用电不稳定的挑战。为此，需要大规模投资储能设备，以平抑来自电源端的不稳定发电，以及来自用电端的潮汐式负荷波动。

传统的以供电局为中心的非市场化的电力市场管控措施，由于信息孤岛的存在，数据更新不及时，导致在电源端大量弃光、弃风（阻止光电、风电等新能源发电并网），这跟国家的新能源政策显然是背道而驰的。

数字化的虚拟电厂很好地解决了这些问题。电力部门通过数字化转型，建立以虚拟电厂为特征的新能源交易平台，新能源电厂和用户之间直接进行电力买卖交易，平抑了负荷波动，补充了电能的短缺，同时符合国家新能源政策的要求。用数字化虚拟电厂形成了一个多赢的电能交易局面，如图 5-6 所示。

图5-6 “虚拟电厂”实现新能源供需对接

案例：石油化工业的数字化油田

Gartner 认为，到 2021 年，一半的工业企业将使用数字孪生。

总部位于美国休斯敦的麦克德莫特（McDermott）国际公司正在创建一个数字孪生体，为客户提供石油和天然气平台设施的计算机模型。该公司设想在预测性维护等关键领域采用“设计双精度”方法，将运营利润率提高 15%。

国内油气行业也在大量使用数字孪生技术。以智能钻井为例，钻井过程中最大的需求是降本提效，而其中最关键的是提升钻速（Rate Of Penetration，ROP）。影响钻速的因素包括地层地质与岩性因素、钻井的钻头因素、井筒的管具组合与动力装置、钻井液的配置、井口的工程施工参数等。

采用数字化技术钻井的过程中，需要考虑不同地层、钻头、管具和钻井液、井口动力系统等多个影响因素，明确钻速与不同参数之间的关联关系。为此，需要采集各种参数数据。以往专家会通过后台调取井口采集到的数据（包含泵压、泵冲数、扭矩等50多个参数），根据多年经验进行判断，以达到帮助地下钻井规避风险的目的。

这种根据个人经验构建公式的传统方式，需要花费大量时间调整参数、适配模型，一旦到了新环境常无法适用，需要重新进行调参。

数据智能的出现很好地解决了这一问题。钻井场景会产生大量的数据，基于业务流程构建，综合了井口实时采集数据（秒级数据）、钻头钻具数据、钻井液数据及地层数据的一个大数据体，而后通过机器学习算法，分析这些数据要素与最终钻速之间的关系，从而获得最佳钻速的预测，如图5-7所示。

最后，根据钻速预测模型，再反向提出钻井参数优化的选项和量化数值。通过人工智能寻找参数之间的潜在关联关系，基于不可变因素的约束调整可变因素。在保证安全的前提下加快地下钻井速度，从而压缩钻井高昂的时间成本，使效率更高。同时，使其能快速适用于不同的操作环境。

图5-7 用物理信息系统（CPS）构建的数字化油田

赋智：人工智能的创新应用

以往人们认为，作为人类创造的工具，人工智能的智力水平很难超过人类。但是，这种情况到了 2016 年发生了根本性变化。人类创造的机器，其智力水平开始超过人类，而且一旦超越，将会把人类甩得越来越远。

为什么程序员自己写的程序，会比程序员本人更加聪明？这是因为人工智能在算法上有了很大的突破。

以往，人工智能算法走的是知识库加推理机这样一条途径，也就是由人类程序员直接告诉软件，在什么情况下应该怎么做。这种方法就是采用“硬”编程方法设计出程序，这样设计出来的程序确实不可能比程序员本人更加聪明。

而 Google 在人工智能围棋程序 AlphaGo 中采用了“软”编程方法，就是程序员不再直接去告诉机器应该怎么做，而是教会机器自己从数据中去学习，即机器学习。现在采用较多的人工智能算法是深度学习(Deep Learning)算法，如图 5-8 所示。

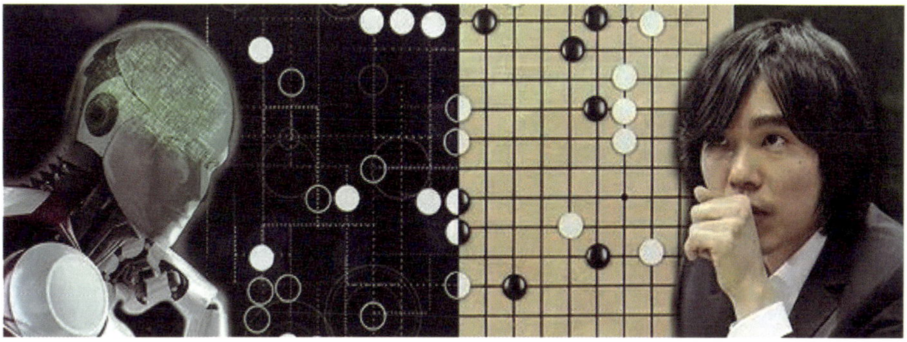

图5-8　机器的智力开始超越人类（右为李世石九段）

在深度学习算法中，“度”是什么意思呢？度就是用于训练机器的人工神经元网络（ANN）的层级数量。每个层级都有独特的“特征”，这些特征对应人类认识世界的概念层次。受脑容量的限制，人类认识世界的深度是有限的。比如，人们认识一个生物，用到了界、门、纲、目、科、属、种 7 个层次，也就相当于7度机器学习。层次再多，人类学习起来就会开始感到吃力。而计算机学习的层次，可以轻松达到128度机器学习，甚至更多。因此，机器的水平在某些局部已经远远超越人类。比如在围棋方面，机器已经可以轻松地击败人类的顶级九段棋手。

AlphaGo采用两个人工神经网络来学习落子：一个是策略网络。它采用了局部最优化的贪心算法。贪心算法是指在对问题求解时，总是做出在当前看来最好的选择。也就是说，不从整体最优上加以考虑，它所做出的仅是在某种意义上的局部最优解。

另一个是价值网络，从全局的角度判断落子的价值。AlphaGo的策略网络和价值网络互相配合，使得人工智能在棋力上超越了人类顶尖棋手。

案例：卷积神经网络（CNN）的应用

手写字符识别中的人工智能算法采用了卷积神经网络（CNN），如图5-9所示。卷积神经网络（CNN）最擅长的就是图片处理，它受到人类视觉神经系统的启发。

CNN有两个特点：一是能够有效地将大数据量的图片降维成小数据量；二是能够有效地保留图片特征，符合图片处理的原则。

目前CNN已经在人脸识别、自动驾驶、美图秀秀、安防等很多领域得到了广泛应用。

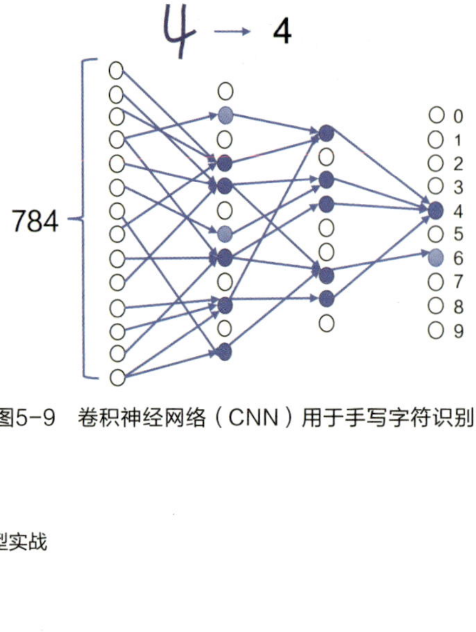

图5-9 卷积神经网络（CNN）用于手写字符识别

案例：递归神经网络（RNN）的应用

递归神经网络（RNN）适用于自然语言处理。

人类每时每刻都不会从头开始思考。当你阅读这篇文章时，会根据自己之前对单词的理解来理解当下的每个单词。你不会扔掉所有东西，然后从头开始思考。你的想法有持久性。

传统的神经网络（如CNN）不能做到这一点，这似乎是一个主要的缺点。例如，设想你想要对电影中每个点发生的事件进行分类，如果运用其他的神经网络来处理就显得非常困难。

递归神经网络解决了这个问题。它是具有信息循环传递的网络，允许信息持续存在。循环神经网络允许信息从网络的一个步骤传递到下一个步骤，因此特别适合自然语言处理，如图5-10所示。

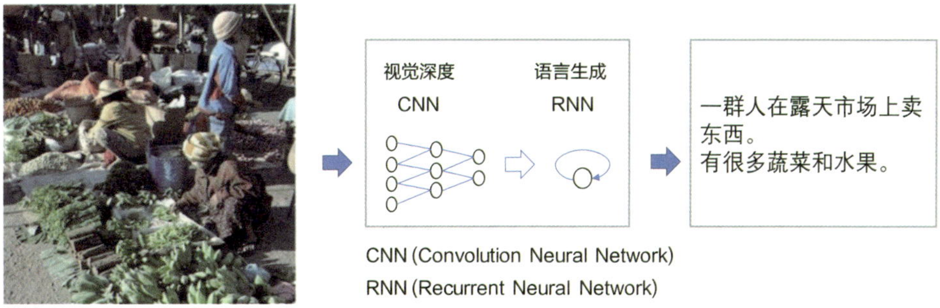

图5-10　递归神经网络（RNN）用于自然语言处理

案例：生成式对抗网络（GAN）的应用

生成式对抗网络（Generative Adversarial Networks，GAN）是一种深度学习模型，是近年来在复杂分布上无监督学习最具前景的方法之一。模型通过框架中的（至少）两个模块——生成模型（Generative Model）和判别模型（Discriminative Model）的互相博弈学习产生。

为了方便读者更好地理解生成式对抗网络（GAN）的工作过程，下面介绍一个GAN的使用场景：生成模型DCGAN（Deep Convolutional

NN for GAN）在图片处理中的应用。

CNN 是深度神经网络的一种，可以通过卷积层（Convolutional Layer）提取不同层级的信息。CNN 模型以图片作为输入，以图片、类别抽象表达作为输出，如纹理、形状等，其实这与人类对图像的认知有相似之处，即人们对一张照片的理解也是多层次逐渐深入的。

那么，生成图像的模型应该是什么样子的呢？想想小时候上美术课，通常会先考虑构图，再勾画轮廓，然后画细节，最后填充颜色，这事实上也是一个多层级的过程，就像是把图像理解的过程反过来。于是，人们为图像生成设计了一种类似反卷积的结构——DCGAN。

DCGAN 采用一个随机噪声向量作为输入，如高斯噪声。通过与 CNN 类似但是相反的结构，将输入放大成二维数据。通过采用这种结构的生成模型和 CNN 结构的判别模型，DCGAN 在图片生成上可以达到相当可观的效果。

在日常生活中，经常遇到一些自己喜欢的图片但分辨率很低，而原图又找不到的情况。现在，生成式对抗网络（GAN）可以帮助人们从一张给定的低分辨率图片恢复出高分辨率的图片。

其基本原理是，假设我们有一个生成模型 G（Generator），其目的是生成一张尽量真实的人脸图片。同时，我们有一个图像判别模型 D（Discriminator），其目的是区分这张图片中是不是真实的人。不断地调整生成模型 G 和判别模型 D，一直到判别模型不能将生成的图片和真实人的图片区分出来为止，那么就可以认为，生成模型生成了一张真实的人脸图片，如图 5-11 所示。

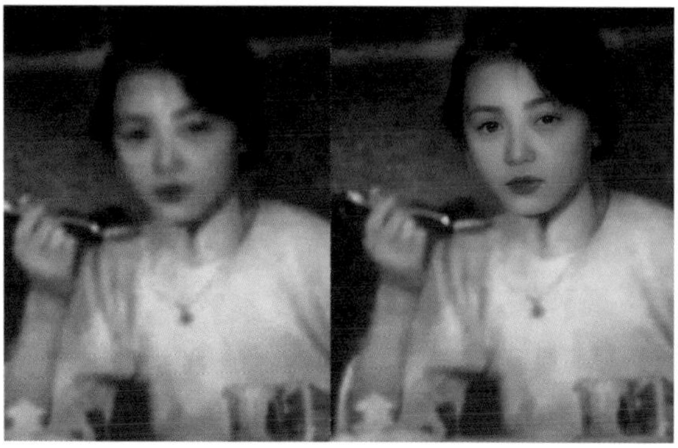

图5-11　生成式对抗网络（GAN）用于模糊图像修复

案例：自主人工智能（机器人、无人机等）的应用

以电网应用为例，传统输电线路的巡检方式是运维人员到现场仔细地对每一基杆塔进行缺陷排查，及时发现运行隐患。这对运维人员来说，是一项十分重要且烦琐的工作。此外，由于电力设施大多地处偏远地区，穿越各种复杂地形且排布分散，因此人工巡检存在效率低、难度大、风险高等问题。

智能巡检机器人集成了多种传感器，综合运用5G无线通信等技术，可对变电站等设备进行全覆盖式检查和远程诊断，对故障点快速定位，拍摄并回传图片视频，并支持交互式对讲，方便人员及时处理，实现智能化运维。

巡检无人机则可以解决空中的输电线路巡检难题，及时发现覆冰、异物、外力破坏等异常情况并发出预警。同时，依靠5G的大带宽及低延时，无人机可以把高清视频实时传输到管理后台，使工作人员足不出户即可掌握设施的运行情况。

人工智能的另一个应用案例是自动驾驶汽车。诚然，现在的汽车自动驾驶还存在很多问题，按照美国汽车工业协会定义的标准，汽车自动驾驶共分5个等级。这5个等级之间的区别如下。

第一等级的自动驾驶（L1）解放了人的双脚，驾驶员不再需要用脚去踩油门。遇到紧急情况，汽车能够自动制动。而在长途驾驶中，汽车能够自动踩油门。

第二等级的自动驾驶（L2）可以解放人的双手，驾驶员的双手可以暂时从转向盘上放下来，但是眼睛必须要看着前方，一旦车辆行驶前方出现情况，驾驶员要果断及时地接管汽车。

第三等级的自动驾驶（L3）把人的眼睛也解放出来，驾驶员只需要保持清醒状态，耳朵能够听到车上播音设备的语音提示，在需要人工干预时才需操纵汽车。也就是说，驾驶员通过语音提示，来判别是否需要对汽车进行接管。

可以看到，第三等级及以下的这种自动驾驶，都不是真正的自动驾驶，都需要人类驾驶员保持紧张状态，随时准备接管汽车。我们称之为汽车辅助驾驶。即使是特斯拉 Model S 现在使用的自动驾驶技术，也只能称为汽车辅助驾驶。

第四等级的自动驾驶（L4）可以真正地让人的思想保持放松，驾驶员可以在汽车里面睡觉，而不需要再保持思想紧张，不需要去考虑是否接管汽车这件事情。

到了第五等级的自动驾驶（L5），驾驶员这个角色都不存在了。车上只有乘客，不再需要驾驶员。

现在美国的科技界有人预测，随着自动驾驶的可靠性不断提高，将来如果突破到了第四等级和第五等级，那么未来很有可能汽车自动驾驶的事故率要远低于手动驾驶的事故率。这样，有可能在未来某一天，会在美国或者世界上其他国家立法，禁止驾驶员驾驶汽车。一旦到了那天，人类也许会怀念今天这样的时代，因为现在我们还能享受驾驶汽车的乐趣，能用自己的双手去掌握转向盘，这是一件多么令人开心的事情。

5G助力数字化创新

在新冠肺炎疫情和国际贸易形势恶化的大背景下，我国在 2020 年年初推出了新基建这一重大举措，预计未来 5 年累计投资将会达到 34 万亿元。

新基建涵盖了 5G、人工智能、大数据中心、工业互联网、特高压、城际高铁和轨道交通、新能源车充电桩 7 个领域的多个投资项目，以及区块链等这些前沿的互联网基础设施建设项目。

新基建为什么在这个时间点出台？新基建出台的背后又有哪些更深的用意呢？

如果想更好地理解新基建，可以先重温一下什么是老基建。老基建是大家所熟悉的“铁公基”，即铁路、公路、城市基础设施建设。

因为货币的本质是流通，而老基建的“铁公基”建设让传统的生产要素流动起来，通过让传统的土地、资本、技术、劳动力等生产要素跨越物理边界进行流动，来带动消费需求和整个国家经济的发展。老基建不断向前推进的进程，也是过去改革开放30多年以来我国财富不断增长的一个进程。

八纵八横高速铁路网及更加密集的高速公路网的建设，使得人才的流动、资本的流动和技术的流动变得越来越便捷，因而社会财富的增长也越来越迅速。

既然老基建这么好，为什么不延续下去呢？

这是因为老基建在快速带动经济发展的同时，消耗了环境资源。而环境资源总体上是有限的，许多环境资源甚至是不可再生的。通过传统的老基建带动经济发展，在让国家和社会居民财富增长的同时，带来了一些不可忽视的负面影响，如高污染、高能耗、高强度劳动等。

以传统的老基建来带动经济发展，这样的经济增长方式是不可持续的。需要跳出传统基建的思路，找到一种新的生产要素，这种新型生产要素的流动不会带来传统经济增长模式所产生的高污染、高能耗、高强度劳动等问题。这就是新基建出台的背景。

新基建通过让数据（其中承载了知识）这样一种新的生产要素流动来增加社会财富，数据的流动效率更高，并且数据和知识的大规模流动不会带来明显的环境污染问题、能源消耗问题和工人工作环境恶化等问题。

从国家层面来说，希望通过新基建构建3张网：第一张是以“比特”为特征的信息网，包括5G、大数据中心、人工智能、工业互联网等，以及区块链；第二张是以“瓦特”为特征的能源网，包括新能源车的充电桩、特高压等；第三张是以时空为特征的交通网，包括城际高铁和轨道交通等。采用这些措施是为了找到一种新的可持续发展的经济增长方式。

5G之所以能够成为新基建之首，是因为5G运用了软件定义网络（SDN）等先进技术，构建了网络化的智慧大脑。同时，通过更加强大和灵活的无线连接，构建了万物互联的数字化底座。5G智能物联网平台将公众物联网、产业物联网、消费物联网同时整合到一个全球接入的标准化大平台上，如图

5-12 所示。

图5-12　5G智能物联平台，将改变社会的生产方式和关系

国家建设了 5G 数字化底座，同时建设了信息高速公路及大数据中心，当然希望有大量的车辆（数据）在高速公路（基础设施）上奔跑。也就是说，要找到足够多的软件和应用，新基建中的 5G 等项目 34 万亿元的投资，未来 5 年才能够显现出投资效率。如果建了这么多数据高速公路，而上面却没有车跑，或者说建了这么多通信基础设施，而上面却没有信息流量的话，那么国家的投资将很难产生预期效果。因此，国家一方面从供给侧推动新基建，另一方面从需求侧来驱动企业的数字化转型。

企业的数字化转型能够更好地拉动新基建，能够有效地提高新基建的投资效率。

以创新驱动成长，防止颠覆

为什么要进行数字化创新呢？因为人类现在处于一个快速变化的时代，它具有易变性（Volatility）、不确定性（Uncertainty）、复杂性（Complexity）和模糊性（Ambiguity）等特征。换句话说，人们处在一个前所未有的 VUCA 时代，如图 5-13 所示。

处于 VUCA 阶段的企业，由于外部的发展环境非常不确定，企业面临着各种各样的风险。比如，突如其来的新冠肺炎疫情就让整个世界发生了不可逆转的巨大变化。

2020 年，对于所有的中国人来说，都是一个非常难忘的年份。

新冠肺炎疫情，再加上逆全球化的双面夹击，造成油气行业市场需求的急剧萎缩。供给规模的相对稳定和需求规模的快速下降，导致国际油价急剧下滑，如图 5-14 所示。

图5-13　未来更加易变、不确定、复杂且模糊

图5-14　原油期货价格跌破0美元，预示着更多的危机

国际油价的剧烈波动对于油气行业来说是一个不小的打击，给油气行业带来了从未有过的危机。原油期货跌至负值，拉开了新能源革命的序幕。从全球范围来看，油气行业的升级转型在所难免。

对于油气行业来说，如果不进行数字化转型，还是沿着传统的老路继续往前走，那么前方等待我们的就是一个冰山密布的海洋。油气企业这艘大轮船说不定什么时候就会触礁沉没。数字化转型是油气行业挽救自身，实现业务可持续发展的必由之路。

现在，欧洲和中国的油气企业，如意大利的埃尼公司，以及中国的中石油、中石化、中海油都已经启动了数字化转型的进程，并且取得了阶段性的成果。比如，用物联网和数字孪生技术构建数字油田，提高海上油气开采效率，并且用区块链来进行石油交易结算，在数字化业务运营和石油金融领域已经取得了不俗的成果。

据《中国石化报》报道综合分析，数字革命给油气行业带来空前严峻的挑战，同时也带来新的机遇。不同的石油公司根据自身特点，在数字化转型时采用了不同策略。

第一类是公司全力押注数字技术。其中包括英国石油公司、意大利埃尼集团、马来西亚国家石油、挪威国家石油、澳大利亚伍德赛石油等。这类公司的数字化业务负责人通常是集团公司或者上游公司的首席执行官。这类公司往往投资上亿美元进行整体数字化改革，拥有宏大的愿景。它们设定快速回报的目标，非常关注数据质量和集成，而且多与战略伙伴合作，如英国石油公司和通用电气合作，挪威国家石油和埃森哲公司合作。执行这一战略，短期效果往往不明显，目前总体回报率较低，但这些公司更关注长远目标。

第二类是公司由职能单元牵头实施数字化转型。其中包括埃克森美孚、沙特阿美石油等。这类公司的数字化业务负责人通常是职能单元的领导，如主管钻井或者生产的总裁等，由分散的职能部门驱动进步，进行轻度整合，如形成公司内部数字化及智能化（工业 4.0）整合，目前总体回报率中等。

第三类是公司业务单元牵头实施数字化转型。其中包括雪佛龙（Chevron）、康菲石油、壳牌等。这类公司的数字化负责人通常是业务单元的领导，由某业务单元（如重油、深水油田、非常规油田、液化天然气等）的运营部门推动数字化发展，关注特定的痛点及机遇，将分立的资产整合，目前总体回报率较低或中等。

第四类是独立的中小型公司。这类公司包括戴文能源、马拉松石油、西方石油和澳大利亚桑托斯公司等，数字化成效已是决定这类公司生死存亡的关键，负责人通常是区域的总裁、首席技术官或者首席信息官。巨大的成本压力驱动这些公司在可以获得快速回报的分散领域中（如人工举升采油、钻井等）应用数字化技术，它们通常与外部公司合作，目前收效最明显。

不同的发展策略，对公司的影响还不能完全确定（存在未知数“X”）。目前判断数字化发展策略的最终赢家还为时尚早，但可以明确的是，那些推动数字化创新的独立中小型公司可以为自己争得生存的空间。

目前，机器人、无人机、无人驾驶车已渗透油气行业，如油罐清洁机器人、运维机器人、无人监测等技术已在生产中得到运用。数字孪生油田及远程分析监控也成为油气行业实现降本增效的重要手段。

据报道，某国际大型石油公司将日产石油 115 万桶的 8 个深水石油生产平台通过数字技术进行连接，工作效率提高了 5% ~ 6%，油气采收率提高了 1% ~ 2%，用工减少了 25%，运维船舶减少了 60%。

中国油气企业已在勘探、开发、设备制造、商务贸易等领域开展了数字化示范项目。中国石油的油气生产物联网（中石油 A11 标准）项目在 7 家油气田开展了试点工作，完成了 5000 余口油气水井、200 多座站库的前端施工。5 个已完成验收的试点油气田，累计减少一线用工 2100 多人。

油气行业人士已经清醒地认识到，2020 年发生的“黑天鹅”事件，深刻地影响到油气行业的未来。石油经济或将长期存在，但它在整个经济结构中的重要性已不同往日，“数智化转型”（数字化加智能化转型）才是石油和天然气工业的未来。

同样，对于其他企业来说，外部环境的变化是永恒的。世界上唯一不变的就是变化。整合风险管理和把握机会的能力成为决定企业持续健康生存下去的关键能力。

第六章

数字化管理策略

数字化时代的人力资源管理

数字化转型必须为用户创造价值，必须回归业务，这一点已经逐渐成为企业共识。数字化赋能是以创新和价值创造行为驱动企业发展。为此，企业在转型思路上应该先人后事，通过组织柔性化，以及员工之间的心智协同，来激活组织和员工，应对未来的各种“黑天鹅”事件，在大致正确的方向上让组织充满活力。

企业数字化的动能源于数据。而数据的服务对象是人（客户），数据业务的创造者也是人（员工），在员工与机器（或机器人）之间的关系中，员工的作用依然是第一位的。在数字化时代，员工依然是企业最宝贵的财富。正如《天下无贼》电影中葛优的一句经典台词所说的：“21 世纪什么最贵？人才！”

企业中真正面对客户的，大部分还是企业的员工。企业中负责创新数据业务、创建数据模型、优化用户体验的，仍然是企业的员工。

如何重构企业组织

做得比较成功的传统企业，员工都会得到有效的管理。那么，在数字化企业中，如何有效地管理员工呢？大多数管理者的第一直觉是进行绩效管理——用关键绩效指标（KPI）或目标管理指标（OKR）考核的方式去管理员工。还有些管理者希望通过绩效考核，给员工创造一个相对公平的环境。

显然，这种想法是一厢情愿的。企业中永远没有所谓的绝对公平，甚至从某个角度来看根本就没有公平（尽管企业管理者仍然必须通过治理手段，如制度和文化，来创造相对公平）。企业是一个追求效率的非线性系统，管理的精细化只会把企业带入死胡同，因为精细化管理就意味着管理成本的指数级上升。

日本的索尼（Sony）公司就是一个典型例子。索尼公司的绩效考核做得非常好，但这样做的后果，就是员工丧失了在工作中的积极性和创造性。久而久之，员工成为流水线上的一个个机器人，最终导致了索尼公司的衰落。

可能有人争辩索尼公司这个例子没有说服力，那笔者可以再举一个亲身经历的例子。曾经有一家软件公司，用代码行数来考核员工绩效，但是软件工程师轻而易举把这条 KPI 给破解了。他只需要把原来的一行代码拆开，分成三行代码来写，精心设计的代码行数这条 KPI 就成了摆设。

还有一个例子是诺基亚（Nokia）公司。诺基亚的管理曾经可以说是无懈可击的。它凭借自己的优势，一度占据了全球手机市场 80% 的份额。但是随着智能手机的崛起，诺基亚逐步丧失了自己在手机市场的霸主地位，最后沦落到手机业务被美国的微软公司以低价收购的境地。诺基亚的董事长在收购会上落下了眼泪。她说了一句话，非常发人深省："我们没有做错任何事情，但是我们输了。"

员工管理远远不是绩效考核那么简单。总的来说，企业是一个生命体，而不是一个精密的机器，如图 6-1 所示。

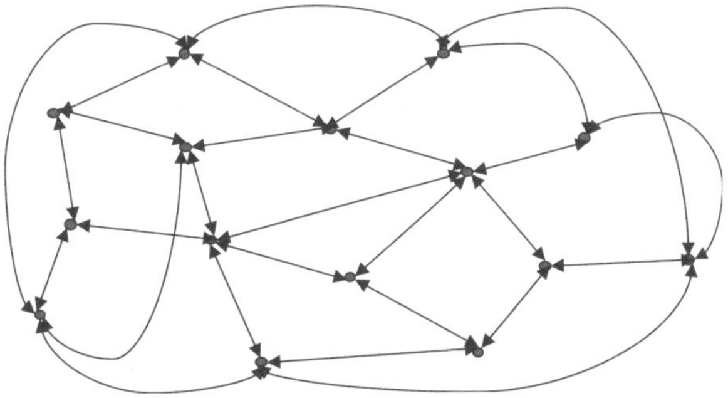
图6-1　柔性化组织不再是一个机器，而是一个网络状的有机体

因此，传统企业做得比较成功的，都有自己独特的企业文化。通过文化的熏陶，让员工形成以客

户为中心的自觉意识和行为，从而获得商业上的成功。那么到了数字化时代，企业的文化又需要进行哪些方面的转变呢？

从华为的经验来看，数字化时代的企业更需要建立类似“狼文化”的敏捷（Agile）文化。狼的三个特征是捕捉机会的敏锐嗅觉、以结果为导向的进攻精神和团队协作。

首先，传统企业主要是通过预测式的市场分析和瀑布式的开发计划，来管理市场机会。而数字化企业则通过员工之间的心智协同，以个体的创造性，以及个体与个体之间的沟通，来捕捉市场机会，应对市场的不确定性。

其次，传统企业倾向于以过程为导向，约束员工遵守各项规章制度和业务计划。而数字化时代的企业则倾向于以结果为导向，认为只有完成了工作（Done List）才具有价值，并且使员工的工作可视化、并行化，方便员工的自我管理及员工之间的沟通。让员工自我管理的思想源于精益（Lean），即把员工的时间和创造性当作企业最宝贵的资产，而不仅仅把员工当成只会按照指令办事的机器。

最后，在员工协作这件事上，传统企业整合员工采用的是层级制做法，下级无条件服从上级。而数字化企业转变了员工之间合作的方式，更加强调小团队的作用，强调员工之间的沟通和协作，强调小团队和大平台之间的协同，以此来达成员工和企业之间的双赢。

数字化企业通过营造更加健康的工作氛围，鼓励更加轻松的工作形式，探索更加有效的沟通方法，采取更加灵活的协作架构，激发更加积极的创业心态，来实现员工的自我组织与自我管理。

随着个性化时代的到来，传统的大规模生产和大规模交付的方式，正在逐渐被小批量交付、持续集成（Continuous Integration，CI）和持续交付（Continuous Delivery，CD）所取代。

在持续集成、持续交付的过程中，时间上存在着严格依赖关系的计划（Plan）被彼此之间没有依赖关系、可以并行化开展的待办项（Backlog）取代，客户需求被形式更加简洁的用户故事（User Story）取代。这样，数字化企业可以以任务（Task）为单位，设计出一种更加颗粒化的业绩衡量方式，让员工可以根据自己的能力和精力，量入为出，主动挑选工作任务，弹性安排自己的工作时间，保持自己的投入和产出之间的动态均衡。

在这种灵活的绩效衡量方式下，设计者和开发者的工作就像自由职业者一样，可以选择多做一些单子，也可以选择少做一些单子。如果时间和精力允许，员工就会尽量多拿单。但如果员工当天有事需要外出，也可以选择请假。因为员工不再是被分派工作（Work），而是主动去挑战任务（Task），所以员工的创造性和工作热情被充分激发出来。

从企业的角度来看，让员工的工作更加有挑战性、创造性、灵活性、柔韧性，不是削弱了企业的竞争力，而是强化了企业的竞争力。

案例：Supercell如何做爆款

芬兰的游戏公司 Supercell 倡导以小团队模式进行游戏开发，一般来说由两个员工或者 5 个员工，最多由 7 个员工组成独立的开发团队，称为 Cell（细胞），这也是公司名 Supercell（超级细胞）的由来。团队自己决定做什么样的产品，然后用最短的时间推出产品的公测版，看看游戏是否受用户欢迎。如果用户不喜欢，就立即放弃这个产品，再进行新的尝试，其间几乎没有管理角色的介入，如图 6-2 所示。

这家公司曾在 2015 年手机游戏排行 Top10 中占据榜单大半江山，2016 年腾讯以 86 亿美元收购了员工仅有 200 人左右的 Supercell 公司 84.3% 的股份。

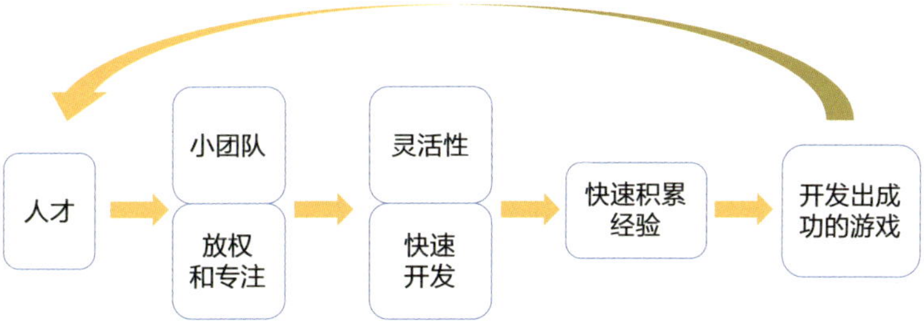

图6-2　柔性化组织助力Supercell创新

Supercell于2010年成立于芬兰，总部位于赫尔辛基，在美国、中国、日本和韩国设有分支办公室。

至2017年，Supercell成立不过7年的时间里，它正式发布4款游戏。Supercell这4款游戏的每日活跃用户数量（Daily Active User，DAU）达到1亿，追平了腾讯旗下所有游戏的每日活跃用户数量之和。

Supercell是芬兰的纳税大户。2016年，Supercell向芬兰政府贡献的公司税和个人所得税超过10亿欧元，芬兰个人所得税缴纳最多的10个人中，有7个人出自Supercell，共计缴纳个税1.235亿欧元。213人创造了芬兰GDP的1%：2016年，Supercell员工数量为213人，公司收入为23亿美元，这已经是芬兰GDP（2385亿美元）的1%了。Supercell的敏捷转型如图6-3所示。

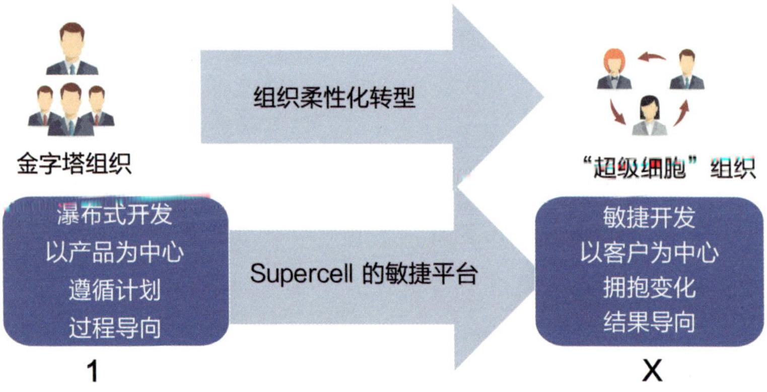

图6-3　Supercell的敏捷转型

2012年5月和6月，Supercell的两款游戏《卡通农场》和《部落冲突》接连上线，并在短时间内一举冲至全球各地区App Store畅销榜前列。自此，关于Supercell公司成功的原因就被议论不止。

Supercell的CEO埃卡·潘纳宁（Ilkka Paananen）也曾在诸多场合分享其成功经验，他的一句名言在游戏行业也流传多时："我们会为每一次失败而开香槟庆祝！"

Supercell共发布过4款产品，而且每款都是爆款，且经久不衰，《部落冲突》和《皇室战争》至今还稳居美国的App Store畅销榜前十位。因此，有人发表评论说："Supercell是不是已经掌握了手游获得成功的秘诀了？"

其实不然，Supercell每款成功的游戏产品都是建立在大量失败的被砍掉的项目之上的，这也刚好印证了前面Supercell的CEO埃卡·潘纳宁的那句经验分享。

1:10就是每款Supercell发布的产品与之前被砍掉的项目的比率。追求小而精的团队是Supercell的目标，而为了保持小而精，组织就不能在盈利能力不足的产品上投入太多的精力。因此，在测试期不能成为爆款的产品就会被砍掉，然后盘点并从中吸取经验教训。最后留下来的、指标能达标的自然就是能够成为爆款的产品，如图6-4所示。

图6-4　爆款产品的秘诀

炸开人才金字塔

在工业时代，人才金字塔结构的优点显而易见，有秩序、有层级、分工明确、效率高。然而，在数字时代，这种封闭的、内生的人才金字塔结构不利于创新，而且因为金字塔塔尖细小，容不下更多人才。

把人才金字塔的顶部炸开，无限扩大外延，才能使内生领军人物辈出，外延天才思想云集。人才在哪儿，资源在哪儿，企业就在哪儿。尽可能地为人才提供合适的场景、条件、机制来激发创新，这也是企业的创造力之源。

一些炸开了人才金字塔、构建面向数字化时代的自适应组织，取得了非常好的管理效果。自适应组织具有以下五大特征。

①关系多样化：与客户共创，靠透明的市场压力来给员工导航。
②绩效颗粒化：结果导向，任务可视化。重结果，轻流程，勇试错。
③组织柔性化：团队弹性，员工弹性，随业务变化而变化。
④能力数字化：快速决策，业务决策权下沉，由基层一线团队决策。
⑤文化利他化：生态合作，员工心智协同。

案例：青岛海尔的组织重构

现在有一些大企业，比如青岛海尔，就在鼓励员工自己出去创业。一些有想法、有能力、有意愿的员工，可以合作组成一个小圈子，跟客户和上下游的供应商还有合作伙伴联合起来，成立一家家小微企业。

同时，这些小微企业不是在孤军作战，而是与其母公司保持适当的业务联系和知识协同。这些小微企业在抓市场机会方面特别灵活，而且小微企业里面的沟通也很有效率，文化也更加积极和敏捷。小微公司和母公司保持协同，这样相比那些真正的小企业，它们同时具有了大平台的优势和小公司的灵活性。小微公司和母公司之间的联系，就像战斗机与航空母舰，组成了一个作战集群，如图 6-5 所示。

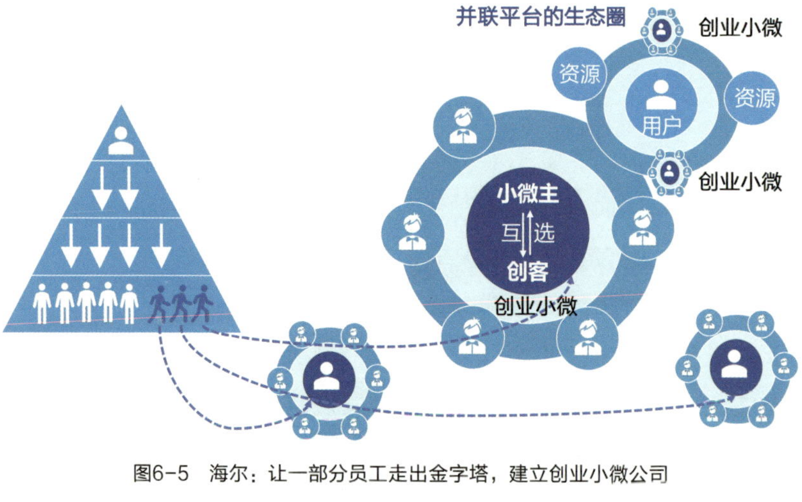

图6-5　海尔：让一部分员工走出金字塔，建立创业小微公司

因此，数字化一方面带来的是业务的变革；另一方面是通过重构（Refactoring）企业的组织结构和业绩衡量方式，激发员工的创业与创新热情，打开员工上升的空间，为企业和员工的个人发展创造更多的可能性。

组织重构为业务重构打下了良好的基础。在组织重构的前提下，青岛海尔积极采用5G来实现智能制造和互联工厂。2019年7月30日，在青岛举行的世界工业互联网产业大会“工业互联网生态创新论坛”上，海尔、中国移动、华为联合发布全球首个智能+5G互联工厂，以企业组织方式、商业模式及ICT技术的创新与变革，人工智能、5G等关键技术的深度融合，重新定义未来智能制造，如图6-6所示。

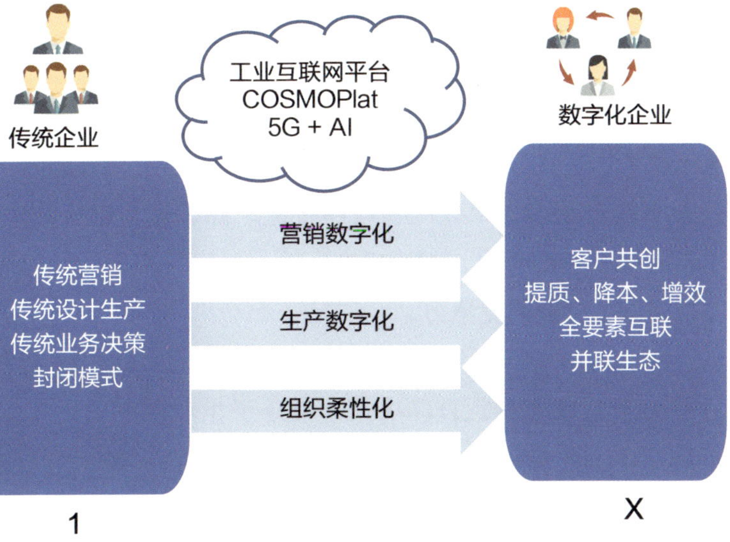

图6-6　海尔的智能互联工厂，如何实现数字化转型

在中国移动及华为的支持下，位于青岛市黄岛区中德工业园的海尔冰箱互联工厂于2019年6月13日完成了5G基站部署。智能+5G互联工厂的正式发布，为互联工厂的转型升级提供了样板范例，如图6-7所示。

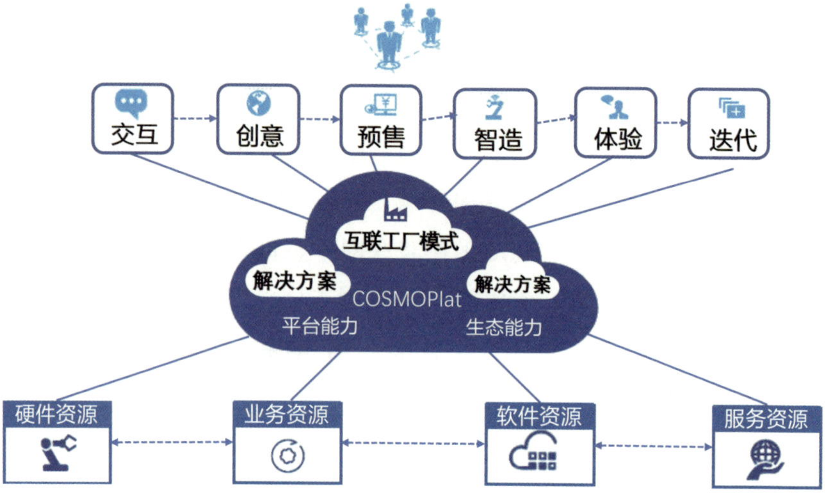

图6-7　海尔的工业互联网平台

海尔互联工厂通过基于数据的仿真建模验证、生产高效协同、质量精准管控，探索实践出更多场景化的物联网智能产品、智慧组合解决方案及AI技术应用，实现了生产效率、制造成本、不入库率等产能指标的优化，提升了企业在智能制造行业的竞争力。

海尔互联工厂采用人工智能和5G技术，让人、机、料、法、环、测等全部过程要素互联互通、自动决策，带来了生产效率的大幅提高。设备停机率下降25%，生产效率提高40%，配送效率提高30%，产品质量提高22% ~ 28%，能源成本节省21%。

因此，与传统企业不同，数字化企业通过建立虚拟世界的数字化流水线，让数据和知识流动产生新的价值，提升了用户体验；通过打通营销、业务、管理等方面的价值链，使企业效率取得了实质性的提高。

组织重构是转型顺利开展并取得成功的保障。业务变革，离不开人员的开放性思维与新知识的持续导入。传统企业过于依赖过程和控制的管理方式，必须向依赖人与小团队沟通、自组织、自管理的方式转型。

汇聚创新力量，营造开放氛围

对外开放思想，对内变革业务。数字化转型的目标就是导入竞争，引入新知识，使企业这个非线性系统的效率不断得到提高。企业是这样，国家也是这样。日本因为明治维新而进入世界强国的行列，而我国始于20世纪70年代末的改革开放，积极吸收人类文明的成果，包括管理成果、技术成果等，为我们这个传统的东方大国开启了一个崭新的时代。

案例：一杯咖啡吸收宇宙能量

业务越是要变革，思维越是要开放。以下观点来自华为任正非2016年7月25日于行业高级专家（Fellow）座谈会上的讲话（节选）。

人类社会正处在一个转折时期，未来二三十年内将变成智能社会，智能社会就是信息大爆炸的社会。这个时期充满了巨大的机会，没有方向、没有实力的奋斗是不能产生价值的。没有正确的假设，就没有正确的方向；没有正确的方向，就没有正确的思想；没有正确的思想，就没有正确的理论；没有正确的理论，就不会有正确的战略。

现在没有人知道未来的社会结构是什么样的，但可以肯定的是流量会越来越大，这就给了我们机会。我们不能像小公司一样只赌一个方向，而是要进行多路径、多梯队研究。我曾经在英国研究所讲到将来的工作方法，但是并没有提到工作方向。

我们公司现在有实力，但是方向是否正确？未来社会是什么样子？我们一起来探讨，充分听取大家的意见，也算是“一杯咖啡吸收宇宙能量”。我们一定要从鸡蛋壳里打出去，产生一个新生命，而不是让别人从外面向里打碎了，成了一个煎蛋。有人说新生命是“小鸡”，我说是“小孔雀”。为什么呢？

第一，“一杯咖啡吸收宇宙能量”。公元1世纪至5世纪是人类文明繁荣的历史时期，那时没有互联网、没有电话，但是不要认为那时很落后，民主制度、雅典法典、罗马法典、议会制度……都源于那个时候，因为每个人都可以站在罗马广场上阐述自己的观点，天才接踵而来。

华为的心声社区就是一个“罗马广场”，战略技术研讨会（STW）也要成为一个“罗马广场”。心声社区总体是很健康的，让大家免费免责提意见，使华为文化得到普及理解。虽然大家在上面“胡说八道”，针对我们说的，有很多人来评头论足，但这些跟帖就是未来将星在闪耀。我不需要知道马甲背后是谁，但是我知道华为有人才。

第二，现在这个“咖啡杯”里，以你们为核心，团结世界所有同方向的科学家，淡化工卡文化。如果那些科学家做出了跟你们同样的贡献，就要给他们同样的待遇。我们可以试试人才“众筹”，就是特优秀人才快进、快出，不扣住人家一生。不求他们归我们所有，不限制他们的人身自由和学术自由，不占有他们的论文、专利……只求跟他们合作。

我听说，有的部门与美国大学教授合作，还提出很多附加条件，不要这样做。我们去支持大学里的教授，喝杯咖啡沟通沟通，听听他的讲话，理解他这篇文章的意义，就能得到很大启发。

你们晚上没有事，也可以看看生物等跨学科书籍。虽然不能去创造发明，但增强了对其他学科的理解，当其他学科的专家跟你聊天时，你就能感知他学问的价值用途。

虽然有些教授本人不会到我们公司工作，但是他们下面有很多博士，可以吸纳进来。这些博士理解教授的科学研究，而且跟老师有技术往来，也把我们与教授的纽带连接起来了。我们获得了成功，注明是来自这个老师的成功，也可以分享成功。名和利双方各只收获一条，两者不矛盾，不就成为合作伙伴了吗？

第三，“咖啡杯”里不仅要有有学问的科学家，还要有一些“歪瓜裂枣”瞎捣乱，也许“小孔雀”就从里面蹦出来了。我讲一个基因的故事。自孟德尔从豌豆的种植过程中推断基因的存在以后，两百年内世界上没有任何人理解这一概念，两百年以后，基因研究才开始慢慢发展起来。

在科学的道路上，不要压制持有不同见解的人，这就是我们所讲的“多路径”。要有不同的观点，才是多路径，未来走的途径就越来越心胸宽广。胸怀世界，就要敢气吞山河。

我们期望“黑天鹅”也要飞到我们的“咖啡杯”中，虽然按现在的思想结构，“黑天鹅”还不在我们的杯子里。

首先要去掉“农民意识”，跟别人去喝咖啡，要送一瓶好酒；和教授合作，不要提那么多要求，就说能否在你立项和失败时给我们讲两堂课，在讲的过程中，我们喝几次咖啡。我们与几百个人喝了咖啡，消化几百人的思想，然后就会领先世界。如果你不理解，当“黑天鹅”出现时，就会错失，如图 6-8 所示。

图6-8　知识就是力量，开放合作，吸收宇宙能量

“拥抱挑战，拥抱颠覆”，我们不要害怕颠覆，真正的挑战出现了，要敢于上去拥抱。人类社会要转型了，没有方向和实力的奋斗是没有价值的。小公司没有实力；有些大公司有实力，但是没有方向。华为既有实力，又在探索方向，怎么不能引领未来呢？

五六年前我就提出要争夺“上甘岭”，这里的“上甘岭”是指在高科技阵地，华为要和美国争先，并非指五六十年前的上甘岭。而且我们处在攻势上，而不是守势。目前美国仍然要比我们强大得多，它容纳世界创新的动力是极其强大的。比如，通过通用处理芯片加软件的方式颠覆通信领域，具有极大的实力，这一点不能轻视。我们要和美国竞争，这的确是一个很难的问题，但是我们总要有一个奋斗目标吧！

以上案例给我们的启示就是开放思维的重要性。因为组织和人体一样，都是一个耗散结构系统。如果没有新知识、新物质、新能量的持续融入，人们就会江郎才尽，陷入内卷化创新的窘境。

绩效精益化

为了贯彻用户体验战略，企业组织必须向敏捷转型。敏捷思想有三个来源：一是极限编程；二是 Scrum 项目管理；三是源于精益（Lean）。具体如图 6-9 所示。

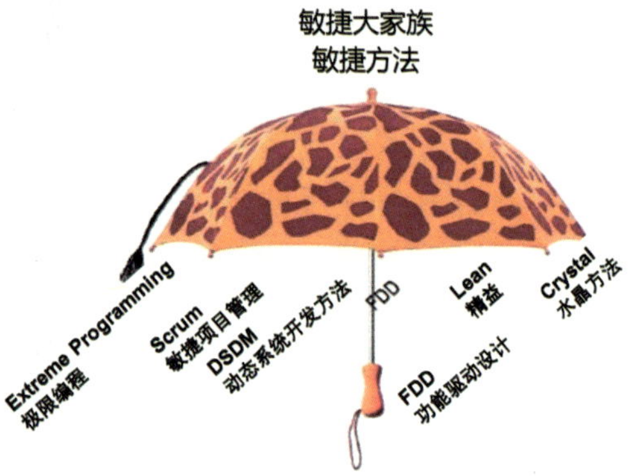

图6-9　敏捷思想的来源

极限编程的精髓是及时反馈，Scrum 的经验是迭代，而精益思想着眼于效率提高，其内涵更是博大精深。

精益这个思想是怎么来的呢？它来源于一种名为看板（kanban）的管理思想。“看板”又称即时制（Just In Time，JIT），通常用于减少库存。

为什么要减少库存呢？因为库存的都是资金，所以减少库存，实际上提高了资金的周转效率，从而提高了企业的效率，也就提高了企业系统的非线性。

战后的很多管理思想大都是来自美国和日本。日本的商人在资本主义发展的过程中特别善于思考，总在追求将管理做到精益求精。

现在上海和全国其他一些城市，有很多日本商人开的小超市和便利店，如罗森、屈臣氏、喜士多等。便利店里有很多货架，如果便利店领导留心思考一下，就会发现有两种进货的办法。

第一种进货方法是先去找商品，找到一些品牌比较好的、物美价廉的产品。采购了产品以后，摆在货架上，再向客户推销。比如，我的超市里同时卖牙刷和牙膏。如果我发现某品牌的牙刷的性价比非常高，那么我就会进一批牙刷。

但这会导致一个什么问题呢？就是超市的领导经常会发现，牙刷虽然性价比很高，但是卖不动，且无法获知原因。但是，牙膏却经常会脱销。这就导致牙膏的货架经常是空的，而牙刷的货架总是堆得满满的。

而超市的货架空间是有限的。所以超市领导后来就改进了进货的方法，不是先去寻找产品，而是先去观察货架，看哪些货架的货变少了，他就去进这种货。比如，他看到牙膏的货架空了，那么他就去采购牙膏，而不是采购牙刷。他不再去操心产品是否物美价廉，而更多的是通过现场采集用户实际购买数据（货架空或满），来判断商品是否符合用户需求。

这样一来，通过从“看产品”到“看货架”这个转变，将原本看不见、摸不着的用户“需求”可视化了。超市领导发现超市的经营效率提高了，货架上的存货变少了，同时资金周转速度也提高了，盈利增加了。因此，用这种需求拉动的方式来进货，而不是用产品推动的方式来进货，彻底改善了便利店的经营业绩。

而现在的企业中，比货物更宝贵的是人才。一个员工每个月的工资是很高的，尤其是知识型员工一个月工资几万元，如果让他们闲着，对企业来说是非常大的浪费。

但是，如果用传统的方法做计划，由于计划的活动前后之间存在各种各样串联的强制性的依赖关系，员工在计划活动没有安排到他本人时不得不等待。前面一道工序没完成，他没办法做下面一道工序，所以他只能等待。为了让自己看起来没有那么闲，他可能会去做一些打发时间的事情，如去图书馆查查资料或者看看书。

这样，员工的利用效率是不高的，员工本人实际上也不一定乐意经常处于这种状态，因为他的才能没有得到发挥。

现在的敏捷做法，是让员工主动找事做，而不是让员工等事情做。也就是说，通过观察员工是否“空闲”，来判断应该给谁安排工作任务。“按需”安排工作任务和进度，这与超市领导观察货架是否空置的道理是相通的。

敏捷做法把以往传统计划中串联做事情的做法，全变成并联地做事情。传统计划里面具有的强制的依赖关系被撤销，也就是说，所有的工作之间并没有前后依赖关系，可以随时调一个优先级高的事情来做。

敏捷做法为什么把工作任务称为待办项（Backlog）呢？因为工作任务是按优先级而不是依赖关系排列，并联而不是串联地在等待人去办理的。项目经理把代办项分解成任务（Task），然后员工自己主动去挑选一些比较适合自己的、具有一定挑战性的任务。这样员工的主动性也能被激发出来。

只要发现有人闲下来了，那么他就应该主动去待办项中寻找任务。是任务在等待人，而不是人在等待任务，这也是敏捷项目中“待办项”（Backlog）这个名称的来历。

通过这种主动找事做而不是让人等事情的方法，极大地提高了员工时间的利用效率。员工本人也觉得工作量饱满，他自己的才能得到了充分发挥，于是积极性也提高了，如图 6-10 所示。

图6-10　任务可视化，按需管理人力资源

但如果你是管理者，再往深处思考的话，就会发现这里面还有问题。企业中的每个人都在忙，这并不一定代表效率提高了。因为“忙”只是一个过程现象，它并不是结果。我们实际上想要的是忙的结果，而不是忙的过程。

那么，我们可以把任务分为三类，第一类是等待的任务（To do）；第二类是正在进行的任务（Doing）；第三类是已经完成的任务（Done），只有完成了的任务才是有价值的。这样就通过敏捷过程，保证了以结果为导向这种价值观和原则。

这种以员工的时间来拉动工作任务的方法，是现代敏捷过程中普遍采用的做法。这种做法能够极大地提高人力资源的利用效率和员工的积极性，同时给客户的交付时间进度也加快了，能够更好地满足客户需求的变化。

图6-11　任务墙的作用是令工作可视化

这就是在敏捷过程中用到的看板方法，或者称为任务墙，如图 6-11 所示。

敏捷项目经理又称敏捷教练（Scrum Master），每天晨会用 15 分钟的时间问员工三个问题：你昨天做完了什么？在过程中碰到了什么问题？今天打算做完什么？通过这种方式来快速地迭代任务。

必须指出的是，敏捷教练并不是一个业务管理者，而是一个流程辅助者的角色。敏捷团队的业务是自管理的。

下面是敏捷项目管理的全过程。整个过程相当简捷，可以用 3 个“3”（333）来说明，如图 6-12 所示。

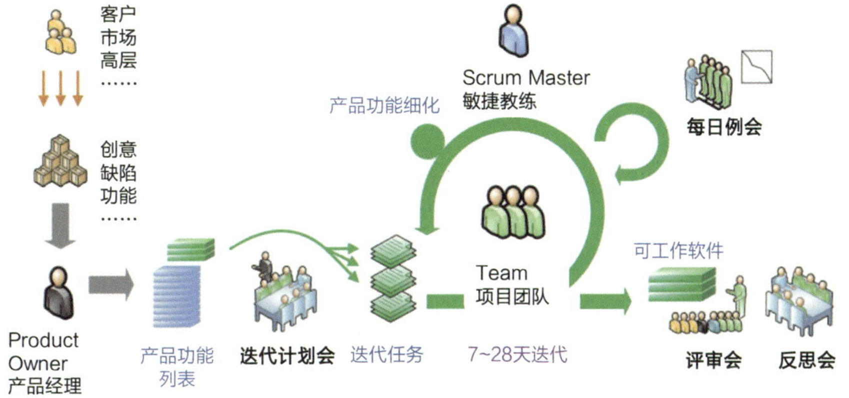

图6-12　“拥抱变化”的敏捷项目管理

3 个角色：产品经理（Product Owner，PO）、敏捷教练（Scrum Master）、项目团队（Team）。

3 个会议：迭代计划会（Sprint Planning Meeting）、每日例会（Daily Scrum Meeting）、迭代回顾会议（Sprint Review Meeting）或者“反思会”。

3 个工件：待开发任务列表（The Sprint Backlog）、待修复缺陷列表（The Defect Backlog）、进度图或燃尽图（Burn Down Chart）。

企业敏捷方案，可以考虑第一步用敏捷重构营销。第二步，用敏捷重构分销架构。在这个过程中，运用数据分析作为关键使能技术。第三步，对参与的员工及时予以创新激励。

第一步，数字化营销传播：使用数字传播渠道来推广产品和服务，从而以一种及时、相关、定制化和节省成本的方式与消费者进行沟通。

第二步，重塑分销架构：从只关注短期的盈利，到关注客户、与顾客联系的紧密度、声誉、影响等；从只关注供给客户产品，到关注整个服务流程；从大批量营销、产品按照大类区分，到个性化细分，精准覆盖客户群。

第三步，激励员工创新：给予宽松的创新、容错的环境，激励员工创新、创业。

数字化时代的实物资源管理

了解了数字化营销和数字化创新之后，再来看一下企业的数字化业务应用全景。从全体企业来看，有各种各样的传统企业，企业的业务范围也非常宽泛。比如笔者所接触过的行业就有电力、化工、机械、家电制造、快速消费品、设备制造、钢铁、机器人、航空、医药、主题公园、通信、金融保险、汽车、电子商务、物流等。如何从各行各业的不同业务中抽象出一个通用的业务模型，从而指导不同类型的企业数字化，是一个很大的挑战。

案例：西门子的数字化转型轮舵

西门子公司在建立制造业的数字化转型模型方面做出了有益的探索。西门子以前给很多传统企业提出了一个产品生命周期管理（PLM）模型。该模型能够指导制造型企业从需求预测、产品组合管理、产品设计与开发到客户服务的全过程。该过程遵循瀑布式的开发模型。

产品生命周期管理的内容涵盖了物料需求计划（MRP）、产品数据管理（PDM）、人力资源（HR）、项目管理（PM）、采购、生产管理、工程等。主要业务价值的产生，依赖于物理世界的人流、物流和服务流来完成。

在数字化时代，原有的瀑布式开发模型已经不再适用于当前的外部环境。为此，西门子重新考虑了数字化带来的影响，提出把传统企业原有的在物理世界的业务能力迁移到云空间，在虚拟世界打通企业的各个价值链，建立虚拟世界的流水线。

西门子认为，企业关键要打通业务履约、产品生命周期和资产运营三大价值链。这三大价值链的交汇点是生产过程数字化。从视觉上构成一个轮舵的形状，寓意是通过掌握核心能力，应对未来充满不确定性的航程，如图 6-13 所示。

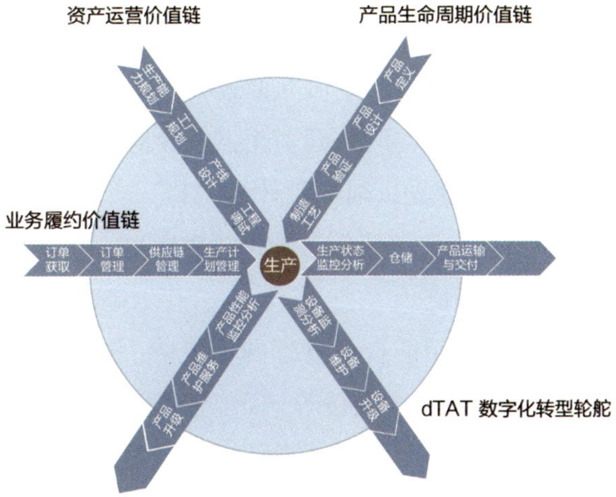

图6-13　西门子的数字化转型轮舵，以提升生产效率为核心

在华为的案例中，华为是以一个学生的角色出现的。华为第一代数字化转型的老师是一个美国企业——国际商用机器公司即 IBM。而西门子与 IBM 类似，算得上是数字化转型领域内一个教师级的企业了。

西门子为企业的数字化转型提供了一整套比较全面的解决方案，西门子称之为数字化转型轮舵。换句话说，你作为企业的高层管理者，只需要把好轮舵，企业这艘大船就能够充满信心地面向不确定的未来去航行。你就像一位船长，有信心随时去应对航行途中各种的不确定性和挑战。

首先，西门子认为，所有的企业都存在一个业务履约价值链，这个价值链有点类似于华为的从线索到现金（LTC）这样一个业务流。企业要实现财务方面的战略目标，需要把握市场线索，然后争取各种各样的投标机会，从市场上获取订单。当争取到订单之后，下一步就要对订单进行分解，从 ERP 数据中能看出是否有库存；如果没有存货，就应该安排原材料的获取，在生产线上去安排加工，生产出符合质量要求的产品，从而兑现对客户的承诺。

其次，西门子提出要构建一个产品生命周期的价值链。这个价值链与华为的集成产品开发（IPD）概念类似。西门子提出的产品生命周期管理（PLM）包括产品从需求收集，到概念形成、开发、测试、验证、上市、工程安装、维护直到产品退市的一个完整的生命周期过程。

数字化企业需要在虚拟空间构建一个产品生命周期管理价值链，并且与 C3P 共享数据。C3P 是指计算机辅助设计（CAD）、计算机辅助工程（CAE）、计算机辅助制造（CAM）及产品信息管理（PIM）。PLM 与 C3P 结合，构成产品生命周期管理的价值链。

最后，西门子提出了企业资产管理的价值链，这里面的企业资产主要是指企业的固定资产，包括厂房、设备等。固定资产管理包括工厂的选址、规划、设计，以及主要设备的监控、维护、升级等。通过数据智能提升设备的运转效率，延长设备的使用寿命，降低设备的闲置时间。

比如在建材行业，客户需要生产高品质的水泥，我们可能就要去规划一个新型的数字化的水泥厂，这个水泥厂能够通过工厂的设计、设备的安装和工艺的投产，把研发人员开发出来的新型材料、高品质的纳米水泥材料等，及时生产出来。

至此，我们明白了西门子的数字化转型轮舵，有三条价值链和一个中心。其中，三条价值链分别是业务履约价值链、产品生命周期价值链和资产运营价值链。而一个中心则是聚焦制造型企业的生产效率升级转型，它处于三条价值链的交汇点上，如图 6–14 所示。

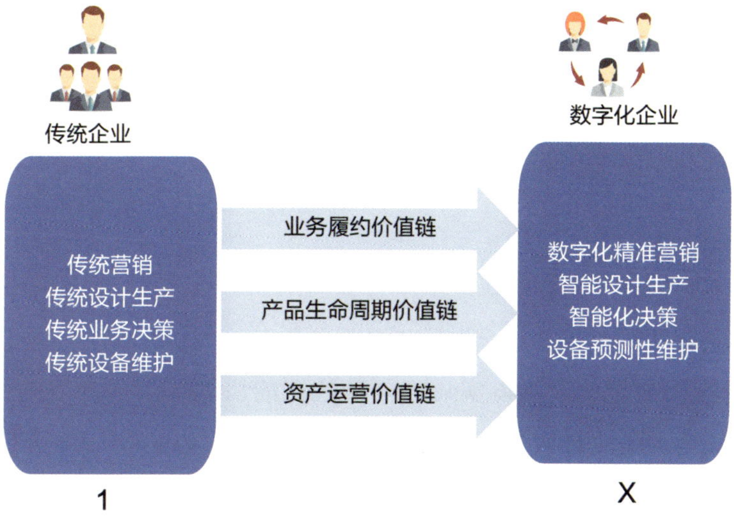

图6–14 数字化管理中三条价值链的转型

西门子认为，对于制造型企业来说，提高资本效率的关键，在于运用数字化手段，以客户为中心，提高生产效率。一个典型案例是从订单获取，到生产计划管理、产品设计、制造工艺、设备检测分析、产品性能监控分析，都需要共享生产过程数据，如图 6–15 所示。

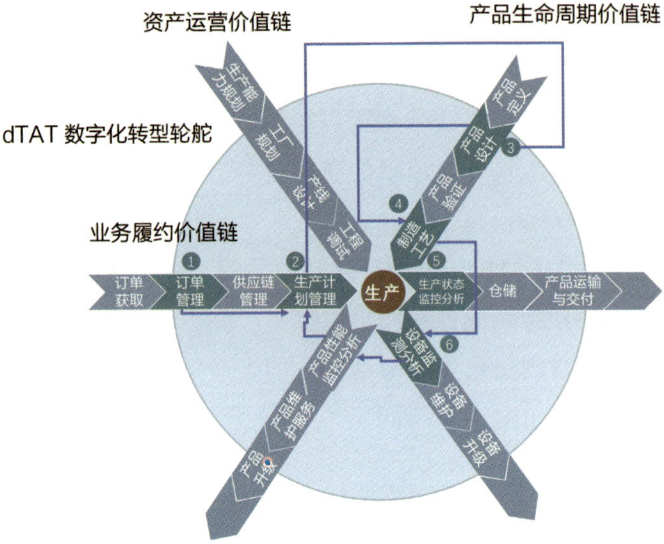

图6-15　西门子dTAT应用案例

建立中台一体化语义模型

西门子认为，企业管理运营的提升往往涉及不同价值链上的多个环节。

传统的数字化手段难以实现不同价值链的协同，而中台技术可以结合IoT连接技术，全面打通IT与OT数据，打破各个独立子系统、数据源之间的壁垒，对复杂多元的异构数据进行整合，实现产品生命周期价值链、资产运营价值链、业务履约价值链之间的数据融合。

通过中台一体化语义模型，构建行业知识图谱，实现全量数据分析和积累，满足快速响应、业务持久的高质量数字化服务，推动企业管理运营的价值创造和提升，有效管理企业级数据资产，为进一步实现快速高效的企业数字化转型奠定坚实的基础。

通过中台打通订单管理、生产计划、设备监控分析、生产状态监控分析、制造工艺等环节，企业实现对生产KPI的全方位监测、分析与提升。

西门子数字化中台的实现架构

西门子的数字化中台能够很好地兼容已有的企业管理软件，如 ERP、SAP 等。这也是欧洲企业的一贯做法。欧洲强大的工业体系标准具有很好的延续性、兼容性和前后一致性。标准协议能够分模块持续演进。

PLM 模块位于软件即服务（SaaS）层，主要支撑产品生命周期价值链，提供通用的产品创新方法、程序、模型和工具。

MindSphere 位于平台即服务（PaaS）层，是基于云的开放式物联网操作系统，为开发者提供各种开放应用接口（API）。MindSphere 还提供各种成熟的应用层服务组件，涵盖 20 多个不同行业。

西门子数字化中台是云网一体的，由 5G 提供高性能、低延迟、即插即用和低成本的通信网络连接。边缘感知设备包括可编程控制器（PLC）及微控制器（MCU）、传感器、执行器等，如图 6-16 所示。

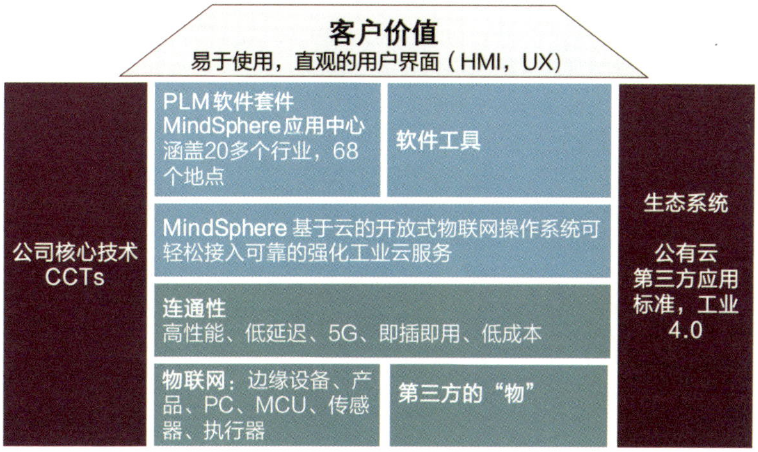

图6-16　西门子dTAT中台架构示意

第七章

数字化人才培养

数字化转型的角色

即使满足了所有的成功关键因素，但没有合适的组织与人才，数字化转型也可能会流于失败。

企业需要具有正确思维、方法与技能的管理人员来启动、计划、执行和实施数字化转型，而不能仅仅依靠 IT 工程师来推动和实现数字化转型。同时，企业需要一些思维领先的用户来牵引业务。因为这些用户了解具体技术如何应用，同时能意识到创新技术的力量。

数字化的领军人物必须成为变革推动者，愿意为包括客户、企业、政府与个人在内的所有利益相关者而改变传统组织和流程。

组织、流程、运营和服务的转型不能盲目地完成，变革推动者需要和与此类实践密切相关的人员紧密合作。

所有参与数字化转型的人员都必须接受充分的培训，并为此付出努力。随着数字化转型的推进，一些工作可能会演变甚至消失，并创造新的角色。

组织必须为受影响的人重新安排新角色，否则组织的士气将受到影响，人们将更不愿意支持这种转变。

如前所述，强大的领导力和信任，以及拥抱变革的文化，对于领导数字化转型至关重要。

如何选择数字化转型的统领组织？第一种方案是由技术部门主导。其优势是技术研发节奏快，技术发展快；其劣势是用户主导性差，用户体验碎片化。

第二种方案是由事业部门或业务部门主导。其优势是更贴近一线业务；其劣势是技术平台重复建设，系统之间不兼容。

第三种方案是由独立的数字化部门主导。其优势是以项目形式运作，统筹考虑数字化；其劣势是当数字化部门的战略与业务部门的目标不能完全融合时，会影响运营效率。

建议大多数大型国有企业采取第三种方案。比如，意大利埃尼石油公司就成立了独立的数字化部门，作为企业数字化转型的统领组织。其对内职能是及时推介新技术，组织跨部门交流，充分发掘、整合和引导数字化需求。其对外职能是广泛接触、吸纳前沿数字化技术，推进整个公司的数字化转型。华为则是成立了独立的流程与IT部门来负责变革，如图7-1所示。

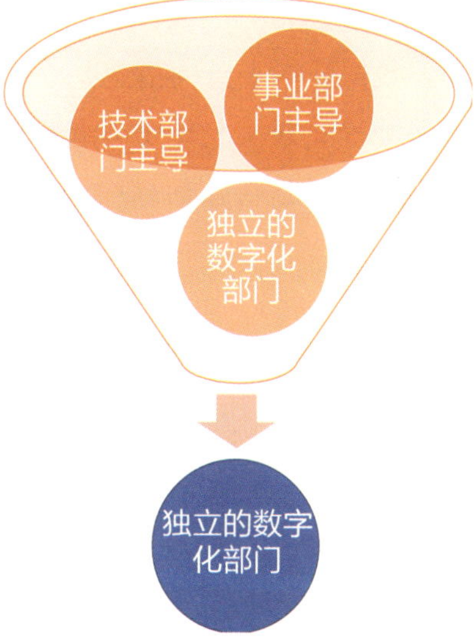

图7-1 谁来主导数字化变革

三个关键角色的定义

企业数字化转型的三个关键角色是首席创新官（CIO）、首席数据官（CDO）和首席运营官（COO），如图7-2所示。

图7-2 数字化转型的三个关键角色

首席创新官是公司或者组织的高级创新领导者，其使命就是推动企业的创新活动持续开展。他们聚焦于公司的创新目标和创新战略，不断地评估和提升公司创新效能，推动由单个和偶发的创新向系统化、可持续的组织或者团队创新转变，从而确保企业或者组织通过创新，获得更强的竞争力和实现持续成长。

首席数据官在数字化时代对于企业未来的发展具有越来越重要的意义，相对于传统的首席技术官和首席信息官来说，CDO 的作用在大数据和智能化时代会有更加积极的意义，对于传统行业的企业更是如此。

CDO 通常有三大任务：一是数据采集渠道的建设。二是搭建数据分析平台。数据分析平台的搭建是一个系统过程，要根据企业的整体信息化建设框架来进行规划，尤其要考虑到企业的业务特点，否则容易出现信息孤岛等各种问题。三是搭建数据应用平台。这需要 CDO 具有较强的行业知识和管理知识。

首席运营官又称运营总监，负责制定企业长远战略，督导各分公司总经理执行工作，管理公司的日常运营，辅助首席执行官的工作。

执行层面的角色定义

在一个敏捷的、由业务人员和 IT 人员混编形成的基层数字化团队中，主要成员角色的职责分工如下。

（1）数字化产品部负责人（PO）：承担产品经理职责，负责产品总体规划，管理产品范围及产品需求优先级，对产品的业务价值、用户满意度和网络安全负最终责任。

（2）业务架构总设计师（BA）：负责本产品或模块的业务场景、工作流、活动及业务规则设计，输出业务架构和业务服务设计，对业务服务的 IT 实现进行验证。

（3）架构组（IA/AA/TA）：负责本产品或模块的数据信息架构（IA）、应用架构（AA）、技术架构（TA）设计，负责模块划分、集成关系设计和对外的接口（API）设计，指导各模块完成架构设计，并推动架构和技术问题的解决。

（4）IT 产品经理：负责解决方案架构规划，产品服务化设计，以及产品的迭代开发、测试和上线管理，对本 IT 产品的网络安全负责。

（5）项目管理办（PMO）：负责产品团队整体运作的组织协调工作。

（6）敏捷教练（SM）：负责产品团队的迭代交付目标的达成；组织团队敏捷会议；负责参加变更管理程序，评估变更需求要付出的成本，衡量变更影响及收益；负责指导团队进行敏捷改进，持续优化敏捷运作，提高团队的敏捷成熟度。

（7）运营及运维经理：负责产品运营及运维方案设计，并执行产品运营及运维工作。

（8）系统工程师（SE）：负责产品开发实现，技术方案的持续优化；参与业务需求的评审，帮助分析识别网络安全的需求点；参与需求规格评审，明确需求规格中网络安全的 IT 诉求；负责安全方案的设计，选择合理的安全方案实现技术方案，对安全方案的质量负责。

产品团队按照敏捷方法运作，持续优化数字化业务流程和产品。

如何培养数字化人才

企业培养数字化人才的难点在于：一是缺乏数字化人才标准，人才培养方向不明；二是培养模式与业务战略缺乏协同，成果转换率低。

员工学习的难点在于学习体验不佳，软性技能学习不足，学习进度和系统性难以平衡。

为此，需要制定数字化人才培养策略。首先，将数字化人才划分为数字化领导人员、数字化应用人员和数字化技术人员三种类型。

（1）数字化领导人员：具备数字化思维，从上至下持续推进数字化变革的高管团队，关注既具敏捷性又具适应性的数字化领导力。

（2）数字化应用人员：基于不同业务场景，应用新技术助力数字化转型的核心业务人员，如业务构架师（BA），以及战略、营销、财务、人力资源业务负责人等。关注数字化应用技术如何与业务模式相融合创造新的价值。

（3）数字化技术人员：包括数字化转型专业人员，即软硬件工程师、用户界面或体验（UI 或 UE）设计师、大数据专家等，更聚焦数字化专业能力的打造。

数字化人才的培养应该致力于打造员工“创业者”形态，让员工学会包容失败，学会自我管理。

在数字化企业中，数字化领导人员、数字化应用人员和数字化技术人员，都成了企业顺利实现数字化转型的关键人才。那么，高级数字化人才需要具备哪些能力？对企业中数字化培训实施经验，表 7-1 做了一个总结。

表7-1　数字化人才培养计划

人才级别	职责	能力	培训专业课程
高级人才 （适用各种类型）	确保企业数字化转型目标的实现	数字化理念	“互联网 +” 网络即服务 第一性原理
	组织、管理敏捷团队	敏捷管理能力	精益管理 敏捷团队 大规模敏捷
	规划业务架构	业务规划能力	战略分解与执行 本领域业务知识
	设计业务与技术领域融合架构	5G/AI 新业务创新能力 需求分析能力	创新基因 需求分析与管理

传统管理人才需要有一定的知识深度和广度，而按照现代企业管理理念，数字化管理人才至少应该具备三个方面的能力，即战略与商业分析能力、项目管理能力和领导力。其中，领导力要求管理者掌握人际关系的“软技能”，包括沟通能力、情绪管理能力、政治意识等。

形象地说，就是在原来的“T”型知识结构的基础上，增加了一撇，构成了一个“π”，而且这一撇还是弯的，它代表了数字时代的管理者应该掌握的人际关系软技能，如图 7-3 所示。

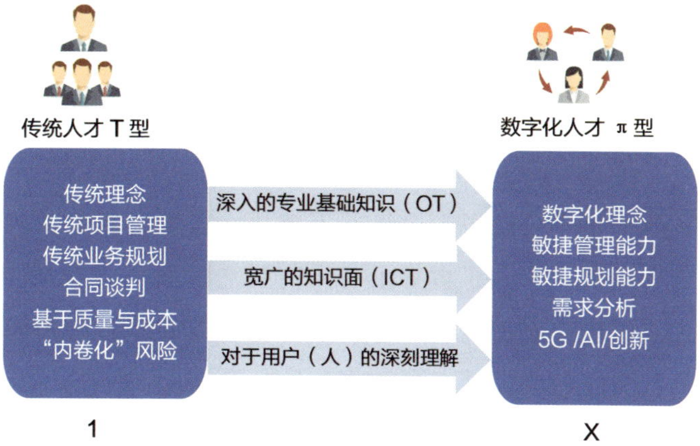

图7-3　数字化人才的转型

第一性原理

数字化高级人才必须掌握“第一性原理”（First Principal）“互联网 +”、网络即服务等新时代的思维方法与工具。正如华为任总所说：“没有正确的假设，就没有正确的方向；没有正确的方向，就没有正确的思想；没有正确的思想，就没有正确的理论；没有正确的理论，就不会有正确的战略。”

古希腊哲学家亚里士多德曾经说过，任何系统都有一个基本的假设，它不能被篡改或删除。数字化企业和传统企业一样，也存在这样一个基本假设：企业为什么存在？是什么力量在驱动企业向前发展？

作为企业的投资者，资本家会认为，企业的利润是资本投资带来的，因此企业是为了使投资人获得最佳回报而存在的——把企业当作一个赚钱的工具。而企业的员工认为，是员工的劳动创造了价值，因此企业存在的价值是为员工创造工作机会，使员工通过劳动获得相应的工资与福利回报。由于认知上的不一致，劳资关系在全球范围内成了一个绕不开的问题。

实际上，无论是劳方还是资方，通过投资及劳动共同创造的都只是企业的产品。如果产品不拿到市场上去交换，就无法变成现金流，企业也就无法生存和发展。

通过交换产生市场价值，才是企业的本质特征。而作为交换主体的客户的存在，才是企业发展最根本的动力来源。假如没有客户的存在，无论你是当股东去投资，还是当员工去发明，创造出来的那些产品又能给谁用呢？

因此，驱动企业成长的根本力量并不神秘，它来自客户需求，而不是其他东西，如资本或技术。由于世界上有人需要吃西瓜，果园才得以存在；由于世界上有人需要吃豆腐，豆腐厂才得以生存。数字化的果园和数字化的豆腐工厂，并没有改变企业为顾客服务这个基本逻辑。

企业存在的基本假设，就是必须要服务于顾客的需求。第一性原理给我们的启示，就是要回归企业的本质，不忘初心，提供顾客真正需要的产品和服务，而不是去模仿竞争对手。

可以想象一下，人类的需求有多少是被满足了的，又有多少是处于不满足甚至是被压抑状态的？

比如在农业时代，人们的梦想就是有一条路能修到村里。然后，人们能够在家门口乘坐公共汽车去城里，而不需要走很远才能到最近的公交车站。让农业时代的人自己去买一辆小汽车，那是想都不敢想的事情。因此，对于农业时代的人来说，在家门口乘坐公共汽车是一个没有被满足的需求，而拥有一辆小汽车是一个被压抑的需求。

把握客户真正的痛点，提供创造性的解决方案，运用数字化的虚拟手段实现场景裂变，从而使顾客的愿望得到满足。能够做到这一点的企业，其发展空间几乎是无限的。

美国的汽车大王亨利·福特（Henry Ford）曾经说过："如果让我当初去问消费者他们需要什么，消费者会告诉我说，他需要一辆跑得更快的马车。但实际上，用户真正需要的并不是一辆跑得更快的马车，而是希望拥有更快的交通方式，把他们从一个地点快速带到另外一个地点。"

因为那个时候汽车还没有发明出来，人们从来没见过汽车，用户怎么知道自己想要一辆汽车呢？从这一点来看，拥有比马车更快的交通方式是一个被压抑的需求。

再如，有人发问：为什么现在都市里的很多人需要减肥？回答：因为在这个物欲横流的时代，能够轻而易举被满足的需求，也许只有"吃"这一件事了。在现实生活中，你不能随心所欲地去做很多事情，必须像字节跳动总裁张一鸣所说的那样，时刻要"延迟满足"。甚至，连人类最基本的生理欲望，也可能长期处于一种不同程度的压抑状态中。

从这个角度来说，我们必须了解，人类的需求不是静止的，而是不断增长和演进的，而数字化的进步为释放客户潜在的、被压抑的欲望和需求提供了一种可能。如果企业家想要找到成功的途径，就必须找到一种方法，即合法地打开人类长期被压抑着的潜在需求，除此之外，没有第二条捷径可走。

在商业世界中，第一性原理和比较思维是截然不同的两种思想。通过比较思维看待事物，大部分时候只能看到事物的表象。也就是说，比较思维让我们紧盯着竞争对手而忘记了客户。因此，比较思维在指导企业数字化转型方面有着很大缺陷。

彼得·蒂尔在《从 0 到 1：开启商业与未来的秘密》一书中提出了一个非常有趣的观点，他说："竞争是一种观念，这种观念在整个社会中蔓延，扭曲了人们的思想。结果竞争越来越激烈，人们在实际中获得的却越来越少，把自己困在了竞争中。这就是指由比较思维带来的内卷化倾向。"

商业世界的每一刻都不会重演，下一个比尔·盖茨不会再开发操作系统，下一个拉里·佩奇或者谢尔盖·布林不会再研发搜索引擎，下一个扎克伯格也不会再创建社交网络。如果你照搬这些人的做法，并不是真正在向他们学习。真正需要学习的，是掌握如何结合技术发展趋势和技术手段，去发掘客户潜在的商业需要的这种思维和技巧。

让企业数字化回归客户、回归商业，这就是第一性原理，如图 7-4 所示。

图7-4　第一性原理：寻找问题的本质，从而发现通用的方法

第一性原理告诉人们，对于任何新生事物，如企业数字化，最好不要人云亦云。你需要不断地进行深入思考：数字化的本质是什么？一旦触及

问题的本质，数字化带来的好处就会显现出来。

如果对数字化的本质这个问题没有想通，很有可能就会陷入一种迷茫的状态，整天被大数据、人工智能、云计算、物联网这些概念弄得晕头转向，忙得停不下来。这些名词听得越多，你眼前的迷雾不是变少了、变薄了，而是变得越多、变得更浓重了。这样，我们对企业和个人的未来也会感到更加迷茫。

只有当你的思想达到了一定的深度，突破假设的局限，找到问题的本质，眼前的迷雾才会逐渐消散，未来在你面前才会逐渐清晰起来。

传统企业的发展动能来源于人的需求。人是不是数字化的呢？可以说，是的。因为作为人类，每个人来到世上，都带着两本“书”。

一本是通过基因（Gene）遗传到我们手上的。我们每个人的身上都保留着远古祖先留给我们的一本生存密码，所以我们生下来就会吃奶，都会趋利避害，想方设法获得生存。

另一本就是我们从家庭、学校、企业、社会中学到的各种各样的知识、技术和文化（Memo）。这些知识都是以字符或者数字为载体。可以说，人类自诞生以来，就跟数字有着不解之缘。

因为传统企业的发展动能来源于人，传统企业里面发展得好的，一定是利用好了人这样一个关键因素。客户、企业家、管理者、员工、供应商、合作伙伴等都是人。传统企业如果做好了人力资源整合这项工作，让所有与企业发展密切相关的利益相关方都能够很好地整合（Integrate）起来，形成力出一孔的局面，这家企业一定能够兴旺发达。

即便是创新型企业，也一定是先人后事。不是说谁掌握了一些技术，就可以去创业。掌握技术去创业，这样失败的例子并不少见。因为商业的本质不在于技术，而在于交换，而交换行为的主体和客体最终都是人。从传统角度来看，创业的本质就是通过整合资源的方式创造客户。

同样，数字化企业发展的动力，归根结底源于人性中的欲望，源于客户日益增长和演进的需求。如果某天人类失去了欲望，失去了对快乐的追求，社会经济就会像一辆耗尽了燃料的飞机，只能紧急迫降在冰凉的海面上了。

任何系统都存在一个基本假设，它不能被篡改或删除。数字化企业和传统企业一样，需要整合员工与合作伙伴的创造力，更加有效地为顾客创造价值。数字化企业需要在开放的数字化底座上与生态伙伴合作，运用数据技术感知并结构化客户需求，采用数字化和智能化的软件提升客户体验。商业的这个基本假设迄今也没有发生变化。

比如，自动驾驶是新能源汽车行业发展的驱动力。用户对于汽车自动驾驶的期待，使我们切实感受到科技进步的驱动力。而且人类的欲望和需求是水涨船高，几乎没有止境的。

所以面向未来的眼光要聚焦于客户，仅用余光去考量竞争对手。尽管在战术层面可以适当采取标杆对照（Bench Mark）的方法来校准思路，在战略思维层面上仍然必须聚焦客户。

升维思考，降维打击

“降维打击”这个词，最早来自《三体》这部科幻小说，意思是通过降低对手的维度来增加打击的有效性。比如，一个在三维空间活动的老鹰，要去攻击一个在二维空间活动的兔子，简直是轻而易举。

为了实现降维打击，首先要进行升维（Ascending Dimension）思考。第二次世界大战时，法国为了防御德国的进攻，在法德边境构建了一道无比坚实的马奇诺防线。但是德国人没有直接从法德边境发起进攻，而是占领了荷兰和比利时，从北面绕过了这道防线，从而使马奇诺防线彻底失去了防御作用。这也是升维思考的一个例子，德国法西斯突破了法国人的固有思维。德国进攻法国，难道一定要越过两国之间的边境吗？

升维思考的概念还来自现代物理学的虫洞理论。虫洞就是假设在现在的三维空间上，如果能够叠加第四个维度，就有可能使三维空间弯曲，让本来离得很远的两个点，在看不见的四维空间上变得很近。如果从四维空间上进行穿越，就能够以更快的速度实现移动。相比之下，如果按照常规方法在三维空间里移动，步调就显得太慢了，如图 7-5 所示。

虫洞穿越在物理学上只是一种理论上的可能性。数字化转型并不是真的要正在物理世界找到虫洞，而是通过这个比喻来形象地说明开放性思维的重要性。

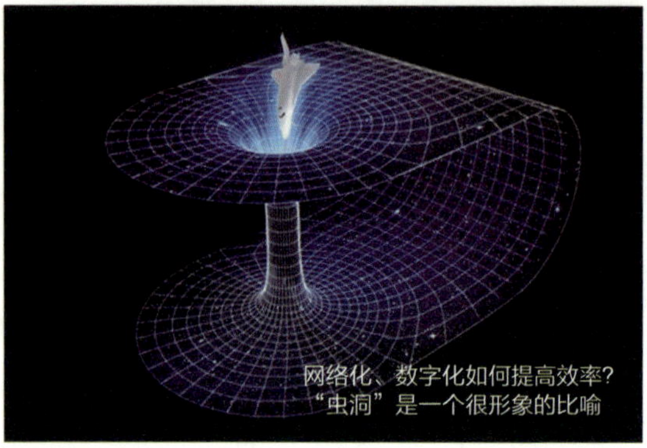

图7-5 从高维空间的虫洞穿越，比从低维空间爬行更有效率

与虫洞这个比喻类似，商业上的升维思考同样表现在“快”上。比如，互联网外卖行业的兴起，让人们随时随地想吃一口热食的需求得到了满足，慢慢地方便面就卖不动了。方便面的逐渐衰落，与这个行业本身无关，并不是因为方便面的质量做得不好，或者它的口味设计得不符合大众的要求，而是因为对手通过其他手段，更加方便地满足了客户的需求。

提到传统企业之间的竞争，人们最容易想到的就是价格战，在价格这个维度上进行竞争，一般是杀敌一千，自损八百，慢慢地就把行业的蛋糕做小了。

数字化的企业应该跳出传统企业之间价格战的惯性思维，要从创造新价值的角度去思考，如何更加有效地开拓新的市场空间，发现新的客户价值。这就是协作创新的过程。数字化企业应该构建一个更有利于创新的环境和氛围。

在现代企业中，创新一般是以项目（Project）的方式来组织。创新项目在企业战略和投资组合（Portfolio）策略的指导下进行。创新有两种方式：一种是瀑布式创新，基于对市场需求的预测来进行；另一种是敏捷创新，它的特点是能够自适应外部环境的变化。

传统企业更多依靠预测方式来组织企业的价值创造过程。用预测的方式来组织项目，强调过程的规范性、计划的周密性、文档的健全性及合同的约束性。它提倡零缺陷，鼓励一次性把事情做好。

这种做项目的方式在工业化时代没有问题。因为传统的工业时代是商品短缺时代，只要能生产出产品，很少有卖不出去的。企业获得利润的方式主要是依靠扩大规模、降低成本来实现。当产品的生产规模扩大到一定程度时，会到达投入和产出的临界点，超出了临界点的边际利润远远大于边际成本。因此，企业可以通过规模化的扩张来获得利润。

在传统工业环境下的企业，利用自身掌握的市场信息做出的需求预测是有一定的参考指导意义的，如图 7-6 所示。

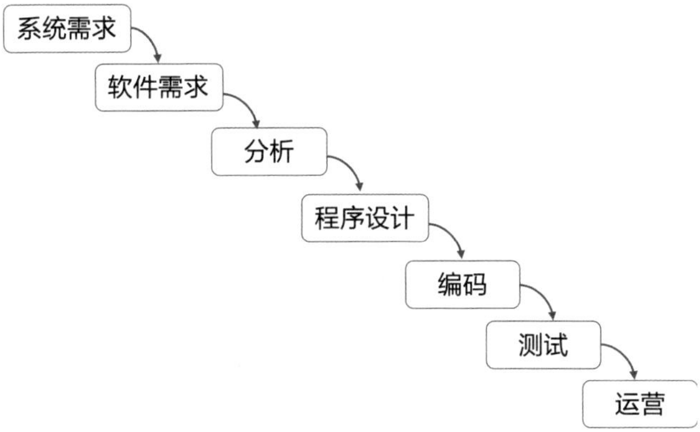

图7-6　瀑布式开发高度依赖预测的准确性

但是现在企业所处的环境充满了不确定性，再以市场预测作为各种业务决策的依据，显然存在很大的变数。传统企业需要面对各种变化，而企业会本能地抗拒这种变化，并希望尽量减少不必要的变化。

比如，你作为甲方装修房间，发现插座安装的位置不好，想要工人重新安装；或者你对瓷砖的颜色不满意，想找供应商更换。乙方一般会要求你为变更支付更多的费用。

在业务过程中，面对各种变化，需要人来做出业务决策。由于担心变化带来的影响，业务决策在很大程度上依赖于专家判断（Specialist Judgement）。由于人的知识和能力都是存在局限性的，这就相当于我们在一个有限的维度上去观察和思考问题。当专家判断碰到困难时，我们往往就无所适从了。

比如，在智能建筑行业，采用新型的建筑材料既有好处，也有风险。企业可能一时聘请不到合适的专业人才。这样，乙方设计单位对于采用何种建筑方案就无法快速判断决策，而甲方又不愿意等待。

再来回顾一下爱因斯坦所说的那句话：同一层次的思维，解决不了在同一思维层次上产生的问题。作为企业内有主观能动性的人，必须找到一个新的维度来指导自己，在快速变化的外部环境面前，更客观地去判断形势，并且做出更及时、更准确的决策。

这个新的维度来自哪里？新的维度来自“数据”。通过数据渐进明细，把控风险。由于人、机、料、法、环等要素联网进程加快，企业数据越来越丰富，大数据在业务决策中的作用逐渐超越了专家的直觉判断，如图 7-7 所示。

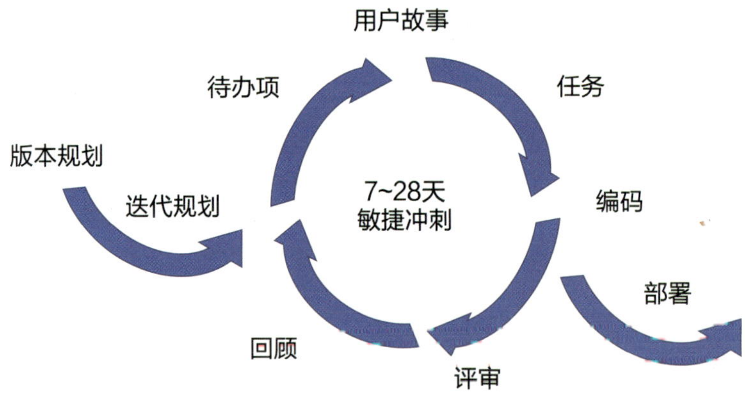

图7-7　敏捷方法通过滚动式计划，使数据越来越丰富、决策越来越准确

在得到了足够的准确数据后，可以通过在数字世界建模，结合感知层面和认知层面两种不同形式的人工智能辅助，进一步提升决策的及时性、准确性和有效性。

从香农的采样定理可知，通过采样可以把物理世界的模拟量转换成虚拟世界的数字量。只要采样的频率足够高，完全可以把数字空间的虚拟实体还原到物理空间。所以可以通过在虚拟空间里面反复模拟，用更快的、代价更少的方法，不断迭代，反复试错，从而找到一个最优化的方法，再回到物理世界。

依靠数据来进行决策，让数据说话，这就是在商业环境下的思想升维。

将升维思考的结果应用于实际项目的运作，通过面向市场的协作创新，进攻对手不具备的数据智能维度，形成降维攻击，如图 7-8 所示。

图7-8 数字化时代，唯快不破

数字化时代的技术转型也好，管理转型也好，营销转型也好，归根结底还是思想转型。企业领导者和员工对待新的数字化技术，不能当“马背上的步兵”。

马背上的步兵，这个典故来自中国的西汉时代。汉朝是中国古代比较强盛的一个朝代，在它北边有一个游牧民族称为匈奴。匈奴的特点就是它的骑兵战斗力非常强。因此，虽然匈奴有很多劣势，如人口比较少，同时没有什么耕地，但是因为它的骑兵比较强悍，所以经常能够突破跟中原之间的边界，南下进行抢掠。这使得已经逐渐强大起来的汉朝非常警惕，所以汉武帝迫切希望通过战争来解决匈奴人扰边的问题。

最早汉朝军队是在与秦朝、西楚的战争中赢得胜利，从而夺取了天下。那时的战争主要依靠步兵，步兵的特点就是人多，武器比较重，而且部队行动的速度较慢。这样，用取得内战胜利的步兵去跟匈奴作战时，步兵的劣势顿时就显现出来。由于匈奴的骑兵更快，因此它能够利用骑兵来突袭汉军的阵地，使汉军猝不及防。

汉武帝为了扭转战场上的不利局面，就任命了两位新的将领，李广和程不识。在汉朝第二代军队阵形中，还加入了汉武帝从西域引进的马种。但是第二代军队中的骑兵在与匈奴的骑兵作战时，并不是把马作为一种战斗的工具，而仅仅当作一种运输兵力的工具。

用骑兵把步兵运到阵地上之后，再用步兵的作战方法去与匈奴的骑兵作战，所以骑兵的优势没有充分发挥出来，导致第二代军队在与匈奴作战时仍然是败多胜少。究其原因，还是因为李广和程不识只是改变了作战工具，即虽然军队装备了战马，但没有改变作战思维。人们称之为“马背上的步兵”。

汉武帝为了彻底解决匈奴人的问题，又组建了第三代军队。这一代军队中的骑兵部队以卫青和霍去病为将领，他们从小就熟悉骑兵的作战方法，具备新型兵种作战的一整套思维。

而且汉武帝通过派遣张骞出使西域，得到了西域品种优良的大宛马，又称汗血宝马。通过杂交，极大地改良了中原的马种，使之具备更好的作战性能。通过马种的改良，加之新任命的这两位将领非常熟悉骑兵的思维和战略战术方法，因此他们把西汉的军队改造成了真正的骑兵。

在河套走廊的一次关键的战役中，卫青、霍去病两路夹击，彻底击败了匈奴的主力，使得匈奴分裂，败逃远走。从此，汉朝基本解决了匈奴为患北方边界的问题。

从上面的案例中可以看出，如果不在思想上进行转变，就不能充分利用新技术带来的好处。那么，即使数字化技术装备再先进，至多也就是一个骑在马背上的步兵群体，并不能充分发挥骑兵反应灵敏、行动快捷的特征。

企业中的管理者和员工，必须通过思想转型成为真正的骑兵，而不是马背上的步兵。这样才能敏锐地洞察商机，掌握未来数字化时代的主动权。

互联网的本质

如何从需求侧带动数字化升级转型？数据不能只停留在线上，而要通过互联网络，包括消费物联网和产业物联网，把线上的优势带到线下。那么，线上（也就是互联网上）有哪些优势呢？

互联网的本质是跨界和融合。硅谷的创投人和 PayPal 的创始人彼得·蒂尔在《从 0 到 1：开启商业与未来的秘密》一书中对互联网的商业本质有以下理解：全球化并不全是进步，竞争扼杀创新。对于创业者来说，一开始就要考虑在细分市场上，通过互联网形成全球化的垄断，从而在更高层次上赢得竞争，这就是思想升维。

互联网已经渗透到各行各业，包括传统的通信行业。无线通信早就超越了单纯的连接手段，早在3G时代，无线通信就开始了与互联网的融合。3G时代开启了移动互联网（MI）时代，而4G进一步拓展了移动宽带（MBB）互联网，5G则通过增强的移动宽带（eMBB）进入了物联网领域。

5G网络作为一个信息通信技术（ICT）深度融合的整体，它的网络属性是不容忽视的。5G网络是一个IP化的网络，而IP（Internet Protocol）正是互联网的核心技术。

梅特卡夫效应

互联网在商业上有两个比较有名的效应：一个是同边网络效应，又称梅特卡夫效应；另一个是双边网络效应。其中，以3Com公司创始人命名的梅特卡夫效应指出，随着网络节点数量的增加，网络的价值与网络节点数成正比（$V=kn^2$）。对于创业者和创新者来说，拓展网络节点（n）的速度决定了创新企业的生死存亡。

比如一部移动电话机，如果不联网的话，它就一点用处也没有。当一个网络中有了两部电话机时，这个网络就有一点价值了。当有3台、4台、5台甚至更多台电话机联网时，这个电话网络对于用户的价值就越来越大，因为你可以在网络上与更多的人开始通信。因此，接入网络的用户数越多，它对于用户来说的作用也就越大。如果n是网络中的节点数量，那么连接的数量就等于$n(n-1)/2$，大约等于$n^2/2$。因而，网络的价值与网络节点数成正比，如图7-9所示。

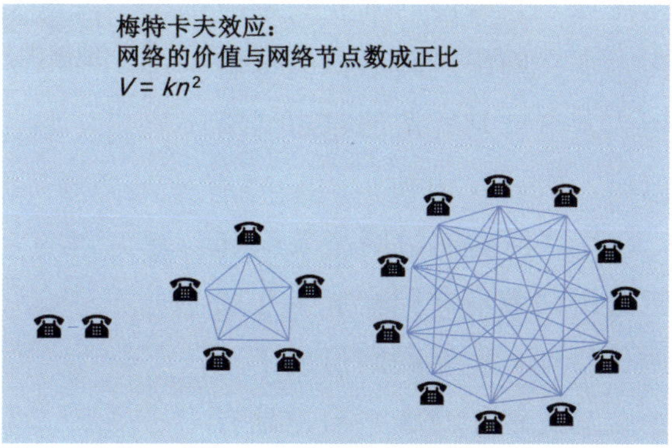

图7-9 网络价值随着节点数的平方而增长

用户希望构建一个全球通用的网络，这样就可以在地球上的任意一点，随时随地跟地球上其他任何地方的人通信。对于用户来说，这是一件非常值得期待的事情。

双边网络效应

什么是双边网络效应？因为互联网采取的是服务器到客户端这样一种技术和服务架构，服务端是一个网络群体，客户端是另一个网络群体。

客户端的不同个体如果拥有类似的采购需求，可以通过网络联结起来，形成一个虚拟的团购群体，在网络上进行虚拟的集中采购，即团购，提高客户个体的议价能力，并且能够保障产品的质量和服务。服务端欢迎客户端的这种抱团行为，因为对它而言，客户端的群体放大了，网络价值也会得到提升。

同样，服务端也可以抱团集中销售，如短租模式。服务端的一个个小房东，如果提供类似的产品和服务，也可以通过网络联结起来，形成一个比较庞大的服务群体，从而给房客提供更多的选择。从房客（客户端）的角度来看，服务端的抱团行为同样提升了网络的价值。

再以打车软件为例，联网的出租车和司机越多，对于乘客而言这个网络就越有价值。同样，从司机的角度来看，联网的乘客数量越多，那么网络对其的价值也就越大，这就是所谓的双边网络效应，如图 7-10 所示。

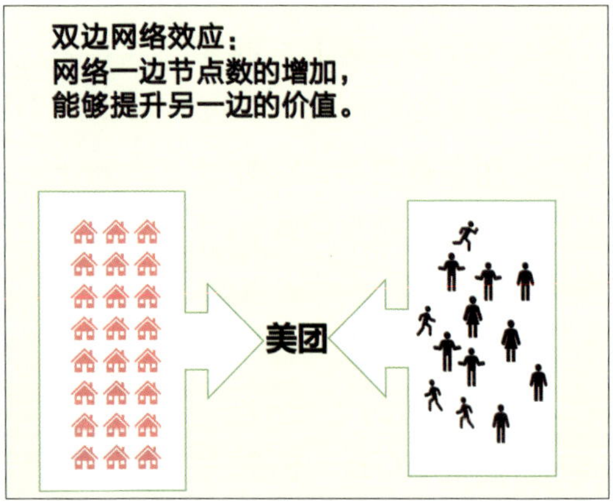

图7-10 服务端和客户端的互动，进一步提升网络价值

互联网的同边网络效应和双边网络效应共同构成了互联网的特征，使互联网形成了一个全球化的信息大平台，具有了天然的信息垄断性质。在互

联网上最容易出现的事情，就是跨界和融合。回顾一下彼得·蒂尔所说的，对于创业者来说，一开始就要考虑在细分市场上，通过互联网形成全球化的垄断，从而在更高层次上赢得竞争。

挑战基本假设，就有真正意义的创新

在数字化时代，企业管理者和员工应该积极转变观念，树立数字化管理思维。

案例：国有银行用“猪脸识别”开办抵押贷款业务

为了更好地理解数字化企业如何进行敏捷创新，下面进行举例说明。记得几年前看过一个案例，让我印象非常深刻：某国有银行开启了猪脸识别的业务创新，解决了农户用什么做担保抵押贷款的老大难。

在这项业务开展之前，没有人会提供这样的服务，出于投入产出比的考虑，这项业务需要以在线方式完成。显然，这项业务能够开展是因为你发现了“客户的新价值”。

如果猪脸识别技术运营方（识别有没有重复抵押的猪）、猪圈的 IoT 设备提供方（监控猪有没有跑掉）及贷款的银行，都是你这家企业组织起来的合作伙伴，那么通过在线数据共享，相互协同和协作，大家可以共同完成这一创新业务，如图 7-11 所示。

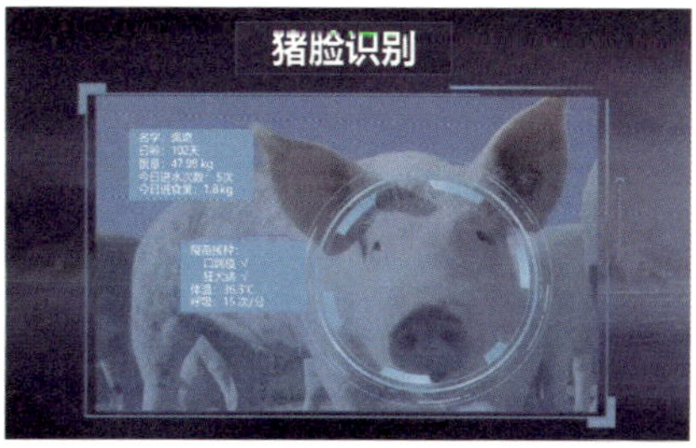

图7-11　开拓思维，没有什么“不可能”

于是，你会看到你突破了现有的“企业边界”，通过“跨界”合作，做成了原来不可能完成的一项工作。因为发现了新的客户价值，暂时也看不到“竞争”对手，至少这个竞争优势可以保持一段时间。这里，可以看到技术和业务的边界在模糊，深度融合会带来新的业务，这就是数字化转型企业充满勃勃生机的原因所在。

数字化转型的关键在于发现并创造客户价值，这等于打开了企业新的成长空间。以连接、跨界、合作为核心的数字化转型战略，会帮助企业重新定义数字化的产品和服务，并赋予其新的含义、新的价值，最后通过敏捷技术、敏捷组织、敏捷创新机制加以实现。数字化转型的决胜因素是效率和用户反馈，用通俗的话来讲，就两个字："快"和"好"！

企业需要具有正确思维和技能的人员来实施数字化转型。数字化人才应该积极转变观念，树立数字化管理思维。同时，更重要的是注意提高自己的道德素养。

什么是道德？老子说"宠辱若惊，贵大患若身"，孔子说"六十耳顺"，三国时期蜀汉开国皇帝刘备说"喜怒不形于色"，北宋范仲淹说"先天下之忧而忧，后天下之乐而乐"，乔布斯说"Stay hungry"，任正非说"自我批判""爱一行，干一行"，字节跳动总裁张一鸣说"延迟满足"，以上这些都是创新型领导者必备的素养。5G之父、华为首席科学官阿里坎说："不要去摘取易得的果实，不要去追求容易得到的快乐。"这样，才能始终用好奇心进行自我驱动，去触及事物本质，做出真正有意义的创新，从而获得持久的快乐和满足感。

第八章

数字化转型“转变”了什么

做出正确的选择

无论你所领导的组织规模大还是小、利润率高还是低，无论你的组织处于哪个发展阶段，无论组织发展顺利还是遇到困难，你现在都可以做出一些选择。这些选择将会对组织的未来产生深远的影响。

比如，是以产品为中心，还是以用户为中心？是服务“三高”人群（高收入、高年龄、高消费人群），还是服务“三新”人群（新时代的人、对新技术感兴趣的人、容易接受新事物的人）？是提供给用户一成不变的体验，还是持续优化用户体验？

传统企业以产品为中心。所有的部门设置和业务流程都围绕产品进行：某个产品部门，从产品的规划、设计、开发、验证，到产品的生命周期管理等，都是以产品为中心。如果要转变为以用户为中心，就需要调整部门和业务流程设置。要实现这一转变并不太容易，会遇到很多阻力。

变，还是不变，选择权掌握在你自己手中。

人，还是科技

人类历史上已经多次创造出超凡的科技，并且每次都能把它们成功整合进人类社会的大系统中。比如，蒸汽机的出现，让人类造出了跑得比马更快的火车。接着，内燃机的出现使得马路上遍布小汽车，马车夫这个职业不再被人们需要。

面对新技术带来的翻天覆地的变化，我们不得不思考人与科技之间的关系。科技是不是替代了人类的作用，使人类变得不再那么重要？

马车夫面对汽车这个新技术，起初一定是惶恐的，因为他们担心自己的生计会受到影响。后来，随着技术的发展，马车夫发现，只要经过培训，自己可以转型成为汽车司机。而且，汽车这种工具比传统的马匹用途更加广泛。汽车速度更快，更好操作，而且更加容易维护和保养。一旦马车夫接受了汽车这项新技术，人与科技就不再是对手，而是朋友。

人工智能的到来亦是如此。起初，人们面对一个在某方面智力超越人类的机器是感到惶恐的。因为机器的运算能力过于强大，人们难免会在某一时刻质疑自身存在的价值。但是，随着人工智能的发展，人们发现，只要经过适当的学习赋能，人类完全有能力驾驭人工智能这个新事物，而且工作和生活体验会比以前更好。

比如，办公楼里的白领员工不需要再为整天面对堆积如山的财务报表而发愁。以后这类重复性的简单智力劳动，都可以交给机器来完成。将来，机器人不但能做饭、做家务，而且能够照顾老人和儿童，使人们从沉重的家务劳动之中解脱出来。

作为个体的人类，也许会对智能技术在某些方面表现出来的超凡智力感到惊讶。然而，作为整体的人类社会，已经经历了成千上万年的演进。当今人类社会，早已不再是单一由人构成的纯人类系统，而是由人和人创造的机器构成的人机混合系统。

几千年来，人类社会的大系统已经成功整合了青铜器、铁器、蒸汽机、电力、计算机等各个年代的先进技术。迄今为止，政治与资本联合起来的力量，远比技术更为强大。从这个发展趋势来看，人类社会整合当下的人工智能似乎是一种必然。

传统企业需要在人类社会拥抱智能化的大趋势下，做出自己的判断和选择。而员工也必须时刻保持有效学习，保持数字化时代的领导力和竞争力。

以危机触发，用愿景鼓舞

以危机触发变革

当今时代正在经历“百年未有之大变局”。背后的技术变革力量，正是以人工智能为标志的新一代信息通信技术。

传统企业面临的风险正在逐渐加大。风险的触发一般有两种情况：一种是事件类风险；另一种是非事件类风险。典型的事件类风险有“黑天鹅”事件和“灰犀牛”事件。其中，“黑天鹅”事件是指发生概率很小，但是一旦发生，带来的影响就是灾难性的一类事件；“灰犀牛”事件是指发生的概率较大，而且一旦发生，带来的影响也不容忽视的一类事件。不管是“黑天鹅”事件还是“灰犀牛”事件，它们都是事件类的风险，人们可以通过事件的发生来识别和判断风险的存在。

比事件类风险更不可把握和捉摸的就是非事件类风险，人们根本无法察觉风险事件的发生，但是情况已经在悄悄发生变化。这就是所谓的“模糊”类风险和“变异性”类风险。非事件类风险在潜移默化中发生，不知不觉中外面的环境就变了（打个不太贴切的比喻，比如温水煮青蛙）。这种非事件类风险更加需要人们保持警惕。如果你时隔20年去参加同学会，你会明显感觉到每个人的人生都发生了巨大改变。而这一切变化似乎都是在不知不觉中发生的，其间并没有太多惊天动地的事件。

为了提高应对风险的能力、减少威胁、增加机会，需要提高团队的韧性。通过数字化手段，可以让企业变得更加强壮、更加敏捷。只要企业服务客户的初心不变，牢牢地抓住客户的愿望和需求，围绕客户需求进行创新，就能在数字化时代找到生存和发展的机会。

用愿景鼓舞变革

数字化转型将改变行业格局，导致行业重新洗牌。一般来说，对于传统企业，当前是确定的“1”，而转型的未来是不确定的“X”。X 意味着有多种可能的结局，要么成功转型“出众”，要么拒绝转型“出局”。

幸运的是，得益于传统企业很多年积累的专门知识，企业还有第三条路，就是走 OICT 融合演进的道路，让数据智能为传统企业所用。企业转型的三种可能结果如表 8-1 所示。

表8-1　企业转型的三种可能结果

三种可能结果	说明
彻底转型	全面转型为数字服务提供商（DSP），具备专业数据服务能力，具备跨界投资和业务运营能力
部分转型	用数字化增强原有企业能力，在本行业进行业务融合（OICT），能够防止跨界和颠覆
不成功转型	部分甚至全部业务受到跨界侵扰，市场收入和利润下滑

如果传统企业想要做到“出众”，应该从根本上重新思考业务模式和流程，而不是修补或增强传统方法。正如通常建议的那样，数字化并不仅仅是实施更多的技术系统和服务。数字化转型应该创造一些新的东西，可能是对客户体验的改进（如允许客户自助服务）、简化供应链或使用数据洞察来提供新产品。

这种创造性的要求对企业领导者而言仍是一项艰巨挑战。根据伦敦大学贝叶斯商学院的研究，大多数组织在产生新想法方面没有大问题，但许多组织在实施新的商业模式或将好的想法转化为组织目标时却失败了。

以用户为导向，实施班长的战争

前面已经从用户导向、业务流程和 IT 实施策略等多个方面，对数字化转型做了较为全面的介绍。可以看到，企业原来期望的是技术转型，最后却发现组织转型更加重要。

所以数字化转型始于技术，终于组织。组织与IT双双转型。组织边界从封闭走向开放；组织方式以自组织涌现机制为特征，重建组织生命周期；组织合作从串联到并联再到网络，构建生态化协作网络；组织架构成为“小前台 + 大中台”的敏捷组织。

传统企业要么垄断一个细分行业，要么构建新的维度来保护自己，避免受到跨界业务的冲击。为此，要逐步将物理世界的能力迁移到云上，形成大中台、轻前台的业务架构。利用自己的专门知识，构建核心能力，与生态合作伙伴联手，形成强大的中台炮火群，支援一线“班长的战争”。只有这样，才能在未来的数字化大潮中占据一席之地，如图8–1所示。

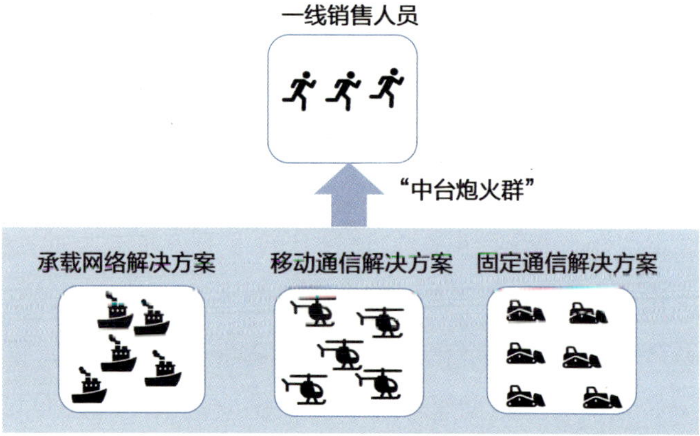

图8–1 用组织与IT双转型来实施“班长的战争”

数字化转型的起点是“数字化”，落脚点是“转型”。对于企业来说，转型并不是一个特别轻松的话题，因为转型意味着变革，变革就需要触及利益和人性。因此，数字化转型不能仅仅依靠信息技术工程师来驱动，而必须考虑到企业内外创新力量的整合。

华为公司在业务发展到一定规模时，及时引入业界领先的咨询公司，重建了企业的运营、创新和管理业务流程，消除了低效的重复，连通了业务断点。持续“深淘滩”，不断降低内部运作效率，从而可以做到“浅筑堰”，灵活控制产品的价格和利润率，掌握了市场定价权。

数据和业务上云是企业变革的基础

较为陈旧的 IT 软硬件系统可能是变革的障碍。根据 Logicalis《2016 年全球 CIO 调查报告》，近一半（44%）的 CIO 认为复杂的传统技术是数字化转型的主要障碍，51% 的 CIO 表示他们计划调整或者取代现有基础设施，以加速数字化转型。可考虑用现代基于云的系统替换传统系统。尽管这一过程本身并不是数字化转型的目标，但数据和业务上云是企业变革的基础。

在转型路径上，首先要导入以用户为中心的理念。其次，通过咨询公司辅导，理顺业务流程。最后，业务流程与 IT 双轮驱动，实现业务与 IT 双模转型，如图 8-2 所示。

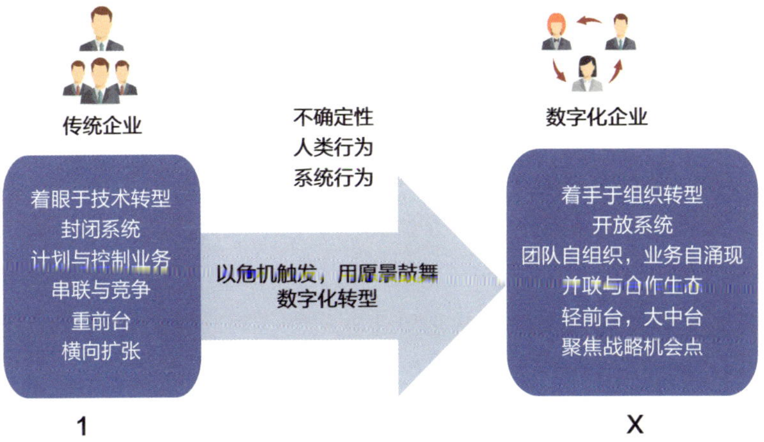

图8-2　从技术转型到组织转型

第一步，要树立以客户（C）为中心的理念。因为交换是企业的本质特征。人工智能可以替代企业内部部分运营工作，但它目前并没有替代客户。因此，数字化转型要以提升用户体验为第一要务。在以客户为中心的大前提下，做好以下三件事情。

①统一思想，看清楚方向。

企业数字化转型是指企业综合利用各种数字技术，与业务模式转型相结合，为企业解决问题、创造价值、提升企业业绩的持续性过程。

②设定目标，包括设定愿景目标和现实目标。

跨界对大部分企业而言非常难，建议企业谨慎对待，优先处理既有业务的问题。跨界的常见想法是能力外化，比如开放自己为旗下分销商建立的在线订单平台，为各行业提供服务。最大的挑战不是订单平台的技术能力，而在于“为什么其他企业和分销商要来用你的平台”，本质上面临着完全不同的竞争环境。

③选择路径，规划时要考虑多路径，可以参考华为红蓝军制度，不要轻易否定少数派意见。

在选择部署路径时，建议企业采纳自上而下的顶层规划和自下而上的局部尝试并行。不同的局部尝试发生冲突时，遵循直接与客户相关的解决方案优先、客户体验优先，以及 IT 架构前瞻性优先原则。在切入点的考虑上，优先考虑推进企业业务和管理的线上化，以充分利用既有的线上“无接触”服务习惯。

第二步，数字化转型要回归业务（B），转型要有组织保障。将数字化这个新动能整合到企业现有的业务和流程中，形成力出一孔的局面。数字化时代仍然需要针尖战略，适当收窄业务宽度，在战略机会点上饱和投资，这样才会有所突破。具体来说，就是要建立机制，对于从外部咨询公司引入的经验，可以先僵化，后优化，再固化。

建立能保证转型工作有效推进的机制，包括以下五个要点。

①转型工作的最高推动者必须是企业“一把手”，从战略高度制定转型的目标并解决跨部门资源协调和配合的问题。

②工作推进的具体执行人和牵头人可以是 CIO，也可以是 CDO、COO 等，关键是要有创新精神，并能在企业内调动资源。

③设定组织机制，初期可以采用联合项目组，但需要建立明确的项目制，有目标、有节点、有时限。

④设定奖惩机制，鼓励数字化转型工作的实施，避免企业被既有 KPI 抢夺资源。例如，华为在 IPD 变革时用变革进展指标（TPM）来促进转型。

⑤依据企业对数字化转型的不同应用程度，组织协调方式可采用“探索式”“协调式”“集中式”“嵌入式”等不同方式。

数字化转型初期，企业尚未确立整体推进方案，但已经具备局部试点的条件，这时可以采取探索式，鼓励各部门局部尝试；之后，随着企业对数字化的应用加深，跨部门的协调需求加剧，向着协调式、集中管理式过渡。最终实现的是嵌入式管理、全企业在顶层规划下的数字化转型。

第三步，建立数字化底座和架构，建立虚拟世界与物理世界同步互动的技术架构（A）。前面提到的 PATH 公司（平安、阿里巴巴、腾讯、华为）都是这方面的典范。具体的实施方法是进行 IT 能力建设，挑选合适的切入点，做出成绩，形成示范效应。

在资源层面，对内实施 IT 资源整合，聚集所有 IT 力量，统一规划。这点对 IT 资源分散的集团型企业尤其重要。借助数字化专业团队的力量，通过合作加快企业数字化转型的推进，并从外界学习数字化技能。

在运作方式方面，从项目制向产品制、敏捷转移，并依据业务需求建设敏捷开发、微服务化等能力；在人员方面，初期重点强化 IT 团队中的产品经理、数据分析、业务架构类的队伍建设。

不同类型企业在转型过程中面临的难点是不一样的。对于规模较大、业务较复杂的企业，在转型初期建立适合的转型推进机制，是比解决技术上的难点更重要的事情。企业数字化转型的成功经验和失败教训如表 8-2 所示。

表8-2　企业数字化转型的成功经验和失败教训

	成功经验	失败教训
统一思想	建立愿景	未能统一思想
设定目标	设定合适的转型目标	目标过高或者过低
选择路径	路径清晰，分阶段实施，滚动规划，风险可控	路径不清晰，未划分阶段，投资风险大
建立机制	整合人的力量	技术挂帅
IT 能力建设	IT 赋能	赋能 IT

未来的 X 到底是什么，答案就在于今天。洞察现状和趋势，尝试用语言将未来状态清晰地描绘出来，以危机触发变革，用愿景鼓舞行动，那么未来就有可能变成你期望的样子。

从1到X的跨越，突破增长“瓶颈”

在当前的大环境下，企业有很多现实的选择。现实是确定的“1”，而未来是充满不确定性的“X”。正所谓“车到山前必有路，船到桥头自然直”。那么，在数字化的大潮下，企业未来的路在何方呢？

第一种是最容易想到的，就是继续当前正在做的事情，不要去考虑环境的影响，把环境的变化当作一种干扰因素。比如，把数字化转型这些概念当作一阵风，也许吹吹就过去了。等这阵风吹过去之后，原来怎么做今后还是怎么做。这是一种很自然就能想到的应对策略。这种类型的企业现在已经为数很少了。

第二种是奉行拿来主义。面对数字化的大趋势，先等等看，看看同行业的其他企业是怎么做的，如果有成功的经验，就直接效仿。如果有失败的教训，就不要去踩前人已经踩过的坑。这也是笔者在做咨询的过程中最常碰到的一种想法。不得不承认，这些企业的管理者还是相当务实的。问题是，如果我们本来是行业的领先者，却一直这样等待下去，很可能不知不觉就沦落成一个跟随者了。

第三种是积极地应对。比如，笔者在与企业合作过程中发现，这些企业面对外部环境的不确定性，会主动区分其中的威胁和机会，从趋势中找到新的动能，让企业能够在保持一定规模的前提下，持续地以较高的速度向前发展。这些企业的管理者认为，向数字化转型，有可能成为业务增长的新动能。

未来是一个变量，X 的结果在很大程度上取决于今天的态度和行动，如图 8-3 所示。

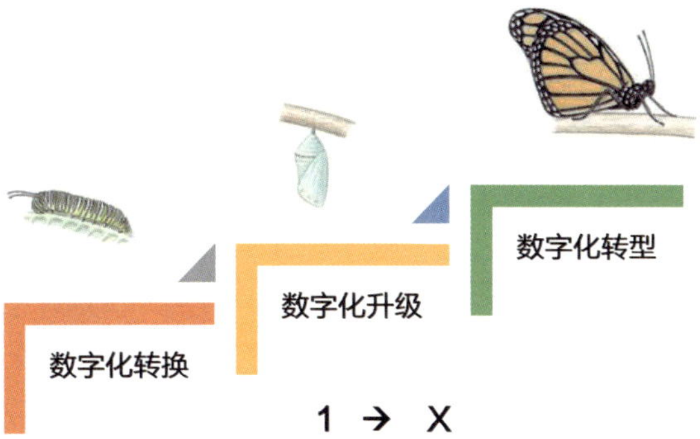

图8-3　数字化转型势在必行，X代表无限的可能

经业界的咨询公司分析，采取第三种态度，虽然风险较高，但是带来的利润回报也是很丰厚的。

以通信行业为例，咨询公司预计，到 2030 年，在全球 100 家顶级的通信运营商中，只有 14 家能够彻底完成数字化转型。但是这些为数不多的通信运营商，却能够获得这 100 家企业总利润的 46%。而坚持走传统路线的运营商有 44 家，业务收入却只占总利润的 12%。风险越高，利益越大，如图 8-4 所示。

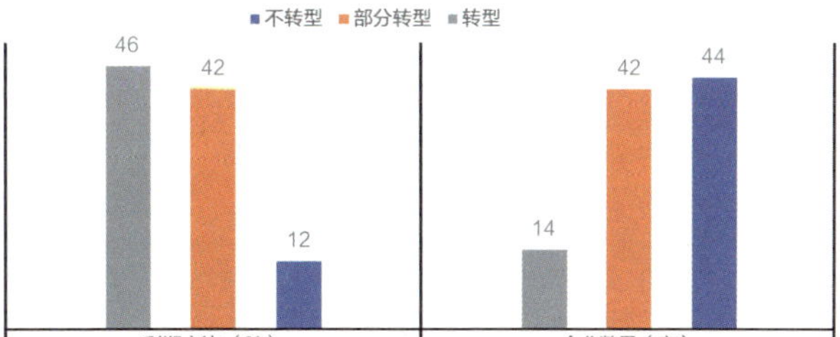

	利润占比（%）	企业数量（家）
■不转型	12	44
■部分转型	42	42
■转型	46	14

图8-4　全球TOP100通信运营商转型效果预测

就像亚马逊重新定义了零售业一样，互联网、5G 和 AI 正在重新定义，并且将要改变越来越多的行业。想想看，未来我们所从事的行业将会变成什么样子？

洞察未来需要具备一定的跳跃思维，从今天看明天，是看不清楚的，因为今天到明天的变化实在是太小了。但是当我们蓦然回首，往回看 10 年、20 年时，就会发现未来是真的存在的。

就像在 20 年前，人们还在用压缩光盘（CD）机听音乐，而今天的年轻人听到的热门歌曲全部来自互联网。在 10 年前，人们还在用现金支付，而今天的年轻人出门根本不带现金。也许 10 年以后，偶尔谈到现金支付的历史故事时，未来的新新人类会瞪着大眼睛，一脸茫然地问你："钱是什么？"

要想洞察未来，就需要站在后天去看明天。站在 2030 年，回头再看 2025 年和 2020 年，会发现人们今天的想法真的是太保守了。在今天看上去不可能改变的一切，10 年后、20 年后再回过头来看，一切所谓的不可能改变，都只是一厢情愿的幻觉。

未来，就是用有想法的方式呈现自己。对于企业的管理者和有追求的员工来说，未来具有很强的可塑性。你期待未来是什么样子，并且能够鼓动身边的团队来协助自己，只要目标和方法得当，那么未来就真的有可能变成你所期待的样子。现在就可以尝试一下，用右手两根手指摆出一个"V"字造型。试一试，未来是不是马上就可以因你的想法而改变？因此，未来就是用有想法的方式呈现自己。设立愿景的作用如图 8-5 所示。

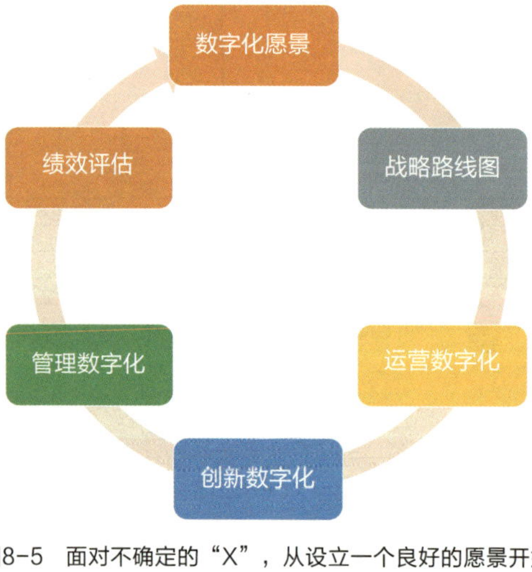

图8-5 面对不确定的"X"，从设立一个良好的愿景开始

案例：农夫山泉的数字化转型

农夫山泉在快速消费品行业中有其独特的商业模式。农夫山泉抓住了人们追求健康的心理，在水源供应上面下了很大功夫，在全国建设了众多水源地。数字化在农夫山泉的应用，主要是优化了供应链，提高了运输的效率。这并不是人们一般所想象的，仅仅通过数字化来做客户画像、场景分析和精准营销。

农夫山泉的增长密码在于，同时在品牌营销、供应链管理和渠道优化管理上筑高墙，自建供应链、零售渠道，强力控货。2019 年，农夫山泉投资 5000 万元在上海成立了供应链科技公司。2019 年，农夫山泉纯 IT 类人员约有 221 人，涉及无人零售、区块链技术在传统领域的创新，以及业务中台体系建设、智能制造、大数据架构、开发运维一体化 DevOps 平台等。

农夫山泉的董事长钟睒睒说话直接，从不人云亦云，还因其特立独行的作风，被不少媒体冠以“独狼”的称号。“互联网 +”、人工智能、大数据，这些被炒热的概念谁听了都说好，但他就是能站在人群之外，不断强调人的价值和传统的力量，为传统企业振臂疾呼。

钟睒睒认为，传统企业就是人类过去 10 年、20 年甚至上百年不断在犯错过程中自省，并沉淀下来的各类知识、工艺、标准、传统和方法，维持着人们各种生活必需的企业。传统企业应该把大数据和人工智能作为加速自己知识进程的一种工具，加强自己的知识力量，在各自的领域当中发掘人所未知的、属于你的、独一无二的新知识。让知识（注：通常统称为数据，注意“知识”和“数据”的微妙差异）变成你真正的核心竞争力，如图 8-6 所示。

而大数据正是这些宝贵的知识、工艺、标准、传统、方法和经验的载体（注：这句话的意思是，数据的本质是知识的载体）。如何获得这些数据，保护这些数据，用这些数据产生价值，是传统企业尤其是转型发展中的中小型传统企业应该思考的问题。

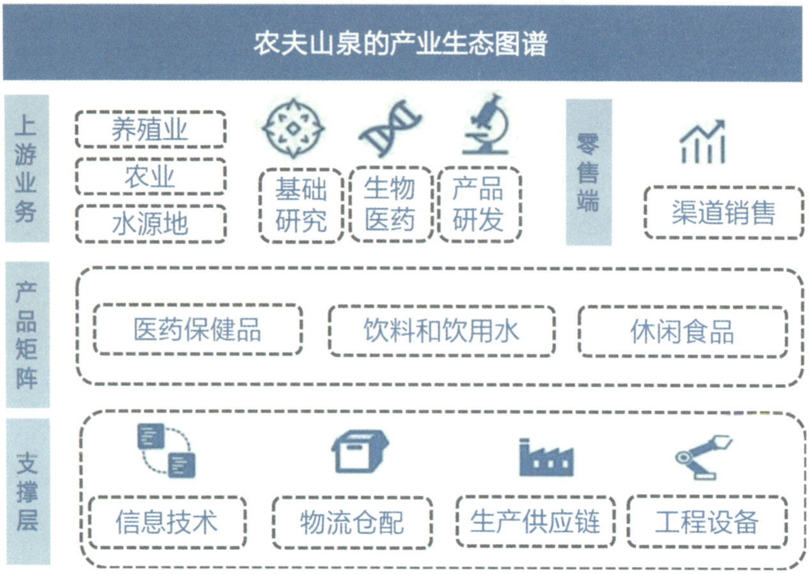

图8-6　农夫山泉数字化的秘诀，在于发掘自身领域独特的新知识

数字化，新人文

数字化并不是通过创造机器人带来新的需求，而是通过释放和激发人类潜在的欲望和需求来提升现有的动能。

欲望是人类特有的一个性质。理由很简单，机器人虽然很能干，但是到目前为止，机器人还没有欲望和“快乐”，它们也不需要钱。所以在当前的科技环境下，企业数字化的原始动能仍然来自人类对快乐的追求。

换句话说，可以创造机器人来取代员工，帮你省钱，但是无法创造机器人来取代客户，帮你消费生产出来的产品。

不过这样说可能会带来一些质疑。为什么机器人就不能有欲望呢？为什么机器人就不需要用钱呢？

现在还真的有科学家在研究：能不能用机器来仿造类似于人类的意识、情感和欲望？现在机器能够识别人类的情感，也能够在一定程度上发现人类的偏好。那么为什么不能设计出一种机器，使之拥有自己的情感和偏好呢？

换句话说，为什么机器不能具有与人类一样的需求和更多的欲望呢？

这样想下去，好像还真有点细思极恐。也许当机器人学会花钱的那一天，它们对整个人类的存在都是一个巨大的威胁。

人类作为碳基生命的最高形式，一直被认为是万物之灵。但是自从智能手机出现后，人们发现这种情况正在变化。越来越多由人类制造的工具开始具有了智能。与人类非常相似，智能设备除了拥有肉体（Physics），还慢慢开始拥有灵魂（Cyber），成为所谓的信息物理系统（Cyber Physics System，CPS）。

信息物理系统（CPS）是工业 4.0 里面的一个核心概念。

简单来说，系统就是 1+1>2。如果 1+1=2，那么称为线性系统。前面说过，线性系统是没有效率的。比如，一家企业一年的利润是 200 万元，100 万元用来支付设备费用，另外 100 万元用来支付人工费用，那么辛辛苦苦一年下来，这家企业却没有产生任何利润。

所以企业一定要成为一个非线性系统，才能持续存在下去。也就是说，企业要想方设法地提高自己的效率。那么，企业的效率提高从何而来呢？

企业里所有的资产设备，如果没有人类干预，它的本质都是线性的。比如，100 万元买来的原材料，如果没有人去做分销，就无法产生 150 万元的价值。

因此，以往传统企业的非线性只能来源于人。也就是说，企业家通过有效管理，让花了 100 万元雇来的工人，产生了价值 150 万元的产出，从而实现了 50 万元的企业利润。如果企业管理不善，让工人的人均贡献低于人均成本的话，企业的利润就是负的。

以往传统企业要实现盈利，离不开资本、技术、劳动力这些生产要素。其中，具有学习能力的劳动力是经济发展必不可少的因素。而现在，人工智能也具有了学习能力。

比如，在工业革命时代，美国起初主要是一个原材料生产国。美国生产的原料棉花被运到英国，加工成纺织产品，从而给资本家带来利润。而美国农场里雇用的大量劳动力从哪里来呢？早期的劳动力是从非洲掠夺过来的黑人。如果没有从非洲输入的大量劳动力，美国早期经济发展几乎不可能那么迅速。

到了20世纪50年代，美国的黑人开始觉醒。美国黑人民权领袖马丁·路德·金提出：“我有一个梦，就是希望人人生而平等。”也就是说，这些被用来创造超额利润的劳动力，忽然有一天觉醒了，不愿意再为资本家卖命。

到了20世纪中叶，美国已经进入信息社会。这个时候美国需要另外一种劳动力，即高科技人才。美国人都喜欢做哪些工作呢？他们更加偏爱律师、会计、投资人、医生、教授等职业，他们觉得这些职业比较高尚。而像做软件、硬件等工作，他们认为很费脑筋。

因此，美国硅谷的发展依赖大量从亚洲来的移民，源源不断地补充高科技公司劳动力的需要，从而造就了20世纪后半叶美国经济的高速发展。

然而，从全球环境来看，劳动力红利正在逐渐消失，工人的工资成本也越来越高。在这种情况下，美国和世界其他国家的资本家又盯上了人工智能，因为人工智能在某些地方表现出来的能力并不比人类差。所以投资者就在思考，既然机器这么便宜，干活又这么任劳任怨，还遵守纪律，为什么不用机器来弥补一部分劳动力缺口呢？

这就是现在人工智能受到高度关注的原因之一。因为雇用人工智能进行生产，被认为是在人口红利消失的形势下，仍然能够保持经济持续较快增长的替代方案。目前在一些领域，如矿山、生产危险化工产品的工厂、港口的集装箱装卸码头、传染病房等，高科技制造的机器人已经开始和人类争夺工作岗位。

更重要的是，机器人不仅干活很卖力，而且不需要企业给它们发工资。这一点和工人很不相同。工人一边工作，一边要领薪水回家去消费其他企业的产品。而机器人不会去消费其他公司的产品，其他公司的机器人也不会消费我们公司的产品。这样一来，生产出来的这些产品给谁去消费呢？

机器人占用了人类劳动力的工作岗位，但是又不领工资，这就产生了一个严重的社会问题，就是就业工人的群体在缩小，整个社会的工人所领到的薪水总量变少了。从整个社会的角度来看，一方面是生产能力的巨大提升，另一方面是社会需求的急剧萎缩，从而产生了智能社会的一个悖论。

机器人大规模地进入生产领域，从一个企业的局部来看，的确提高了生产效率，但是从社会的全局来看，又降低了整个社会的购买力。这样，无疑会加剧产能过剩，引发经济危机，使得智能社会的经济危机来得比传统社会更快、周期更短。

从这点来看，在数字化时代，人和科技需要找到一个和谐共处的方法。比如，人类能不能不要把机器人单纯地当作一个机器、当作赚钱的工具。而机器和人工智能的发展，也应当遵守一些基本的规则，比如机器人不能攻击人类，人工智能不能以人类为假想敌等。同时，智能科技的发展不能以工人的大规模失业或者被动转岗为代价。工业化时代发生在美国“铁锈带”的故事，希望在智能化时代不要重演。智能社会首先应该能保障各行各业的工人充分就业。

因此，数字化的进程应该能为人类创造更多、更有意义的工作岗位，为人类带来更加便捷幸福的生活，为人类社会带来更多和谐。数字化的目的不是用机器来替代传统人工，造成大量的工人失业，更不是为了加剧社会的贫富差距，以及社会分裂和对立。

数字化应该致力为社会带来更加积极的效果，应该致力释放人类被压抑的欲望和需求，为人类实现梦想创造更多的可能性。

比如，未来的智能社会应该能使人类更加健康长寿，让更多的人能够去太空旅行，改善工人的工作环境，减少枯燥重复的劳动，使工作氛围更好，有更多的有效沟通，更能激发人类创新的潜力和创造的热情。

这就是企业数字化转型强调以客户为中心，而不是以技术为中心的原因。因为客户与我们一样是人类。通过经济规律的调节，客户能够很好地与企业实现利益基础上的一元共生。如果以技术为中心，就很容易陷入智能机器与人类争夺生存空间的二元博弈陷阱。

效率，还是公平

企业系统进行数字化转型的复杂度，来自人的因素、系统整合的因素和不确定性因素，如图 8-7 所示。

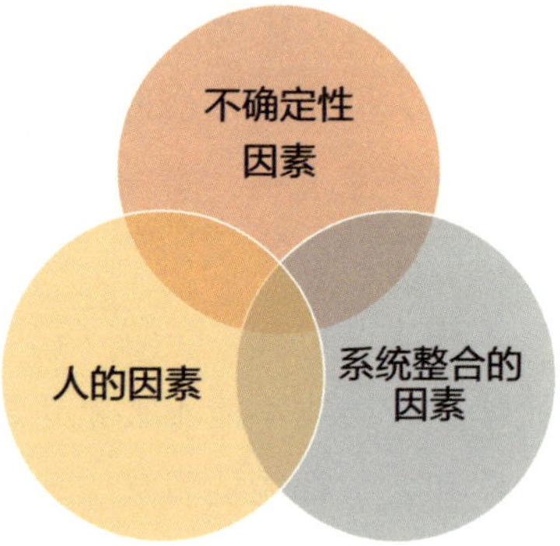

图8-7　数字化转型的三个难点

就像所有的科技一样，人工智能（AI）也是一把“双刃剑”。那么，人工智能在未来的数字经济中扮演什么样的角色呢？

人工智能确实会带来社会财富的增加，但是这种财富增加的程度不是普惠的。一部分能够利用资本的力量来控制人工智能的人，或者掌握了人工智能专业知识的人，他们会通过企业智能化来增加自己的财富或收入。而另一部分人，则可能成为智能时代的社会螺丝钉。他们受人工智能平台的管理和控制，依靠智能调度平台派发的订单来谋生，就像今天的网约车司机、快递员、保姆等。

依托资本的放大效应，前一部分人的财富增长是非线性的，而后一部分人的收入增长受限于自己的劳动时间，只能够线性增长。这样，人工智能的应用不可避免地放大了社会财富增长的差异。

就像美国现在的情况一样，美国西海岸的高科技与东海岸的金融资本结合起来，加速了制造业空心化，给美国社会带来明显的变化，社会财富的不平等现象正在持续扩大。

实际上，在哥伦布发现美洲大陆以后，当时移民到北美的那一批人，他们的财富差异并不大。就像美国第一任总统华盛顿，他家里也只有300亩土地，这个数字在当时来看是非常一般的。当时北美有大量的土地，几乎每个移民都会得到一大片地。

后来随着社会的发展，美国社会贫富差距不断加大，尤其是到了信息化社会的后期，这种差异更加明显。

在资本主义国家中，科技带来的贫富分化，始终没有另一种力量能够平衡它。

但是社会主义国家不一样，我们有强有力的政府来平衡资本的力量，来保障低收入人群基本的生存权利。这样，就为人工智能等高科技的发展解除了后顾之忧。

比较思维会导致“内卷”

数字化赋能的本质是数据承载知识，知识助力创新，创新成为企业增长的火车头。而创新的本质是熵减，也就是说企业必须开放，主动拥抱市场的压力，将压力转化为增长的动力，如图 8–8 所示。如果企业在数字化转型的进程中拒绝开放和创新，一不小心就会使企业掉进内卷化（Involution）的陷阱中。

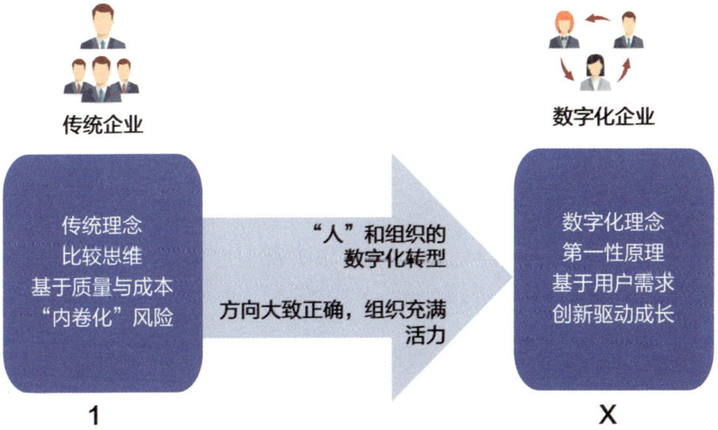

图8–8　以创新驱动成长

“内卷”的英文为 involution，最早的拉丁文写法还是由康德发明的，跟它对应的词是 evolution，也就是演化。直观地说，内卷就是“向内演化”。

北京大学社会学系的刘世定和邱泽奇 2004 年专门写了篇论文——《“内卷化”概念辨析》，考证了“内卷化”概念的演变。

“内卷”作为一种现象，最早是由美国人类学家亚历山大·戈登威泽（Alexander Goldenweiser）从艺术角度提出来的。图 8–9 所示为新西兰毛利人的装饰艺术。它的特点是特别精细，有各种细微的层次，看起来相当复杂。

但这种复杂是一种单调的复杂。精细倒是精细，但是精细得没有太大意义。它就是几种模式不断地重复，没有什么创造力和多样性。从事这门手艺的人，只能称为“匠人”，不能称为“艺术家”。虽然精细，但是这种艺术其实没有太大的欣赏价值。

图8-9　内卷是低水平的重复，无法带来有效增长

这就是内卷。向“内”演化，越来越精细，越来越复杂，其实只是几个固定模式的重复，没能跳出模式的范围。

乍一看很震撼，你们真是下了大功夫，越弄越复杂，每个小地方都要精雕细刻，但总是这么几下子。

内卷的关键不在于有竞争，而在于“向内演化”，是精细化，是低水平的复杂。内耗是危机，内卷却是一种无声的悲哀，而陷入内卷的人很可能乐在其中。

不论是内卷还是内耗，真正的解决办法都是创新和转型。如果到了S曲线的平台区，就要寻找第二曲线，积极探索蓝海。而创新就需要放弃比较思维，需要运用第一性原理，从最基本的假设条件和制约因素开始思考。

比如，传统企业以产品为中心，它的基本假设是：只要产品物美价廉，人们就会买这个产品。这个基本假设正确吗？在物资稀缺的时代，这个假设是正确的。但是在产品极度丰富的今天，这个基本假设是不成立的。精益管理颠覆了“以产品为中心”的基本假设，从而造就了丰田的一代辉煌。

传统的银行致力服务“三高”人群（高收入、高年龄、高消费人群），它的基本假设是：20% 的用户带来 80% 的收入。而 20% 的高端用户群体，其总量是可控的、可服务的。

可是，这条基本假设在互联网时代被梅特卡夫效应颠覆了。由于互联网具有极强的延伸能力，导致用户群体远远超越了传统银行所能服务的数量。互联网金融抓住了这个特点，从小微用户入手，大力发展自己的用户群体，带来了网络价值的“滚雪球”效应，对传统银行业务构成了威胁。

以网点为中心、服务高端用户的传统银行，受到互联网金融企业的强有力挑战。传统银行必须迅速切换赛道，以创新思维迎战互联网金融时代的到来。

防止脱离业务的“转型”

关于数字化转型一直存在多种不同的声音。如果不加以思考和分析，人们对数字化就会存在各种误解。好像什么问题都可以通过企业 IT 来解决。其实，如果没有深入地了解业务和管理，具体分析问题背后形成的原因，那么数字化转型未必能够带来企业所期望的效果。

案例：知名白酒企业的中台开发败局

2019 年，贵州某品牌白酒集团公司在数字化大潮下，请了一家知名的互联网创业公司，帮助该集团公司做数字化中台。

这家创业公司的商业计划书（BP）把一切问题描述得过于理想化，好像有了数字化中台以后，集团公司就什么都能做，比如金融服务、购酒保险、产品众筹、区块链防伪、第三方精品供应、云分销、云计算、物联网、基于大数据的信息推荐和集团客户的精准营销等，什么方案都能够通过数字化中台实现。

而实际上，这家创业公司所做的中台方案仅仅是一套 IT 系统而已，没有考虑到现有业务的部门归属、绩效考核、团队建设等，更谈不上转变赋能现有业务，带来新的业绩增长方式。面对现实与预期之间的巨大落差，该集团的老板对这个数字中台项目的失望无以言表，这个合作项目的结局也可想而知。

一分钱都不给，让你们滚出某台

2019 年 1 月 18 日，恐怕是曾经火热的中台日子最不好过的一天。

科技媒体某氪的一篇《中台，我信了你的邪》的文章扯下了中台的“遮羞布”。

文章中以近乎写实的手法描述某台对云栖科技所承建的中台项目的不满，该文章被各大媒体广泛转载。

晚间，被点名的这家中台服务商发表声明，表示上述媒体报道失实，称“项目已全面终验，并多次获得某台电商的肯定与好评”。

暂且抛开某台、云栖科技、这家被投诉报道失实的媒体之间的纠葛，单看文章揭露的“中台乱象”是否有理有据，是不是到了该给中台泼泼冷水的时候了。

“中台”在 2019 年成为 VC 们下注的赛道，不少投资人相信，大量传统公司没有 IT 能力自建中台，第三方服务商就有了市场。2019 年第四季度，三家中台服务商相继宣布获得融资：滴普科技完成 3500 万美元 A 轮融资，云栖科技完成 3.5 亿元 B 轮融资，袋鼠云完成数亿元 B 轮融资。

“但我们现在都在反思：中台把客户的期望值拉得太高了。”一位阿里云前高管说。中台既不是一套软件，也不是一套服务器，而是一种理念、一套方法论，这最终导致了客户“接不住”。

第三方公司的销售为了拿下客户，也会夸大中台的效果。云栖前技术骨干周宏发现，销售去客户那里讲 PPT 时，“什么都承诺，什么东西都有”。这造成中台能“包治百病”的错觉。

这就造成了一个极为吊诡的现象：一时间大家都在说中台，似乎什么都可以往“中台”里装。有业务中台、数据中台、技术中台、安全中台、AI 中台……从来没有一个“风口”，像中台这样说不清、道不明。

真假中台

迷惑，是许多人入局中台之初的关键词。

周宏就是如此。他刚加入云栖科技不久，在一名架构师拜访客户时，架构师拿出一套 PPT，在客户面前口若悬河地讲了几个小时后，周宏与客户一样，都被这个 PPT“迷倒了”。

在 PPT 第二页“某台云商平台战略构想”中，几乎聚合了所有时下的热门互联网理念（见图 8–10）：O2O、B2B、B2C、众筹、物联网、金融服务、区块链……

“看到这里人们很容易被唬住，你会觉得这套方案简直无所不能。”周宏说，但这显然不现实。

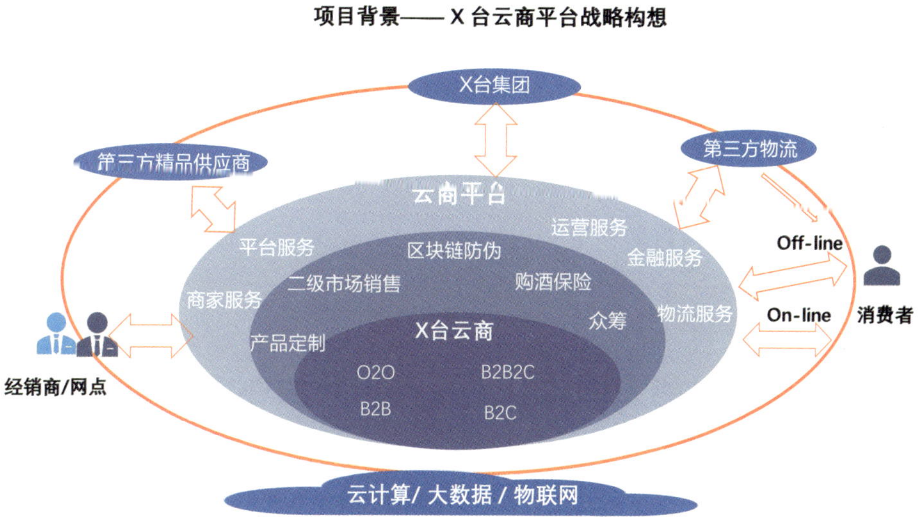

图8–10　脱离业务的中台开发

在中台萌芽的早期，没人知道中台该怎么做，那些掉进中台迷宫的企业都有一个共同点：为做而做，缺乏清晰目标。

被问到某台的“中台”项目目标是什么时，周宏回答说，正是因为“目标不清楚，所以（项目）做了很久”。

“你说我们要不要做个中台？”地产信息化服务商“明源云”的副总裁童继龙时常被这么问，发问的往往是手里握有百亿项目的地产行业高管。“只要是提出这个问题的，大多是看到别人做了，自己着急，也想跟风做一个。”

客户要赶上趋势，服务商想挣钱，所有人为了一个概念蜂拥而上。但真正做起来，往往发现无从下手。

一家炼油厂和云栖碰出的一个场景是：当用户去加油站加油，“中台”可以告诉油厂，用户加了多少油，加油站还剩多少油，以便炼油厂规划生产和销售策略。但真去实地考察后才发现，炼油厂归炼油厂，加油站归属中石化，炼油厂其实拿不到加油站的数据。

为了跑通这一场景，云栖和炼油厂开了半个多月的会，在方案里加入了公众号、小程序，最后还是无济于事。“这就是个听起来很美，但实际上没用的场景，因为根本没法产品化。”

更让人恼火的是，中台真的实施起来，出人意料地烧钱，也出人意料地耗费时间。不同于通常只涉及一个部门的 SaaS 软件项目，由于强调“打通”，中台项目往往意味着要与所有部门理顺业务，所以耗费的人力特别多，而人力成本是“中台”项目消耗最大的部分。

以能力的提升，赢得用户的尊重

什么是中台

在云栖科技内部有“三大战役”一说，是指它早期重要的三家客户。三家公司的签约金额都在千万元以上，且都出现了项目延期的情况。其中，某台延期近两年，如新一期项目延期近十个月。

云栖前技术骨干周宏记得，为了让客户签下“交付确认书”，一位销售曾传授“经验”：在下雪天的时候，只穿一件单衣在客户楼下站着，“最好冻得发抖”，等客户出来时再去签单。

这也是为什么某台会大发雷霆，而 CIO 们也可能会因为盲目上中台而“下台”。

“问题严重的话，一个是花钱的 CIO，一个是赚钱的业务负责人，你觉得领导会怎么取舍？”

在脑子一热上中台之前，其实每家企业都应该先问一问自己：你真的需要中台吗？

在此之前还有一个更基础的问题：中台究竟是什么？

几乎很难在业界得到一条关于中台的恒定解释，但有一条关键标准：是否能够复用。

在联想的会议上，当下属汇报中台进展有多么顺利时，首席信息官 Arthur Hu 提出了质疑：“现在有这么多中台服务，表面上看起来挺好的，但是少一块信息：调用中台的服务数量是多少？”通过调用次数判断中台的利用效率，是联想 IT 中台的一条 KPI，也是一个明确的方法论。

这也是百果科技研发总监姚杨的检验标准。他曾接待过“中台”产品的销售人员，对方讲了没几句，姚杨就没了兴致。对方卖的“中台”，是把一个大模块拆成一个个的小中心，业内一般称其为“微服务”，已经是个老概念了。看起来与中台很像，但是如果这些小中心只是被拆开，但没法复用，就只是“伪中台”。

重复利用，这才是“中台”的源起

被咨询要不要做中台时，地产信息化服务商“明源云”的副总裁童继龙一般会反问对方两个问题：你的规模大到足够消化中台吗？中台能给你带来什么商业价值？

往往只有规模够大的企业才会有多个业务，才会有重复建设的问题。童继龙抛出一个略微惊悚的比喻：“别把中台当作万能药。大象吃这个药，强身健体；蚂蚁吃这个药，一击毙命。”

拿联想来说，它开发过一个“配置器”功能，可以帮消费者、渠道商自行定制 CPU 等计算机组件，但理顺业务时联想发现，不同部门里竟然散落着 5 ~ 6 个相似的配置器。那么在中台里做配置器，对联想来说就是有效的。

但这也是所谓“业务中台”让人感到困惑的地方：每个行业的需求不一样，能被复用的东西也不一样，联想中台可以做配置器，但这放在其他公司就是莫名其妙。

业内一般认为，同行业的中台配置相似度较高，这也是第三方服务商能获得投资的原因：某台做完项目后，同样的东西改一改可以卖给洋河大曲，但这只是个假设。即使是阿里巴巴的电商中台，放在其他的电商业务里，如“某台云商”，也不一定能用起来，因为不同公司的组织架构和业务逻辑是千差万别的。

业务流程带动IT，组织转型促进IT转型

关于中台，很多人都喜欢研究阿里巴巴，但很少有人钻研阿里巴巴每年两次组织架构调整背后的原因。钟华（花名：古谦）在《企业 IT 架构转型之道——阿里巴巴中台战略思想与架构实战》一书开篇就提到：

> 与任何公司一样，阿里巴巴组织架构的战略调整，势必对公司现有组织架构、部门间的协作等各方面都带来深远影响……假若没能很好地控制战略执行过程中带来的风险，对组织架构的动荡过大，都会给现有业务带来不小的影响。

中台和各前台业务团队是支撑与合作的关系，这两类团队需要一起制定工作规划，一起确定绩效目标，因为有一些绩效目标是中台和前台业务团队一起完成的。除此之外，中台团队应该有部分人员专职对接和服务每个核心的前台业务团队，这些人应该和前台业务团队坐在一起，团建应该一起去，这样才能培养信任和默契。如果前台团建都不叫你去，那么你这个中台就危险了。

对于前台业务团队来说，最大的变化是放弃完全控制权、承担一定风险，换回来的是更低成本、更高效率、更高质量的服务、更强的能力。

基于上述种种可能发生的变化，中台的组织架构调整问题鲜有人谈及。因此，对于企业IT负责人来说，在实施组织IT架构变革之前，最先需要思考的是，如何做到“不要用贴心的服务取悦于业务，而要以能力的提升去赢得业务的尊重”。

同样，对企业负责人来说，在实施组织数字化转型之前，最先需要思考的是，如何做到“不要用贴心的服务取悦于用户，而要以能力的提升去赢得用户的尊重”。